大貫茂紀 著

戦国期境目の研究

大名・領主・住人

高志書院刊

目次

序　章　本書の課題と視角

一　境目とは何か

本書は戦国期の境目に本拠を置く領主[1]や住人[2]に注目し、彼等が周囲の大名権力と如何なる関係を築いて、政治的・社会的秩序を維持してきたのか、当該地域の実態の解明を通じて大名支配領域内部とは異なる新たな地域社会像を提示しようとするものである。

「境目」とは史料用語で、権力間に生じた境界領域のことを意味する。それは境界や国境が一本のラインとして画定されるものと考える近代的境界認識とは異なったもので、一定の空間的広がりをもち、帰属がはっきりしない地域をいう[3]。

大名間の軍事紛争が起こりやすい戦国期の境目は、社会の諸矛盾が集約されている場として注目され、一九八〇年代以降、多くの研究成果が蓄積されてきたが、いち早く注目したのは鈴木良一氏で、一九六三年に戦国大名の「領土」について論ずる際に、境目にも言及している[4]。

戦国の争乱すなわち無原則の分裂混乱という誤解に関連して、戦国の争乱すなわち全面戦争の連続という誤解がある。大名たちは確定した一円的な領土をもち、押しつ押されつ取りつ取られつしているかに、なんとなく信じられているようである。しかし、戦国大名の領土は、大小を問わず、誇張していうと、個々の独立した国人・土豪領の集まりであり、それに対応して有力大名の間には多くの小大名が介在し、同盟し屈服し裏切っているのが実情であった。近世大名の領国に比べるなら勢力範囲ともいうべきなのが戦国大名の領国であった。

つまり、戦国大名の領土は「確定した一円的な領土」ではなく、「個々の独立した国人・土豪領」の集合体で、しかも「有力大名」の間には「小大名」が介在しており同盟・離反が繰り返されていたという。言い換えれば、小大名の離合集散(同盟・屈服・裏切り)が起こりやすい地域は、有力大名の「領国」が接する境目にあたるだろうか。さらに続けて氏は、近世大名と戦国大名の「領国」のあり方を比較して、後者は「勢力範囲」というべきものだとしている。

時期は少し下るが、大名の支配領域の様相に言及した永原慶二氏は「戦国大名領の内部構造を厳密に点検すると、大名の支配が領国一円に等質的にゆきわたらないのが普通であり、中央地帯のように旧来の荘園領主の収取関係がなお一定の範囲で残存することもある」との見解を示している。(5) 氏は大名「領国」内では支配の「質」に地域差があったことを指摘し、現代の行政区画のように、定められた範囲のなかで等質に権限が及ぶものではなかったことを確認したのである。

さきに鈴木氏が大名「領国」のありかたとして使用した「勢力範囲」という言葉は、おそらく永原氏が言うところの「大名の支配が領国一円に等質的にゆきわたらない」こと、すなわち領域支配の不等質性を表現したものであり、それに比して近世大名の「領国」は一円的で等質的だったと、鈴木氏は想定していたのではなかろうか。

ところで、鈴木・永原両氏が使用する「領国」は学術用語であり、(6) 大名が自らの支配領域を示す際には「分国」という言葉が史料上に散見される。「分国」について、三鬼清一郎氏は次のように説明している。(7)

律令制下の地方行政単位である国が知行の客体となり、事実上の所領化したもの。(中略)南北朝から室町時代にかけては、守護が軍事支配権をもつ国を自己の領国とすることによって、分国化は進展していった。戦国大名においても、みずから支配する領域を分国と称する場合があるが、それは、将軍から統治を委ねられているということを強く意識するからである。

つまり、大名が「分国」という言葉を使用した背景には、将軍から国の統治を委任されているという意識があった、ということになる。氏の説明は、将軍や天皇といった「王権」が保障する公的な行政区画である「国」や「郡」など、国郡制的枠組みのなかで領域支配を行なう限りにおいて大名は公権力足り得る、といった国郡制論を踏まえたものである(8)。こうした国郡制の理解には異論があるものの、「分国」という言葉からは、「王権」が保障する公的な行政区画を多かれ少なかれ大名が意識していたことは読み取れよう(9)。

したがって、永原氏が指摘したように「大名の支配が領国一円に等質的にゆきわたらないのが普通」だった現実を前に、大名は「分国」を自らの公権性を主張するための一手段として用いることで、一円的・等質的支配を行なおうとしていたのではなかろうか。そうであるならば、現実として離合集散が起こりやすい境目の存在は、領域支配の不等質性とも相まって、「分国」の境界をきわめてあいまいなものとしていたと筆者は考える。

それでも大名からの視角で支配領域を示そうとする場合には、史料用語である「分国」を使用して問題ないであろうが、境目からの視角で戦国期社会の実態を捉えようとしている本書において、「分国」「領国」という言葉を無批判に使用するのは読者に誤解を与えかねない。「勢力範囲」という言葉を、鈴木氏がどのように理解していたか定かではないが、右のような実態を表す言葉として、本書では「勢力範囲」「勢力圏」を使用することとしたい。

鈴木氏の重要な指摘があってから二〇年、境目が研究対象として注目されはじめたのは一九八〇年代であった。ではなぜ、急に境目が脚光を浴びることになったのか、研究史を振り返りながら探ってみよう。

二　境目研究の背景

一九七〇年代、つまり境目研究が注目される以前の戦国期研究について、池享氏は大きく三つの時期に区分している[10]。第一期は「戦国期を中世国家の解体期と位置づけ、それにかわる新たな国家秩序形成をめぐっての支配階級と人民との対抗関係のなかで、幕藩体制の成立を見とおそうとする研究が盛んに行われた時期」とする。その内容は「六〇年代の研究動向を継承しつつ、七〇年代初頭に提起された人民闘争論を戦国期でうけとめたもの」で、「六〇年代の研究の総括期ともいうべき時期」だったとする。

第二期は「主として戦国大名領国を対象に、戦国期を、中世社会を通じて展開してきた動向を総括する新たな支配秩序の形成期として位置づけようとする研究がすすめられた時期」で、「戦国期の独自な段階としての「自立」を目指したものであり、戦国期の段階規定の基軸設定という点で大きな前進であった」とする。しかし、「そこで明らかにされたことは、戦国大名が政策として志向していたいわゆる政策基調であり、それをふまえた戦国期社会総体の独自なあり方については、必ずしも明確な理論的提起はなされなかった」と問題点を挙げている。

第三期は「第二期の研究の問題点に対し、戦国大名領国の内部構造のうち政策基調では覆いきれない側面の指摘、あるいは、戦国大名領国以外の多様な社会秩序の解明などが行われつつある時期であり、現在にいたっている」とまとめている。

そこで、まずは大名の支配領域が研究対象として注目された「第二期」の研究から、永原慶二氏と勝俣鎮夫氏の成果についてみてみよう。

永原氏は、六〇年代後半から大名の領域支配にかかわる研究を進め、中世後期の社会体制を「大名領国制」として概念化した。[11] 氏は、中世前期の荘園制とも近世幕藩制とも区別される政治・社会構造をもつ固有の歴史的段階として中世後期を位置づけた。そして、中世を通じて在地領主が成長・発展し続けた結果、戦国期に到達し得た段階として「戦国大名」を積極的に評価した。

つづいて勝俣氏は、大名が家臣団統制・領域支配のために制定した法令である分国法を分析し、戦国期をそれより前の中世とも後の近世とも異なる独自の社会として位置づけた。[12] 分国法は家中成敗権を軸に作成された置文と守護の裁判規範としての法が発展して成立したものだが、「単にこれらの延長上にそのまま位置づけられるのではなく、その成立には質的転換があったのであり、その転換こそ戦国法を戦国法たらしめた要因であった」とする。

氏は「質的転換」について、以下のように説明する。在地慣行として正当性をもっていた中人制が、十六世紀初頭に大名裁判権の専決事項に属すものとして否定されたことは、「在地の「公」を包摂する権力の「公」の拡大、裁判権の公権力への集中・強い権力意識をになった法」が制定されたことを意味しており、それが「戦国大名権力の特徴」である、とした。

以上、両者の研究に代表されるように、この時期は土地所有・権力編成の側面と、法・行政的支配の側面から検討が加えられ、[13] 戦国期の独自性が追求されるとともに、大名に対して積極的な評価が与えられたのである。

しかし七〇年代末から八〇年代にかけて、それまでの大名への評価に対して批判的な研究がでてきた。池氏の区分でいえば「第三期」にあたる部分であろうか。ここでは大名権力を相対化した議論として、最初に戦国期守護論とそれに関連する研究、次に「自力の村」論を取りあげることとする。

矢田俊文氏は戦国期の甲斐国を題材として、武田氏・郡内地域の小山田氏・河内地域の穴山氏、以上三氏の関係性を考察した。[14] 氏は、小山田・穴山両氏が独自に「家中」と「領」をもち、判物を発給していたことから、武田氏を含めた三氏を戦国期の基本的領主である「戦国領主」と規定した。その上で、武田氏の支配権は守護権にもとづくものであるとして、武田氏を「戦国期守護」と位置づけ、「戦国大名」概念は不要とした。つまり、「戦国領主」の政治的自立性を高く評価するとともに、武田氏は守護権に基づく公権性を保持していたことから、優位に立つことができたとしている。

その後、今岡典和・川岡勉・矢田俊文の三氏によって戦国期守護論が提唱された[15]。三人の間で見解の相違はあるものの、室町期からの連続性・規定性を重視する点は共通している。矢田氏は戦国期を室町幕府—守護体制の変質の一過程として捉え、守護以下の「地方権力」を次の三点にまとめている[16]。

①幕府の権限縮小と地方支配の権限の放棄にともなって、守護の権限が拡大する、②幕府の地方支配の権限の放棄にともなって、守護が一国公権を独占する可能性が生まれた、③守護が一国公権を独占する可能性はあるが、幕府が地方政治に干渉しなくなったことにより、守護だけが一国公権を独占する必要もなくなる。一国の公権の維持のされ方は、地域によって大きく異なっていく。

したがって、氏は領域支配を行なう公権力の源泉として、室町期に守護が保持していた一国公権に着目し、それが変質しつつも「戦国期守護」によって受け継がれていたことを重視しているのである。

ところで、「戦国領主」のように自立性の高い領主をテーマとした研究には、矢田氏の仕事以前に峰岸純夫氏が上野国新田領由良氏を題材として論じたものがある[17]。氏は在地領主階級が領主権の及ぶ地域的・排他的・一円的で公権的な領域支配を行なう「領」を支配単位としたこと、「領」の階級結集の人的側面が「衆」であるとして、それをもって「地域的領主制」と概念規定した。峰岸氏の見解は八〇年代に、大名権力を相対化する研究の流れのなかで注目されたのである。

峰岸氏の議論を批判的に継承したひとりとして、黒田基樹氏が挙げられる。氏は峰岸・矢田両氏の見解に対して、地域的領主[18]（戦国領主）の確立は、上部権力である大名との政治的関係が安定（すなわち大名への従属）することによって遂げられたものであり、両氏が扱っているのは大名との関係が安定した後の地域的領主の姿であるとした[19]。その上で、黒田氏は峰岸氏の地域的領主制概念を継承・発展させた国衆論を展開していく[20]。国衆論は大名権力を相対化する点においては戦国期守護論と同様であるが、北条氏とその「分国」周縁部の領主である他国衆との統制・従属関係を一種の「契約」であり、かつ双務的なものであったとする[21]。つまり、地域的領主の確立は大名権力に従属した後としていることからもわかるように、大名の影響力に一定度の積極的評価を与えているところは、峰岸・矢田両氏と相違する部分である。

黒田氏の国衆概念に対して、市村高男氏は概念規定が極めて曖昧であり、その本質が捉えにくいとして批判している[22]。氏の批判は多岐にわたるが、本書にかかわる点では「有力国衆・国衆・中小国衆という表記が象徴するように、階層的にも極めて広範囲な領主層を包括する概念として使用され」ていることを問題視する。

市村氏の批判に対して黒田氏は次のように答えている[23]。

有力国衆として存在しているものについてのみ、国衆概念を適用するというのも一つの方法となるかもしれない。しかし有力国衆と中小国衆は、外様衆という政治的区分において一括された存在であり、その中での区別であること(中略)相互の移動も存在しているから、双方を含めて国衆として把握したうえで、領主制の在り方に示される社会的地位の相違を見出していくほうが、戦国期の社会構造を把握するにあたっては、なお有効な方法となっている。

氏は「有力国衆」と「中小国衆」を一括して把握することの有効性を主張している。

ところが近年の戦国期研究では、本来在地支配のあり方や大名との政治的関係が明確にならなければ国衆概念が適用できるかどうか判断できないにもかかわらず、「国衆」という言葉が広範にわたって無規定に使用されている感がある。こうした使用を無批判に認めるならば、本書で扱う境目領主も包摂されてしまうであろう。だが、久保健一郎氏が指摘するように、「国衆」と境目領主とはまったく重なってしまうものではなく、「国衆」のような存在を含みつつ、階層的にはさまざまなものが重層的に存在するのが境目領主であると筆者は考える。[24]この問題については次節においてもう一度触れることとする。

次に「自力の村」論について概観しよう。この議論の先がけとなったのが勝俣鎮夫氏の村町制論である。[25]氏は戦国期を荘園制から幕藩制への転換期ではなく、荘園制から村町制への転換期と位置づけ、その視角から村の成立意義を考察した。そして、自立的・自治的性格をもつ村が社会体制上の基礎単位として承認されるようになった画期として、村請制の成立を高く評価し、領主と村との関係は、領主による領民保護義務と地下の忠節・奉公といった双務的関係として位置づけた。つまり、大名領国制論が重視する大名の「実力」による一方向的な支配を否定し、領民保護という義務を果たすことによって、はじめて地下の忠節・奉公が得られることを勝俣氏は指摘したのである。

村町制論が提示された同時期、藤木久志氏は「武装する村」の存在を見出し、村が紛争解決の主体となって様々な独自の作法を作り上げていたことを明らかにした。[26]これ以降、藤木氏は戦国期村落の自立性を高く評価した「自力の村」論を展開していくが、そのなかで「村の視座」からの領主論にも言及している。氏は前述した勝俣氏による領主と村との関係に触れ、「中世の領主と百姓はもともと互換的・双務的な関係にあり、大名領主には国民への保護義務つまり危機管理の責務があり、それを果たすかぎりで絶対的支配権を主張しえたという指摘は、ことのほか重要である」として、勝俣氏の主張に賛同している。[27]したがって勝俣・藤木両氏によれば、大名としての公権力の源泉は、保護義務を果たすことによって得られる領民からの支持にあったということになろう。

戦国期守護論が公権力の源泉を室町幕府へと連なる守護職に求めているように、これまでの議論では、いわゆる「上からの公権形成」が前提とされてきた。一方、「自力の村」論では「下からの公権形成」が主張されており、議論の前提から見直しが迫られることとなった。この視角は地域社会論にも引き継がれ、[28]以後の大名・領主像に大きな影響を与えた。

だが、藤木氏の「自力の村」論は、村落内の階層矛盾への視座を捨象しており、なおかつ領主権力の存在を過小視しているといった批判[29]が出されたほか、境目研究と深くかかわるものとして酒井紀美氏による批判がある[30]。氏は戦後歴史学が戦争と村を対極に配置したと指摘したうえで、「直接生産者である農民を主軸にした郷村は、暴力にうったえることなく強い団結をもとに問題を解決する、平和を希求する高い倫理性をもった村として描かれた。平和に絶対的な価値基準をおくこうした姿勢は、戦後社会の存在被拘束性とみるべきかもしれない」として、藤木氏の雑兵論[31]は「この配置図から自由であるとは言えないように思う」と述べている。

実際に藤木氏は境目の村の住人に関して、雑兵による濫妨狼藉にさらされるなか、自らの力で生命財産を守り「自力の習俗」を作り上げた、たくましい存在として描いており、酒井氏が指摘する「配置図」の中にある。したがって、境目を論ずる際には酒井氏の指摘を踏まえた上で、住人たちの特質を再検討する必要があると考える。

以上、七〇年代末から八〇年代にかけて、戦国期研究の状況が大きく転回した点をみてきたが、境目研究が進んだ時期と大名権力の相対化が進んだ時期が一致していたことがわかる。これは単なる偶然ではなく、「戦国領主」「国衆」や「村」といった地域側の主体性・自立性を重視しようとする研究動向のなかで、境目はそれらがより明確に表れる場としてクローズアップされたことが大きな要因であろう。そうしたなかで、「半手」「半納」論や境目領土の両属・多属的性格の議論が展開されていくのである。

したがって、戦国期守護論、国衆論や「自力の村」論などと境目研究はけっして無関係ではなく、連動し影響しあっていたことをここでは確認しておきたい。

三　境目研究の課題

前節でみてきたように、境目研究は当時の戦国期研究の動向と連動し影響しあっていたため、それぞれの議論のなかで共通の課題も有していた。そこで本節では、「自力の村」論と国衆論にかかわる境目研究の課題として二点を挙げ、それを解決するための視角と方法について述べることとする。前節で指摘したことと重複する部分もあるが、あらためて境目研究の視角から論ずることで、戦国期、ひいては中世史研究の中における境目研究の位置づけを示すこととしたい。

第一の課題は、藤木久志氏がスポットを当てた戦場となった村の実態と、境目の実態とが同一視されてしまっている点である。氏は、村が戦争と飢餓に度々襲われる状況下において機能していた生命維持の習俗（サバイバル・システム）に注目し、村民の生き残り策を明らかにした[32]。しかし、藤木氏自身も述べているように、この議論は「戦国期村落は過酷な状況下にあった」ことを前提として立論されている。そのため、境目＝大名間の軍事紛争が起こりやすい地域という理解のもと、「戦争はとりわけ境目の村々の暮らしに深刻な影響を及ぼした」として、戦争暴力による被害者としての一面ばかりが強調された境目の住人像が作り上げられてしまったのである。

前節において、酒井紀美氏による「自力の村」論に対する批判を取り上げたが、境目の住人が本当に高い倫理性をもって平和を希求するだけの存在だったのか、といった根本的な部分から問い直していかなければなるまい。

さらにいえば、境目においてたとえ戦争暴力による被害があったとしても、同一地域内で果たしてどの程度恒常的に戦闘が続いたのか、非日常の出来事だったからこそ記録され、史料として残された一面もあるのではないか、といった疑問もある。つまり、戦闘が行なわれている時の状況だけに注目するのではなく、彼等の日常の実態を解明する必要があると考える。

筆者は境目が実のところ平和な地域だったと言いたいわけでは決してない。たとえ過酷な状況下にあったとして、それでも人々は境目に住み続け、生活が存続していたことは無視できない事実であり、むしろなぜ彼等が住み続けていたのかが問われるべきであろう。

したがって、本書では戦争暴力の被害者という境目の住人像から一旦離れ、そもそもなぜ彼等は境目に居住するのか、という視角から当該地域の政治的・社会的秩序と特質を探っていくこととする。

第二の課題は、境目領主の位置づけについてである。戦国期の領主と大名との関係性に注目した研究として、黒田基樹氏の「戦国期外様国衆論」がある。(33) 前節でも触れたように氏は、「分国」周縁部の領主である他国衆と大名との統制・従属関係は一種の「契約」であり、かつ双務的なものであったとする。そして、他国衆領内では一円的・公権的な領域支配が行なわれており、大名は領内に介入することができなかったとして、このような地域的領主を「国衆」として概念規定した。

ところが、近年は黒田氏の概念規定を拡大解釈し、戦国大名に従属した領主層全般に「国衆」という概念用語を使用する傾向が見受けられ、その中に境目領主も包摂されている。だが、国衆論において概念規定されているのは、一郡規模またはそれ以上の所領を持つ「有力国衆」であり、中小規模の「国衆」について黒田氏は「現在に至ってもその実像は明らかではない」と述べている。境目領主は国衆論では捉えきれない中小規模の領主層の中にこそ多く含まれているのであり、戦国期に存在した多種多様な領主の重層性を丁寧に把握していかなければ、境目領主の特質を理解することができないばかりか、戦国期社会の特質さえもみえなくなってしまうのではなかろうか。

以上のことを踏まえ、本書では中小規模の境目領主にスポットを当て、彼等の実態を動態的に追うことで、在地支配の構造を分析する視角では捉えきれない特質を探っていくこととしたい。

四　境目の研究史

前節の境目研究における二つの大きな課題を踏まえた上で、本節では個別具体的な研究が実際どのように展開していったのか、大きく三つの議論にわけて研究史整理を行なうこととする。その上で、残された課題に対して本書では如何に対処するのか説明したい。

(1)「半手」「半納」論

最初に注目すべきは一九八〇年、秋山伸隆氏が提示した「半納」論である。[34] 氏は「半納」という史料用語の意味を追求し、それが敵対する大名間で境目の村の年貢を折半することを表す言葉で、なおかつ大名の力の均衡上にのみ成立しうるものであることを明らかにした。そして、各大名が力の対決を避け、「半納」という妥協の道を選択したことは、彼等の軍事編成の脆弱性からくる制約をものがたり、その表裏として境目の両属的性格が存在する、と結論づけた。秋山氏の論考が発表されて以降、境目の村と大名との関係に注目が集まり、議論が活発に行なわれるようになった。

峰岸純夫氏は、「半納」に類似する言葉として東国の史料にみられる「半手」について検討を加えた。[35]「半手」とは相争う二つの勢力間で両属関係を持つ村の状態を意味し、「村落の側からいったら、一定量の年貢・公事は出すがその分け取りは折半にして欲しいということ」であり、「敵方の侵攻を完全に阻止できない領主権力は、危機管理能力の有無を問われ、敵方に年貢・公事の半分ないし一部を出す事を承認ないし黙認せざるを得ないのである」とした。さらに、境界領域に両属の中立地域が部分的にせよ成立し、これが拡大していけば戦争が抑止され、下からの「平和」が実現していくことになる、との見解を示した。

さきの秋山氏は対峙する大名主導による「半納」の選択を想定しているが、峰岸氏は「半手」になるかどうかの主導権は村側が持っていたとする。峰岸氏の見解は、当時注目された地域社会論の視角と一致していたこともあり[36]、その後の境目研究に大きな影響を与えた。

峰岸氏と同様に、村の視角から「半手」「半納」を論じた研究として、藤木久志氏と稲葉継陽氏が挙げられる。藤木氏は、戦場となった境目の村々が敵の夜討・朝懸や年貢の二重取りを避けるため、自ら「半手」「半納」になることを選んだとした[37]。また、稲葉氏は「「半手」は、戦争掠奪と破壊活動の坩堝であった境目の側から生み出された、戦国期に固有の「無事」(平和状態)の一形態であった」としている[38]。

一方で齋藤慎一氏は、まず先に、大名間において一定の地域が緩衝地帯として設定され、その中の村落が大名と契約を結ぶことで「半手」は成立するとして、視角は異なるが秋山氏と同様に大名主導によるものと推測している[39]。

また、則竹雄一氏は東京湾岸地域の「半手」に注目し、「半手の村の存在は北条氏の最も重要な公的帳簿である『役帳』にも見られたように否定できるものではなかった。むしろ、大名権力にあっては半手の村をどのように支配して半手を確保するかが問題であったといえよう」と述べている[40]。そして、北条氏が半手収納役として日常的に東京湾を行き交っている鋳物師かつ商人の野中氏を抜擢したことについて「一元的にまたは恒常的に海上支配権＝制海権を掌握することの困難さが、江戸湾の両岸を行き来する両属的な商人を認めることになった」「半手の収納・輸送はその困難さ故に海賊に任される」として、北条氏が制海権を掌握することの困難さを指摘し、「半手」を設置せざるを得なかった状況であることを論じた。

同地域の「半手」には盛本昌広氏も言及している[41]。氏は「半手」成立の契機として、村の住人が対岸との交流や東京湾内での活動を維持するために「半手」を望んだ例を挙げ、流通・運輸・漁業にかかわる人々にとって、「半手」

は必要不可欠なものだったとする。さらに「民衆は常に戦争の被害者であったわけではなく、ある場合には戦争を利用して、自己や村落の利益を追求していた面もあった」と指摘した。つまり、藤木・稲葉両氏が論じたごとく、境目の住人に関して戦争暴力による被害者としての側面に注目するのではなく、彼等の積極的な活動にスポットをあて、これまでとは異なる境目の村像をあぶりだした点は重要である。

その後、黒田基樹氏が「半手」「半納」論を総括し、評価は多様だが村側が一定の自立性を持って選択し、大名側がそれを承認することで成立するという実態は共通認識となっているとした。[42] さらに、「半手」は大名の軍事行動に参加しない軍事的中立であること、流通上の要地である村々が一定地域でまとまって成立していることを指摘し、敵対する双方の交流が維持されることから、周辺村々の「成り立ち」をも維持する機能を担っていたとする。以上のように現在に至るまで、多種多様な「半手」「半納」の具体的様相が明らかにされてきた。

しかし、「半手」「半納」を選択して大名に要求することができる自立的な村々の存在は、境目全体からみればごく一部であり、特殊な事例だともいえる。したがって、境目の全体像を捉えるためにはそれ以外の地域も含めて、住人たちの実態をみていく必要があると考える。それによって、「半手」「半納」に対する評価も自ずと違ったものになることが想定されるのである。

(2) 境目領主の両属・多属的性格

境目領主に関する研究では、彼等が周囲の上部権力との間ですすめた婚姻政策による両属・多属的性格に注目が集まっている。

村田修三氏は大和国の事例として、窪城氏が国中北部を二分する筒井・古市両氏と姻戚関係を結ぶことで両属し、勢力温存をはかっていたことを指摘しており、両属は「中小国人に共通する行動であった」と述べている。[43] その後、東国においても市村高男氏が常陸国下妻の多賀谷氏を題材として、結城・佐竹両氏と主従・姻戚関係を結び、両属することによって所領拡大をはかっていたことを論じた(44)。

さらに有光友学氏は駿河国駿東郡の葛山氏について、姻戚関係にある北条氏の支配方式を導入するとともに、今川氏分国にあって、その公的支配を受け入れることによって自らの公的位置を明らかにしていたとする(45)。そして、表面的には北条・今川両氏に両属する存在であり、これまでいわれてきたような被官化か連合か、いずれかの道だけではなく、自立しつつ両属するというきわめてポリティカルな選択もあったとする。

また、藤木久志氏は越後国小川荘(新潟県阿賀町周辺域)の一領主だった小田切氏に注目し、「阿賀野川と川船を支配することで、上流の蘆名氏とも下流の上杉氏や新発田氏とも、それぞれ独自に結びつきを深めていた」ことを指摘した(46)。つまり小田切氏は「川の支配者」として交通路にかかわる権益を掌握することで、隣接する上部権力と結びついていたというのである。これまでの両属論は姻戚関係を背景としたものだったが、境目領主のおかれた地理的環境に藤木氏が着目したことは重要である。

その後、佐々木倫朗氏は佐竹氏に従属した船尾氏を取り上げ、血縁や地縁を利用して周囲の領主層を佐竹氏に結びつけたり、複雑な外交交渉の調整を行なったりしていたとして、外交面の活動に注目した(47)。その上で、佐竹氏に従属しながらも一定の自立性を保持し、自らの家と所領の存続のために二重にも三重にも従属関係を形成していたことを指摘した。

以上のように、先行研究では姻戚関係によって形成された両属・多属的性格に注目し、議論が展開されることが多かった。姻戚関係を結ぶことで両属すること自体は、確かに境目領主にみられる傾向であり、これまでその実態に関する研究が蓄積されてきたことは評価すべきである。しかし、地理的環境に注目した境目領主の研究は、前述した藤木氏による小田切氏の両属論以降、佐々木氏が論じているくらいである。

本書で取り上げるような所領が一郡規模に満たない中小規模の領主では、周囲の大名レベルの家と姻戚関係を結ぶことは不可能に近いであろう。それでも両属・多属的性格を備えていた場合、如何なる要因によって可能となったのか追求する必要がある。そもそも、両属・多属的性格のみが境目領主の特質なのであろうか。

　こうした問題点を踏まえると、境目領主がおかれた地理的環境を考慮に入れて活動状況を把握し、その特質を追求していくことこそが、境目領主研究を今後さらに進めていく上で必要であろう。(48)

(3) 境目と戦争論

　戦争論とひと言でいっても、多種多様な視角から議論が行なわれているため、ここでは境目と関連する部分に重点を置いて概観することとしたい。(49)

　まず、藤木久志氏は「国郡境目相論」という史料用語に注目し、戦争の実態を追求した。(50) 氏は、大名間の戦争が領土紛争であることを明らかにして、同盟を成立させるには相互不可侵の約束を含む国分、つまり領土協定がその基礎要件になるとした。そして、国分の歴史的意義は「それが当事者を越えて公けにも保障されるものであったため、合従連衡の展開を通じて広く戦国大名領国の領有秩序を総体として画定する役割を担った点に求められる」としている。国分が「公けにも保障されるものであった」根拠として藤木氏は、①国分の法理が当知行・本主権・名跡相続や自力次第など中世社会の法慣習に根ざすものであったこと、②一国・半国・郡など伝統的な領域編成を単位とするものであったこと、③室町将軍家や天皇による、和平調停・守護職補任や勅命講和などを通じての国分への関与があったこと、以上三点を想定している。

　以降、「国郡境目相論」の実態に関する研究が進められていった。ここでは則竹雄一・稲葉継陽両氏の議論を取り上げる。則竹氏は大名間の抗争が、領土紛争を直接的な原因とするものではなく、同盟関係の破棄＝「手切」によるていたとして、藤木氏とは別の見かたを示した。

さらに則竹氏は境目相論が、境界領域の軍事拠点の城館に対する攻撃(城館攻防戦)と攻撃軍勢に対する後詰軍勢との決戦(後詰決戦)といった二つの戦いによって構成されているという特徴を指摘した。また、駿河・伊豆境界地域に関する国分協定の内容を整理するなかで、大きくは旧来の駿河・伊豆国境線を領土分割の境界として採用しているものの、地理的条件を考慮して分割境界が微妙に変化していたことを論じている[52]。

次に稲葉氏は、肥後国八代・宇土・益城三郡境に位置した豊福城の帰属地域に注目した研究を行なっている[53]。氏は豊福領地域の帰属する郡が変遷していることを指摘し、「当知行主義を前提に近隣諸領主が仲介して結ばれる領土協定によって国郡境目地域の城付の領が帰属変更され、国郡境が再設定されることも稀ではなかった」ことを明らかにした。つまり、豊福領が帰属する国郡の境界は、在地側の都合によって変更され得るものであるとして、藤木氏が一国・半国・郡など「伝統的な領域編成を単位とする」ことで、国分は公的に保障されるとしたことを批判した。

国郡境をめぐる研究は、国郡制論のなかで日本の国家体制を問う重要な議論として、これまで研究が積み重ねられてきた。古代律令制下の政治体制として確立して以来、国・郡・里(郷・村)に区画された政治支配領域は近代に至るまで変質しつつも残されたのである。境目研究とも密接にかかわってくる議論ではあるが、本書では終章において若干の見通しを述べることにしたい。

そのほか、山本浩樹氏は戦争の具体像を明らかにすることに重点を置き、藤木氏の議論を踏まえつつも大名間における争覇戦といった図式そのものを批判した[54]。氏は「地域の諸階層の人々を、たんなる争奪や動員の対象、もしくは戦乱の被害者としてみるのではなく、戦争の中でどのように大名権力と向き合い、乱世を生き抜こうとしていたのか」といった点に注目する。そして、境目の勢力が周囲の大名を巻き込むかたちでその欲求を実現していこうとする動きが、当該地域における戦争の裏面に存在するとし、同時に「半手」「半納」として下からの主体的な平和への志向が権力による支配と武力行使を一定程度規制しえていた、と結論づけた。

つまり、藤木・則竹両氏は大名側から、山本氏は在地側からの視角によって、戦争を引き起こす要因を捉えようと試みたのである。この問題については本書第七章において触れることとするが、大名権力もしくは在地勢力いずれかに要因を求める二元論的理解ではなく、各集団内部における対立・矛盾に目を向けて検討していく必要があると考える。

五　本書の構成

本書は越後・上野・信濃三国の国境地域を研究フィールドとしている。当該地域には上杉・武田・北条といった東国を代表する戦国大名三氏の対立によって、多くの境目が出現した。とりわけ、上野や北信濃地域は戦国期を通じて大名の入れ替わりがはげしく、所領が一郡規模にも満たない中小規模の領主が数多く存在していたため、研究に最適なフィールドなのである。

第一部の「境目における大名権力の政策」では、大名が境目を如何に自身の影響下に置こうとしていたのか、それに対し境目の住人がどのように対処したのか、さらには、境目へ派遣されることになった領主・住人が派遣主である大名へ如何に対応し、現地においてどのような行動をとったのかなど、両者間で生じたせめぎ合いの実態解明を通じて、当該社会の特質を明らかにしようと試みた。

第一章「境目の住人と大名権力」では、これまで戦争暴力による被害者としての一面のみが強調されてきた境目の住人にスポットをあてた。そして、なぜ彼等は生命の危険に晒されつつも境目に住み続けていたのか、といった疑問にこたえようと、戦闘が行なわれていない「平時」の実態に着目し、境目の住人像の再検討を行なっている。

第二章「戦国期境目における人質の役割」では、大名レベルにおいてやり取りされた人質に研究が集中してしまっていること、人質を取る側の視点からのみ論じられてきたことを批判した。その上で、境目の領主層・住人など在地レベルの者から大名へ差し出された人質に注目し、差し出す側からの視点で人質の役割について検討を加えている。

第三章「発智長芳と上杉氏権力」・第四章「越後国上田衆栗林氏と上杉氏権力」は、越後上杉氏配下の領主であった発智長芳・栗林次郎左衛門尉をそれぞれ題材としたもので、彼等には上杉氏によって上野国の境目へ派遣され、同地において外交に携わり、軍事的・政治的に重要な役割を果たしていたという共通点がある。発智・栗林両氏はなぜ上杉氏からそのような役割を命じられたのか、その要因を探っている。さらに第四章では軍事動員された上田衆の対応にも触れている。

第四章補論「越後国上田荘における栗林治部少輔の動向」では、栗林次郎左衛門尉の跡職を継いだ栗林治部少輔が上田荘において如何なる活動を行なっていたのか、その実態をみていくことで次郎左衛門尉の時代との比較を行ないつつ、彼と上杉景勝との関係性を考察する。

第二部「境目領主の動向と特質」は、多種多様な境目領主の中から大名との関係や地域における活動に特徴のある者を取り上げ、大名権力論や戦争論における境目領主の位置づけについて、具体的に検討を加えたものである。

第五章「小川可遊斎と大名権力」・第五章補論「天正八年における小川可遊斎の動向」・第六章「阿久沢氏と境目の成立・維持」は、上野国沼田に本拠を置く小川可遊斎と同国桐生領内に本拠を置く阿久沢氏が、如何にして大名に対して一定の自立性を保ちつつ、生き延びていったのか、境目の視角から論じている。

第七章「信濃国仁科衆と大名権力」は、信濃国安曇郡を中心に勢力を張っていた仁科衆に注目し、「衆」を構成していた各氏の動向と、大名が如何にして彼等を影響下に置こうとしたのかについて分析することで、同郡において生じた戦争の実態と要因を明らかにしている。

総じて第二部では、大名が勢力圏周縁部において、境目領主を如何にして味方につけようとしたのか、それに対して領主側が如何なる対応をしたのか、検討を加えている。

本書全体を通じて、境目領主や住人が隣接する複数の大名と如何なる関係を築いて自らの存続を画策したのか、また如何にして地域の政治的・社会的秩序を維持してきたのか、境目の全体像を明らかにして、当該地域独自の社会像を提示していきたい。


【凡例】
○史料引用に際し、頻出する刊本は以下のように略記した。
『上越市史』別編1・2　上杉氏文書集一・二　→『上』（文書番号）、『群馬県史』資料編7中世3　→『群』（文書番号）
『信濃史料』→『信』（通巻―頁数）、『越佐史料』→『越』（通巻―頁数）、『戦国遺文』武田氏編→『戦武』（文書番号）
『戦国遺文』後北条氏編→『戦北』（文書番号）
○その他の略号を用いる場合は、適宜各章の初出時に示した。
○上杉謙信・景勝や武田信玄・勝頼は、時期により呼称が変化するが、史料の引用部分以外は便宜上、上記呼称に統一して表記する。

註
（1）　以下、境目領主と記す。
（2）　本書で使用する「境目の住人」とは、境目に根ざして居住・生活している者のことを意味する。
（3）　日本史全体における「境界」の意味を問う研究として、ブルース・バートン氏が理論的考察を行なっている。氏によれば、近現代の国境が上から意図的に設置されたものであるのに対して、前近代のそれは主として国家組織の強弱や近隣勢力の有無といった、内外における権力の空間的分布を反映するものであったとする（「「境界」とは何か―理論的考察の試み―」村井章介・佐藤信・吉田伸之編『境界の日本史』山川出版社、一九九七年)。氏が論ずる「境界」は国家間におけるものだが、戦国期の境目は前近代の境界と共通する「空間」であり、その特質においても共通性をもつものとなろう。しかし、当然のことながら、境目研究と中世国家間の境界研究では民族の問題など異なる要素も少なからず存在する。

(4) 鈴木良一「戦国の争乱」(『岩波講座　日本歴史』8、岩波書店、一九六三年)。

(5) 永原慶二「大名領国制の史的位置―研究史的検討」(同著『永原慶二著作選集』第六巻、吉川弘文館、二〇〇七年、初出一九七五年)。

(6) 永原慶二氏は「戦国大名」を「支配領域においても、軍事力の構成においても、複数の国人領を包摂・統合した、より大規模な領域を独自の公権的支配の対象としている」者と概念規定し、このような戦国期の大名領を「大名領国」とよんでいる(「大名領国制の構造」前掲註5著書、初出一九七六年)。

(7) 『国史大辞典』三鬼清一郎氏執筆分。なお、黒田基樹氏は北条氏が使用する「分国」を「内容的に指し示している具体的な領域範囲については、事例によって異なっており、必ずしも一定していない」と説明している。そのため氏は、「本国」を中心としたその直接的な「成敗」権、「仕置」権の適用範囲を示す場合は「狭義の『分国』」、軍事指揮権や「国役」の賦課などの領域公権が行使されうる最大の範囲を示す場合は「広義の『分国』」と表現し、後者の場合、基本的には「領国」概念を適用すると述べている(黒田基樹「戦国期外様国衆論」『増補改訂　戦国大名と外様国衆』戎光祥出版、二〇一五年、初出一九九七年)。

(8) 国郡制とは、古代律令制国家が創出した地方支配の制度であり、それは律令体制が解体した平安時代後期以降、中世はもとよりのこと近世に至るまでも、天皇・将軍といった「王権」が保障する公的な行政区画として、一定の変質を遂げつつ存続したとされる。

(9) 戦国大名が国郡制的枠組みを如何に利用していたかという問題は、永原慶二・山口啓二「対談・日本封建制と天皇」(『歴史評論』三一四、一九七六年)を皮切りに、多くの議論が展開されている。この議論には本書の終章第二節で触れることとする。また、「国郡制論」の概略は、小川和也氏執筆分「国郡制論争」(木村茂光監修、歴史科学協議会編『戦後歴史学用語辞典』東京堂出版、二〇一二年)を参照されたい。

(10) 池享「戦国期研究の成果と課題」(同著『日本中近世移行論』同成社、二〇一〇年、初出一九八〇年)。
(11) 永原慶二「大名領国制論」(『永原慶二著作集』第五巻、吉川弘文館、二〇〇七年、初出一九六七年)。
(12) 勝俣鎮夫「戦国法」(同著『戦国法成立史論』東京大学出版会、一九七九年、初出一九七六年)。
(13) 池註10論文。
(14) 矢田俊文「戦国期の権力構造」(同著『日本中世戦国期権力構造の研究』塙書房、一九九八年、初出一九七九年)。
(15) 今岡典和・川岡勉・矢田俊文「戦国期研究の課題と展望」(久留島典子・榎原雅治編『展望日本史』11室町の社会、東京堂出版、二〇〇六年、初出一九八六年)。
(16) 矢田俊文「戦国期権力の研究史」(矢田註14書)。
(17) 峰岸純夫「戦国時代の「領」と領国―上野国新田領と後北条氏―」(同著『中世の東国―地域と権力―』東京大学出版会、一九八九年、初出一九六九年)。
(18) 峰岸註17論文。峰岸氏は由良氏のような存在を「地域的領主」と規定している。
(19) 黒田註7論文。なお、同様の議論を市村高男氏が武蔵忍領成田氏を題材として行なっている。氏は成田氏の領域支配権が北条氏への従属後において一層の進展をみていることを指摘した。そして、その政治的安定化を戦国大名による「軍事的安全保障体制」と規定している(市村高男「武蔵国成田氏の発展と北条氏」同著『戦国期東国の都市と権力』思文閣出版、一九九四年、初出一九八六年)。
(20) 黒田註7論文。
(21) 黒田氏は大名の地域的領主統制と「国衆」の従属を政治的に明示するものとして、①起請文の交換、②大名本拠への参府、③証人(人質)の徴収、④在府料の給付、以上四点を挙げている。また、大名の支配権にかかわるものとして軍役と普請役の賦課を挙げ、「いずれも室町期の守護―国人の関係にはみられないものであり、その質的相違は明白である」として、戦国期固有の状況であることを指摘する(黒田基樹「戦国大名と地域的領主」『日本中世史研究事典』東京堂出版、一九九五年)。
(22) 市村高男「戦国期の地域権力と「国家」・「日本国」」(『日本史研究』五一九、二〇〇五年)。
(23) 黒田基樹「国衆論批判に答えて」(黒田註7書)。

(24) 久保健一郎「「境目」の領主・再論」(『史観』一五九、二〇〇八年)。
(25) 勝俣鎮夫「戦国時代の村落」(同著『戦国時代論』岩波書店、一九九六年、初出一九八五年)。
(26) 藤木久志『豊臣平和令と戦国社会』(東京大学出版会、一九八五年)。
(27) 藤木久志「村の動員」(同著『村と領主の戦国世界』東京大学出版会、一九九七年、初出一九九三年)。
(28) 地域社会論とは国家の相対化という視座から提起された歴史認識・分析の方法で、「地域」を既存の支配体制を変革してゆく主体として位置づけようとするものである(歴史学研究会日本中世史部会運営委員会ワーキンググループ「「地域社会論」の視座と方法」『歴史学研究』六七四、一九九五年)。
(29) 西村幸信「中近世移行期における侍衆と在地構造の転換」(同著『中世・近世の村と地域社会』思文閣出版、二〇〇七年、初出一九九六年)。
(30) 酒井紀美「応仁の乱をめぐって」(同著『応仁の乱と在地社会』同成社、二〇一一年)。
(31) 藤木久志『新版　雑兵たちの戦場　中世の傭兵と奴隷狩り』(朝日新聞出版、二〇〇五年、初版は一九九五年)。
(32) 藤木久志『飢餓と戦争の戦国を行く』(朝日新聞社、二〇〇一年)など。
(33) 黒田註7論文。
(34) 秋山伸隆「戦国大名領国の「境目」と「半納」」(同著『戦国大名毛利氏の研究』吉川弘文館、一九九八年、初出一九八〇年)。
(35) 峰岸純夫「軍事的境界領域の村─「半手」を中心に─」(同著『中世災害・戦乱の社会史』吉川弘文館、二〇〇一年、初出一九九五年)。
(36) 註28参照。
(37) 藤木註31書。
(38) 稲葉継陽「境目の歴史的性格と大名権力」(同著『日本近世社会形成史論─戦国時代論の射程』校倉書房、二〇〇九年、初出二〇〇四年)。
(39) 齋藤慎一「後北条領国の「境目」と番」(同著『中世東国の領域と城館』吉川弘文館、二〇〇二年)。
(40) 則竹雄一「戦国期江戸湾の海賊と半手支配」(同著『戦国大名領国の権力構造』吉川弘文館、二〇〇五年、初出一九九八年）。
(41) 盛本昌広「戦国時代の久良岐郡」（同著『中世南関東の港湾都市と流通』岩田書院、二〇一〇年、初出一九九九年）。
(42) 黒田基樹「戦国期「半手」村々の実態」（同著『戦国期領域権力と地域社会』岩田書院、初出二〇〇六年）。
(43) 村田修三「城跡調査と戦国史研究」（『日本史研究』二一一、一九八〇年）。
(44) 市村高男「多賀谷氏の発展と関東地方」（『関城町史』通史編上巻、関城町、一九八七年）。
(45) 有光友学「戦国期領主権力の態様と位置―今川領国葛山氏の場合―」（同編『戦国期権力と地域社会』吉川弘文館、一九八六年）。
(46) 藤木久志「境界の世界・両属の世界―戦国の越後国小川庄をめぐって―」（同著『戦国史をみる目』校倉書房、一九九五年、初出一九八九年）。
(47) 佐々木倫朗「佐竹氏の南奥進出と船尾氏の存在形態」（同著『戦国期権力佐竹氏の研究』思文閣出版、二〇一一年、初出二〇〇八年）。
(48) 盛本昌広氏は、山や峠、そして河川といった地形や水系が境目を決め、戦国の合戦は境目において行なわれるとして、地理的要因が大名の動向を規定していたことを指摘している（盛本昌広『境界争いと戦国諜報戦』洋泉社、二〇一四年）。したがって、境目領主の活動を分析する際にも地理的環境は重要な要素のひとつであると考える。
(49) 戦争論の先行研究整理は、小林一岳・則竹雄一編『戦争Ⅰ　中世戦争論の現在』（青木書店、二〇〇四年）が詳しい。
(50) 藤木註26書。
(51) 則竹雄一「戦国期「国郡境目相論」について」（則竹註40書、初出一九九九年）。
(52) 則竹雄一「戦国期駿豆境界地域の大名権力と民衆―天正年間を中心に―」（則竹註40書、初出一九九九年）。
(53) 稲葉継陽「領域秩序の形成と国郡制」（稲葉註38書、初出二〇〇四年）。
(54) 山本浩樹「戦国期戦争試論―地域社会の視座から」（池上裕子・稲葉継陽編『展望日本歴史』12、東京堂出版、二〇〇一年、初出一九九七年）。

第一部　境目における大名の政策

第一章　境目の住人と大名権力

はじめに

戦国期境目の研究は、これまで様々な視角から論じられてきたが、その分析対象は実際に戦闘が行なわれていた「戦時」における実態が中心だった。たとえば稲葉継陽氏は、境目の状況について「大名軍隊の激突から不断の濫妨に至るまでの戦争暴力が行使された「戦時掠奪と破壊活動の坩堝」」と表現し、戦争暴力による住人への被害に注目している(1)。

しかし、境目においても一定の政治的・社会的秩序が維持され、人々が住み続けていたことは紛れもない事実であり、先行研究は「戦時」の戦争暴力による被害者としての一面を強調しすぎたきらいがある。むしろなぜ、そのような場所に人々が住み続けていたのかが問われるべきであろう。

境目の住人に注目した研究のひとつとして、対立する両大名へ境目の村が年貢・公事を半分ずつ納めていたとする「半手」「半納」論がある(2)。この議論は、大名による戦争暴力に対して、村が如何なる対策を講じたのかという視角から論じられており(3)、やはり被害者としての村の存在が前提となっている。そもそも、「半手」「半納」が確認できる地域は境目のごく一部であるため、全体像を見通すためにはそのほかの地域にも視野を広げる必要がある。

また、境目の地侍に注目した岸田裕之氏は、彼等が大名から「案内者」の役割を負わされ、他郷村への調略を行なっていたことを指摘した(4)。つまり、地侍は自発的ではないにしろ、結果的に大名間戦争の協力者としての一面を持っていたことになる。氏の指摘は、境目の住人に関して被害者とは別の一面に言及したものとして重要であるが、大名による領土拡大過程という「戦時」に注目した点では、これまでの研究と同様である。

以上、先行研究を概観すると、その課題として、①「戦時」における在地の状況が分析の中心となっている点、そのため、②住人は戦争暴力による被害者であることが議論の前提となっている点、③境目の村落の実態は、ごく一部地域に限られた「半手」「半納」論のなかでしか議論されていない点、の三点が挙げられる。

そこで本章では、一旦戦闘が起これば戦争暴力の中に巻き込まれてしまう境目になぜ人々は住み続けていたのか、そして彼等は大名と如何に向き合っていたのか、戦闘が行なわれていない「平時」の境目に注目しつつ明らかにしていきたい。具体的なフィールドとしては、永禄期から天正期にかけて、武田・上杉・小笠原といった大名が争いを繰り広げた信濃・上野両国に生じた境目を中心にみていくこととする。

一　境目における情報統制

(1) 越後上杉氏の「人留」

境目は軍事情報の集散地点であるため、大名が敵方の情報を入手する場であったことは、これまでの研究でも言及されてきたところである。稲葉継陽氏は「境目を踏み超えて敵地へ情報をもたらす人々の動きをどう規制し、またそうした人々をどう自領へ呼び込むかは、ともに大名権力の重大な課題となったに相違ない」と述べている(5)。

そこで最初に、自領内の情報が敵方へ漏洩しないよう遮断するため、大名がどのような手段をとっていたのか、越後上杉氏を事例としてみていくこととする。

まずは、上杉謙信が沼田城（群馬県沼田市）在番衆へ送った書状を掲げる。沼田城は当時上杉氏の上野国における拠点であり、甲斐武田氏との境目に位置していた。

【史料1】上杉輝虎書状(6)

以前之書中ニ者、明日与申越候得共、廿日ニ当府（新潟県上越市）打立、柏崎お廿四可打越候、如啓先書、①当国ニ而人留お成候者、②其庄（群馬県沼田市）江之往覆可為不自由之間、其庄諸口可相留候、少も有油断而者、曲有間敷候、早々可相留候、③聞得候分者、自会津其庄お本庄（繁長）ハ甲州之使自由成候之由申候、是おも入念人お可撰候、会津者お者相留事無用候、併十日、十五日之内者、きぶく人留可成之候、謹言、

追而、四人ニ申付候、以上、

（朱書）「永禄十一」

十月十六日　輝虎（御居判）

松本石見守（景繁）殿
河田伯耆守（重親）殿
小中大蔵丞殿
新発田右衛門大夫（重家）殿

永禄十一年（一五六八）三月、越後国村上を本拠とする本庄繁長が武田氏と通じて挙兵した(7)。越中へ出陣していた上杉謙信は帰国し、五月に村上へ派兵している(8)。そして本史料冒頭では、十月二十日に謙信自ら出陣する予定であることが書かれている。

傍線①では、越後国内で「人留」（通行規制）をすると、沼田との往還に不自由があるとしたうえで、傍線②で謙信

は、沼田荘の諸口の「人留」を油断なく、早々に実施するよう命じている。さらに、謙信のところに届いた情報（「聞得候分者」。ただし情報提供者は不明）によると、会津から沼田荘に通じるルートを使って、本庄氏は武田氏の使者と自由に連絡を取っている、とのことである。本庄氏と武田氏との連絡（「是おも」）を遮断するために、念を入れて風体で本庄・武田の使者であることが判断できる人物に監視させなさい（「入念人お可撰候」）と指示している（傍線部③）。

つまり、武田氏と本庄氏が会津―沼田ルートで自由に連絡しあうことを防ぐため、謙信は境目である沼田の諸口を通行止めにし、本庄氏を孤立させようとしていたのである。とくに謙信が出陣した後の十日～十五日の間は、厳しく人留せよと命じているのだから会津者の通行も禁じて、情報漏洩を防止したかったのだろう。

また、上杉景勝の時代にも同様の「人留」に関する史料が確認できる。次に掲げる天正七年（一五七九）と推定される佐藤平左衛門尉宛上杉景勝書状では、越後国内において「人留」を行なっていたことがみえる。

【史料2】上杉景勝書状(9)

新発田
きつと（急度）申遣候、①仍自其元あいつ（会津）へこす（越）道二口可有之候間、以前之ことく無足之もの成共申付、四五人ツ、かたく（堅）さし（差）置、きふく人とめ（留）可申候、②もしあいつよりふしん（不審）申、とかめ（咎）候ハヽ、其元より可申やうハ、いつも越山ニハしゆくち（諸口）人とめ申候、其上あいつよりくわんとう（関東）へしゆぢ（諸事）きこへ（聞）候間、人とめ申候、御とうかん（等閑）ニてハ、ゆめ〳〵なく候と申候へく候、それもあいつよりいかん共申候ハヽ、申へく候、さなく候ハヽ、むよふ（無用）ニ候、いつさい（一切）わふふく（往復）なきやうニきふくとめさせへく候、以上、

（天正七年カ）七月廿五日　景勝御居判

佐藤平左衛門尉殿

傍線①では「佐藤平左衛門尉のところから会津へ行く道が二筋あるので、以前のように所領を持たない者であって

も申し付けて、四・五人ずつ番所に置き、厳重に人の通行を禁止するように」と景勝は佐藤氏へ指示している。佐藤氏は広瀬（魚沼市）衆の者であることから、広瀬周辺から会津へ行く二つの道筋に番所が設置されていたことが窺える。

続いて傍線②では、もし会津の蘆名氏が会津ルートの「人留」に対して不審であると咎めだてしてきたら、あなた（佐藤）は「いつも越山の時には諸口を「人留」していること、さらに会津から関東へ様々な事が伝わるので「人留」するのであり、蘆名氏をおろそかにしているわけではない、と言いなさい」と、景勝は蘆名氏への弁明内容まで細く佐藤氏に伝えている。

つまり、越後国内の情報が会津経由で関東へ伝わっていたため、上杉氏の動向が敵方の北条氏等へ漏れないよう、景勝は「人留」を行なっていたのである。

なぜ、景勝は情報が関東へ伝わることを懸念していたのか。天正六年（一五七八）三月、越後において勃発した謙信死去後の跡目相続争い（御館の乱）は、天正七年三月、景虎の自害によって収束に向かっていた。しかし、栃尾城（新潟県長岡市）の本庄秀綱や三条城（同三条市）の神余親綱等の抵抗が依然として続いていた。そのため、景虎を支援していた北条氏と彼等が連絡を取り合い、再び連携することを景勝は懸念していたと考えられる(10)。

以上のように、上杉氏は情報統制の手段として、人の通行を禁止する「人留」を行なっていたのである。

(2) 境目における住人の協力

では、次に大名が敵方の情報を如何に入手していたのか、上杉氏と対峙していた武田氏や北条氏の事例をとりあげ、検討を加えていくこととする。

上野国和田城（高崎市）は永禄七年（一五六四）当時、武田氏の管轄下に入っており、元々の城主和田業繁と武田氏から送り込まれた金丸忠経の両氏が中心となって上杉氏に備えていた。

次に掲げるのは、同年と推定される和田・金丸両氏から武田信玄への取次役である原昌胤へ宛てた書状である。

【史料3】和田業繁・金丸忠経連署書状写(11)

去廿日敵方与相見得候者、城下烏川辺伺候者を飯島小次郎召捕候間、相送り申候、被明御尋成被下様候、尤ニ奉存候、追々注進可仕候、御披露奉願上候、恐惶謹言、

（永禄七年カ）四月九日　　和田兵衛太夫（業繁）（花押影）
金丸若狭守（忠経）（花押影）

原隼人佐（昌胤）殿
御披露

三月二十日、敵の上杉方と思われる者が、和田城下を流れる烏川周辺の様子を探っていた。それを発見した飯島小次郎が捕縛したので、和田・金丸両氏はその者を甲府へ送ったのである。この出来事があった二週間前の三月七日、上杉軍は和田城攻めを行なっていたが落城させることができずに撤退していた。(12)

その後、四月二十六日付で武田信玄から和田・金丸両氏へ宛てて返書が送られた。

【史料4】武田信玄書状写(13)

自敵地来者被越候節、尋窮候処、真実目付ニ候之条、召捕候者ニ可有褒美候、仍其地江為援、山宮其外鉄炮衆已下各相移候、猶城内用心不可有油断候、恐々謹言、

（永禄七年カ）卯月廿六日　　信玄（武田）

金丸若狭守（忠経）殿
和田兵衛太夫（業繁）殿

和田城下で捕縛した者を甲府において問いただしたところ、上杉方の斥候だったことが判明したため、武田氏は飯

島小次郎へ褒美を与えるとしている。さらに、和田城へ山宮氏ほか鉄砲衆などの援軍を送ることを伝えている。

飯島小次郎がどのような人物か、これ以上のことは不明だが、おそらく和田城に詰めていた在地の者であろう。ここで注目すべきことは、【史料3】において飯島小次郎が捕縛したと、わざわざ名前を書き記している点、それに対して信玄が彼に褒美を与えている点である。敵方の者を捕縛して甲府へ送ると、褒美を与えられることが周知されていた可能性が高い。想像ではあるが、【史料4】において信玄が上杉方の斥候だったことを知らせていることからすると、上杉氏にかかわる有益な情報が得られたのではなかろうか。

さて、次の史料は和田氏と同様、上杉氏との境目に所領を持っていた原孫次郎に対して、武田家が発給した朱印状である。

【史料5】武田家朱印状写(14)

定

於厩橋(群馬県前橋市)与沼田(同沼田市)之間、往復之者、或討捕或生捕者、不撰貴賤、可被加御褒美候、又一途抽忠節者、可被協所望之旨、厳重之御下知候者也、仍如件、

元亀三年壬申

正月廿七日　信玄朱印

土屋右衛門尉(昌続)奉之

原孫次郎

原氏は永禄十年(一五六七)三月二十八日、武田氏から漆原(吉岡町)の地を宛行われた(15)。その際、漆原は「境目」の地であることから、原氏が差配するために直判を与える、と説明している。

また、それと同日・同文の文書がもう一通存在することから(16)、齋藤慎一氏は「当該地域に関する領主にあてて広く発給されていた」として、さらに「武田家は厩橋と沼田間の通行、具体的には赤城山西側山麓の通行を遮断すること

をめざしてこの命令を出したのであろう」と推測している。(17)

【史料5】が発給された元亀三年(一五七二)当時、漆原周辺は依然として上杉氏と武田氏との境目だった。また、赤城山西側山麓の道は、上杉氏にとってみれば拠点の沼田城と厩橋城とを結ぶ重要な道であった。一方、武田氏にとってその道は利根川の対岸であったため、通行を遮断するために直接部隊を派遣し常駐させておくことは難しかった。つまり、武田氏が【史料5】において「貴賎を撰ばず」敵方の者を殺害もしくは生け捕りにしたならば褒美を与える、としたのは境目の住人の協力が必要だったことの表れといえよう。

このように、大名の影響力が及びにくい境目においては、在地の住人に褒美を与えることで協力を得ることができたのであり、住人側からすれば、敵対する大名双方の勢力圏を自由に往来できる特質を生かした稼ぎだったのである。そうであるならば、境目の住人が積極的に敵方の情報を大名へ売っていたことも想像に難くない。

元亀元年(一五七〇)九月、厩橋城の北条高広《きたじょう》は「堺目之者於箕輪(高崎市)令見聞、昨戌刻告来候間、為御心得急度申上候」と、敵方である武田氏の拠点箕輪城において、境目の住人が見聞してきた情報を入手している。(18)この時、住人には当然「情報料」が支払われたであろう。

次に天正十年(一五八二)二月、織田信長の軍が信濃国内へ侵攻した際、小田原の北条氏政は織田軍に関する情報が入って来ないことに焦っていたようで、鉢形城(埼玉県寄居町)の北条氏邦へ書状を何度も送って問い合わせている。

【史料6】北条氏政書状写(19)

十三日・十四日両日一翰披見申候、彼表之様子実儀ニ未存候、実儀を不聞而、疎忽之行ハ如何候、如何様ニも実を聞届、可有注進候、此方へも欠入之者一切無之間、甲駿之備、十日以来者一切不聞候、何とそ手を廻、自此方も可聞立候、敵方之模様至于実儀者、此方之行者勿論、何分ニも可有之候、畢竟実儀を不聞届而之行者、難定候、西上州於半手之郷何と密事候共、時々褒美以、行可聞届候者、可輙候間、其御勘弁候て、入手入精而聞届、

可有注進候、恐々謹言、
（天正十年）二月十六日　　　　氏政（北条）（花押）
安房守殿（北条氏邦）

この時すでに織田軍は武田氏を攻撃するため、木曽・飯田方面から信濃国内へ侵攻し、甲斐へ向けて進軍していた。[20] しかし、氏政は二月十日以降、情報をまったく入手できない状況だった。

傍線部によると、「西上野の半手の郷においては、どのような秘密事であっても、その時その時に褒美を与えれば敵方の策略を聞き確かめることはたやすいことであろう」として、氏政は半手の郷からの情報入手を氏邦へ指示している。やはりここでも、半手の郷の住人に褒美を与えることで、氏政は武田に関する情報を得ようとしていたのである。

以上のように、境目の住人は敵方の情報を大名へ提供することによって報酬を得ることができたのであり、大名側はそのような住人の働きを期待していたことが確認できた。

二　境目への人員配置

(1) 街道整備

天正十年(一五八二)六月二日、織田信長が本能寺で討たれると、信濃から越後へ侵攻していた織田氏家臣の森長可は本国美濃へと急ぎ撤退した。[21] また、信長から筑摩・安曇両郡(長野県)を宛行われていた木曽郡の領主木曽義昌は六月下旬、深志(同松本市)に在陣していたことが次の史料から確認できる。

【史料7】黒金景信・桐沢具繁連署状[22]

先日木曽（長野県）へ被指遣候御中間、昨廿六致帰府候間、即其元へ為登申候、様体委可被成御尋候、木曽（義昌）殿者ふかし（深志）と申

所ニ張陳之由候、悉上信濃小屋揚仕、無正体様候由、彼者申事候、随而其御表追日被　思食御侭之由、万民大慶不過之奉存候、近日者上口之説一向ニ不承候、相替儀御座候者、急度注進可申上候、此旨可預御披露候、恐惶謹言、

桐沢左馬允

（天正十年）六月廿七日　　具繁（花押）

黒金兵部少輔

景信（花押）

直江与六（兼続）殿

木曽へ遣わされた上杉方の使者は深志から越後へ帰国する際、道すがらの様子を傍線部で伝えている。それによると、木曽氏が深志に在陣していることのほかに、信濃北部の者たちは皆小屋上がりしており、地域一帯が混乱した状況であると報告している。

森長可の軍勢が退却した後、越後の上杉景勝は信濃の領主たちへ所領安堵を行なっていたが[23]、依然として治安の面などにおいて不安定な要素があったものと考えられる。このように、在地の者たちは自分たちの身に危険がせまると山小屋へ避難していた[24]。

さて、次に掲げる史料は翌年三月に発給されたものである。

【史料8】黒金景信・岩井信能連署状[25]

覚

一、てん（伝）馬宿をく（送）り御用捨事、

一、御普請人足御用捨事、

一、ふもつ（負物）の御かり（借）、秋中まて大途・私として借用之物可相延事、

右之条々、うけ（請）給とゝけ（届）候ハヽ、かけをちいたし（欠落致）候もの共、もとの居屋ニ返置、其上菟角之子細申輩有之者、則からめとり（搦捕）、かすか山（春日山）へ注進可申者也、

（天正十一年）三月十三日　　（岩井信能）備中守（花押）
（黒金景信）上野介（花押）

（長野県信濃町古間）ふるま

上杉景勝は本拠春日山（新潟県上越市）と信濃の拠点である長沼（長野市）両城を結ぶ街道を整備していた。[26] 古間はその街道筋に位置し、伝馬宿として計画されていたのである。[27]

第一・二条では伝馬宿送・普請人足が免許され、第三条では借物返済期限の延期が許可されている。そして「この三つの条件を承知するならば、欠落した者たちを元の住居に帰らせること。それに加えて、色々と異議を申し立てる者がいたならば、捕縛して春日山へ報告すること」としている。

上杉氏にとって、古間村を伝馬宿として稼働させるためには、村の者たちを速やかに還住させなければならず、そのため右のような三つの条件を提示したのであろう。

次の史料は四年前に遡る天正七年（一五七九）、武田勝頼が北信濃を掌握していた時のものである。

【史料9】武田家朱印状写[28]

自小菅（長野県飯山市）到赤沢（新潟県津南町）、為往復、人民令居住之由、尤被思食候、若有企非分狼藉輩者、可被処罪科之由、被仰出也、仍如件、

天正七年　　　　土屋右衛門尉（昌恒）
二月廿五日 竜朱印　　奉之
市川新六郎（信房）殿

上杉景勝と景虎による御館の乱の最中、景勝方の援軍として勝頼は市川信房等を飯山口（長野県飯山市）から妻有（新

潟県十日町市周辺域)まで派遣していた(29)。本史料では、小菅と赤沢との間を往復できるようにするため、街道筋の要所に人を居住させようと市川氏が武田氏に願い出て許可されている(30)。さらに「非分狼藉」を企てる者がいたならば市川氏が処罰してもよいとしており、住人の安全を大名が保障することで、新規の居住を促していたようである(31)。

【史料9】と同様に御館の乱の最中、武田勝頼の弟である仁科盛信は、上杉氏との境目の小谷(長野県小谷村)方面において次の史料を発給していた。

【史料10】仁科盛信朱印状(32)

如前々、自当秋大編〔網〕於罷移者、従戊寅年(天正六年)申〔庚カ〕辰之年(天正八年カ)迄、諸役令免許者也、仍状如件、

天六(天正六年)
戊寅九月十七日　(朱印)

大編〔網〕之郷中

解釈すると「以前のように、今秋から大網へ戻ってきた者には、向こう三年間の諸役を免許する」となる。

仁科盛信は信濃国安曇郡を統轄しており、天正五年(一五七七)頃から越後国内への進出の準備をはじめていた。翌六年九月初旬、小谷から越後へ入ってすぐの所にある根知城の赤見小六郎が武田氏への忠節を誓っており(33)、この時点で当城とその周辺域が武田方に渡ったものと考えられる(34)。したがって、仁科氏としては急いで小谷から根知城への道を整備し、要所に人を住まわせる必要があった。そうしたなかで大網郷は信濃・越後の国境に位置していたことから、宿や関所などを設置するのには適所であった。

ところで、大網郷には大網宗兵衛という者が居住していたことが史料上で確認できる。天正十年に武田氏が滅亡した際、安曇郡域へ侵攻してきた木曽義昌は、いち早く彼に対して信玄・勝頼両代と変わらず扶持することを約し、奉公を促している(35)。したがって、天正六年当時、大網宗兵衛は大網郷周辺域を本領として武田氏に従属していた地侍で

あった可能性が高い。そうなると、単なる還住政策であれば仁科氏は大網宗兵衛に宛てて【史料10】を発給したはずであるが、宛所は「大網之郷中」となっている。

その理由として考えられることは、山へ避難していた郷中の者たちが、還住する条件として向こう三年間の諸役免許を仁科氏側へ提示し、それが認められて発給されたため郷中宛になった、ということである。つまり、郷中側から還住の条件が提示され、それを仁科氏側が受け入れたかたちとなるが、根知城への人や物資の輸送ルート構築を急いでいた仁科氏からすれば、この条件はのまざるを得なかったであろう。

以上のように、大名は勢力圏内から境目の城への街道整備を行なうにあたり、宿駅の設置など在地側の協力が必要不可欠だったことから、安全保障や諸役免許などの優遇措置を講じて、還住や移住を促していたのである。

(2) 境目領主への配慮

境目領主と大名との関係性は非常に不安定なもので、境目領主はいつでも敵方へ寝返る可能性があったことは第二章において論じるが、大名側からしてみれば彼等を如何にして味方に引き入れるか、敵方へつかせないようにするかが問題となってくる。

そこで本項では、大平（長野県大町市八坂）の領主北沢孫左衛門尉に注目し、大名が境目領主を如何に味方として引き留めていたのか、みていくこととする。(36)

大平は天正十年の武田氏滅亡以降、北から上杉景勝、南から木曽義昌のちに小笠原貞慶が進出してきた場所だった。孫左衛門尉は同年十一月九日付で小笠原氏から日岐領（生坂村）・小河領（小川村）の内、合計三十貫文を宛行うとされている。

【史料11】小笠原貞慶黒印状(37)

於日岐領拾五貫文、於小河領拾五貫文、合而卅貫文之所出置候、以此旨可抽忠節者也、仍如件、
天正十壬午年
十一月九日　（黒印）
北沢孫左衛門尉

しかし、小笠原氏は九月上旬、上杉方の日岐城を攻略したばかりだった。また、小川領は現在の上水内郡内で、当時は上杉氏の勢力下だったと考えられることから、本史料は味方へ引き入れるための約諾だった可能性が高い。

以後、小笠原氏は勢力を次第に北へ拡大し、天正十一年（一五八三）二月十四日、犬飼氏宛小笠原貞慶書状には「両郡之仕置、大かた如存分候」と書かれており(38)、筑摩・安曇両郡を勢力下におさめたことを宣言している。実際に翌三月三日付小笠原貞慶黒印状では「千国跡職」を千国（長野県小谷村）十人の奉公衆に安堵し、小谷筋の用心を油断なく行なうよう命じており(39)、彼等が小笠原氏の配下となっていたことが確認できる。

同時期、孫左衛門尉は小笠原貞慶から本拠である大平の地を安堵されている。

【史料12】小笠原貞慶黒印状(40)
（小笠原貞慶）
（黒印）已上
大平之内六貫五百文、先御判之ことく被下候、以此旨、奉公専一也、仍如件、
（天正十一年）
三月六日
大平の
孫左衛門（尉脱カ）

前述した小谷筋の状況からみて、この時大平は小笠原氏の勢力下となっていた可能性が高いことから、改めて本領安堵を確認したのが本史料であろう。しかし、依然として上杉方の反撃もあり、大平周辺域はしばらくの間、境目だ

つたようである。(41)

さて、次に掲げる史料の差出人である忠次郎貞正は、小笠原氏一門であり貞慶の奉行人的な存在と考えられ(42)、袖判を加えている貞慶の意を奉じて細萱長知へその命を伝えている。

【史料13】小笠原貞慶判物(43)

（小笠原貞慶）
（花押）

尚々、去年もねんく《(年貢)》のかたにおさ《(押)》へて馬をとり候よし申上候、此所者境目付て、一向年具なとの御沙汰も無之処ニ、彼孫左衛門尉手前より馬をとり候よし、非分ニ候間、急度指返し候やうに可被仰付候、此体任　御下知如此申候、則御印判相加候、以上、

彼大平之孫左衛門尉度々依御奉公、御給恩候へ共、就境目ニ無足之体候、彼者扣所・屋敷共ニ壱貫文之由申候間、先々可被下置由御意に候、然者、勝野源助相押候由申上候、好貴所之寄子ニ候間、被仰て孫左衛門方へ可被下候、為其自我等方□□《(申候カ)》、以上、

忠次郎
貞正（花押）

（天正十二年カ）
十二月十六日

（細萱河内守長知）
細河
御宿所

（封紙ウハ書）
「御印判はこのかき《(鍵)》見之申さす候間、直に御判をなされ候、其分御分別尤候、以上、

忠次郎

細河
御宿所」

本史料によれば、北沢孫左衛門尉の本領は上杉方との「境目」であったため、所領からの収益がなかったようである。そこで、勝野源助は年貢未進を理由に土地を差押えたのだが、孫左衛門尉は勝野氏の行為は不当であるとして小笠原氏に訴えたのである。その結果、勝野氏の寄親であった細萱長知に対して、土地の返却を勝野氏へ命じるよう裁定が下された。

さらに追而書では、去年も年貢のかたとして馬を取られていたことが記されている。これに対して小笠原氏は「大平の地は「境目」であるから、まったく年貢などを納入する必要が無いにもかかわらず、馬を取ったことは不当である。すぐに返すよう勝野氏へ命じることは貞慶の御下知である」と細萱氏へ指示している。

注目すべき点は、境目に所領を持つ領主からは年貢を取らないこと、そして、彼等が不当な扱いを受けたとして訴えてきた場合、小笠原貞慶が直接裁定を下していることである。

孫左衛門尉のような一村規模程度の領主は、その地域が境目になると年貢を納入できない状態になってしまうことは想像に難くない。しかし、小笠原氏にとって大平の地は上杉氏領への橋頭堡であったため、彼を保護してなんとしてでも味方につけておく必要があったのである。

三　境目における市

(1) 半手における商売

本節では境目に開かれていた市に注目し、戦闘が行なわれていない平時の実態をみておきたい。まずは、半手における商売について、武田信玄の親類衆である穴山信君が元々今川氏の御用商人だった者たち(44)へ発給した条書写をみてみよう。

【史料14】穴山信君条書写(45)

定於半手商売之事

一、出合之様子、償銭如取替、於水川之郷(静岡県川根本町)互河端へ出合、可商売事、
一、自敵方鉄炮并鉄、無相違出之候者、弐百疋・三百疋之夫馬、可遣之事、
一、書付之外之商人、商売可停止之、若違犯之族、見合荷物等可奪捕事、
右守此旨、自今以後可商売之者也、仍如件、

九月晦日　　　　　　　　　　　　　　　　　　　　信君(穴山)(花押影)

松木与左衛門尉殿
畠河次郎右衛門尉殿
山本与三左衛門尉殿
星野七郎左衛門尉殿
市野利左衛門尉殿
太田四郎左衛門尉殿
山地孫兵衛殿
大西茶右衛門尉殿
多喜二兵衛殿
伴野次郎兵衛殿

本史料に関しては多くの研究者が言及しているので、先行研究に学びつつ解釈していくこととする。(46)

まず、第一条では水川郷において、お互いに川端に出て商売することとしている。水川郷は大井川の西岸に位置し

ており、当時、大井川を境として東側が武田領、西側が徳川領となっていた。半手における商売と最初に書かれていることから、水川郷が半手だったこと、その川岸が商売を行なう場所となっていたことがわかる。

第二条では敵方(徳川方)より鉄砲・鉄を確実に出してきたならば、二・三百疋購入する分だけ運ぶことができる夫役用の馬を派遣するとしている。つまり、徳川領から来た商人が武器やその原料を持ってきたならば、大量に買い付け、輸送することを穴山氏は指示している。

第一・二条について、藤木久志氏は「敵味方の商人たちが仲立ちして、この国境の川原に互いに出会い、身代金を取り交わして生け捕りを取り戻す。そんな習俗があったのを利用して、武田方は敵方の商人との大がかりな武器の取引を目論んでいた」と説明している(47)。

続いて第三条では、この書付に名前が載っていない商人が商売することを禁止している。おそらく、本史料の宛所である松木氏ほか九名の商人が武器取引を独占的に行なう権利を穴山氏から得たのであろう。同時に武器が横流しされ、武田氏以外の者へ渡ることを警戒したと考えられる。

したがって、【史料14】は穴山氏が武器類の大量購入を松木氏等に依頼し、取引を行なう場所と武器の輸送を指示するとともに、松木氏等が独占的に取引を行なうことを許可したものとなる。また、大名間の敵・味方といった関係にとらわれない商人間の繋がりがあったことで、武田氏は松木氏等を利用して徳川方の商人から武器を購入しようとしていたことがわかる。このような取引の場として都合がよかったのが半手である水川郷だったのである。

(2) 信濃における境目の市

前項では半手の郷において、どのような商売が行なわれていたのかを確認したが、本項では同じ武田領の信濃境目において開かれていた市に焦点を当てて検討を加えることとする。

【史料15】武田家朱印状写[48]

定

信濃境目出合、一月六ヶ度、定日限可令会合、背法度、濫不致出入様、厳重可被申付者也、仍如件、

元亀弐年辛未

三月九日　朱印

岩手（信盛）能登守殿

本史料は信濃の境目において双方が出会い、ひと月に六度、日を決めて「会合」、すなわち商売を行なうことが命じられ、法に背いてみだりに「出入」しないよう、厳重に商人たちへ申付けることを武田氏が岩手信盛へ指示しているものである。

岩手信盛は甲斐国岩手郷に本拠を置く武田氏の親類筋にあたる者で[49]、元亀二年（一五七一）二月の時点において、長沼（長野市）に在城していたことが確認できる[50]。当時、長沼城は武田氏にとって対上杉氏の前線拠点だったことから[51]、武田・上杉両氏の境目において六斎市が開かれていたことになる。

【史料15】以外にも、市立をする場所が異なるだけで、内容・文言がほぼ同様の史料があるので次に掲げる。

【史料16】武田家朱印状[52]

定

信濃境目田立口（長野県南木曽町）出合事、一月六ヶ度定日限、可令会合、背法度濫不致出入様、厳重可被申付之由、所被仰出也、

仍如件、

天正五年　　土屋（昌恒）右衛門尉奉之

九月廿四日　（朱印）

山村三郎《（良利）》左衛門尉殿

天正五年（一五七七）は武田勝頼が当主の時期であり、田立は美濃に接した場所である。つまり、織田領との境目であったのだが、そこでも六斎市が開かれていたことがわかる。

宛所の山村良利は「信濃木曽氏・甲斐武田氏両属の重臣」(53)と考えられている。したがって、先の岩手氏とともに境目における市立に関して、武田氏と直接繋がりのある者が管轄していたことは確かであろう(54)。とりわけ、【史料15・16】では敵方の商人が勝手に武田領内へ出入りしないよう、厳重に命じることを岩手・山村両氏に指示している。

上杉氏においても敵方の商人が出入りしていた事例が存在する。武田氏との境目に位置する沼田城の在番衆に対して「従敵地諸商人出入由可然候、乍去、能々人綺用心尤ニ候」と伝えている(55)。敵方である武田領から来た商人たちが出入りすることを上杉氏は認めていたのだが、争い事など問題が生じやすいため注意を怠らないよう在番衆へ命じていた。したがって武田・上杉両氏は商人を出入りさせることによって多少のリスクを負うものの、それ以上のメリットがあるという認識だったのである。

以上のように、武田氏と直接繋がりがある者が境目の市を管轄した理由は、敵対者が入って来て混乱を起こさないよう厳重に取り締まる必要性があったためであり、なおかつ武田氏にも交易を行なうメリットがあったことによるものと考えられる。

さらに注目すべき点は、境目において定期的に市が開かれ、人々が集まる場が存在したことである。そこでは半手の市と同様に、敵方の領内からも商人が入ってきており、在地では手に入らない物が持ち込まれ、商売が行なわれていた可能性が高い。このような市は周辺地域の住人にとっても有益な場であったと考えられ、戦闘が行なわれていない時の境目は大名から地域の住人に至るまで、交易の場として活用されていたのである。

おわりに

上杉氏は情報統制を行なう手段として、人の通行を禁止する「人留」を行なっていた。それに対して武田氏は上杉氏の情報を得たり、通行を妨害したりするために、褒美を出すことで境目の住人の協力を得ており、時には住人が上杉方の者を殺害・捕縛していた。したがって、住人たちは意識していようがいまいが大名間戦争の協力者としての一面を持っていたのである。

そして、大名が自らの勢力圏内と最前線である境目の城とを結ぶ街道の整備を行なった際には、安全保障や諸役免許などの優遇措置を講じて還住や移住を促していた。ここでも住人の協力が必要不可欠だったのである。また、境目に居住する領主に対しても年貢の免除はもちろん、彼等を保護することで味方に取り込んでいた。

以上のように、大名は常に多数の軍勢を前線に駐留させておくことができなかったため、住人たちの協力を得るための対策をとっていたのである。言い換えれば、住人側と大名側が協力関係を築くことで生活上の安全を確保し、「平和」状態を維持しようとしていたのである。

戦闘時には危険な地域となるにもかかわらず、人々が境目に居住しつづけていた理由がそこに存在した。さらに、境目において定期的に開かれていた六斎市の存在は、多くの住人が当該地域に生活していた証拠にもなろう。

これまでの結論を踏まえて「半手」「半納」の村を評価すると、半手・半納を大名に要求できる村は、境目全体からみればごく一部でしかなく、政治的・軍事的・経済的に一定の自立性をもった村(交易・流通の拠点など)だけであったのは明らかである。そうした村が主体的に半手・半納を選択したのも「無事」(平和)を求めたからではあるが、一方で半手・半納の村は、大名の軍事行動に参加する必要がなく、軍事的に中立の立場に置かれたため、大名間のパワーバランスが崩れたとき、大名の保護を受けられず、自衛しなければならないリスクがあった[56]。

一方、半手・半納を選択しない、もしくは選択できない多くの村は、年貢公事を徴収する大名が安全保障の義務を果たし、軍役の負担はあっても自衛のリスクは軽減される。とはいえ、境目ゆえに敵対する大名の軍事侵攻をいつ受けるかわからないという不安定さから遁れることはできなかった。したがって、境目の村は、敵対している大名のどちらにつくべきか、常に状況をみて判断していたと考えられる。そのため大名も諸役免許など優遇措置を講じ、敵方の大名に寝返らないようつなぎとめておかなければならず、相応の出費がかさむことにもなった。

大名が村の半手・半納の要求を受け入れるのは、村の安全保障の義務を負わず、優遇措置を講ずる必要もなく、半分ではあるものの年貢が納入されるのであれば、大名側にとって経済的にも大きなメリットだったのである。たとえ半分であっても村が年貢を納めると、領主としての正当性を村側が承認したことを表わす政治的な効力が伴うので、大名には受け入れやすい条件であったのだろう。

したがって、「半手」「半納」は単に村落側が主体的に生み出して大名側が譲歩したというよりも、村と大名双方がその場に応じてメリットとリスクを天秤にかけたひとつの選択肢として生じたものだったといえるのではなかろうか[57]。また、大名は情報統制のため「人留」を行なうなど、政治的・軍事的には境目を封鎖しようという志向性が強かった。軍事的な緊張が高まればなおのことだが、交易・流通の拠点となる境目の市は、大名の所領経営には欠かせない経済基盤の一つにもなるため、敵方の侵入や情報漏えいのリスクはあっても、たやすく封鎖することはできないのである。

本章では、境目の住人が当該地域に住み続けていた実態に着目してその理由を探ってきた。境目では一旦戦闘に巻き込まれると、戦争暴力による過酷な状況に置かれたこともまた事実であり、そうした状況を否定しようとするものではない。しかし、境目の実態を多角的にみていかなければ、その全体像を描き出すことはできないと筆者は考えている。

註

（1）稲葉継陽「境目の歴史的性格と大名権力」（同著『日本近世社会形成史論—戦国時代論の射程』校倉書房、二〇〇九年、初出二〇〇四年）。このほかに、境目の住人にスポットを当てた研究として、山本浩樹「戦国期戦争試論」（池上裕子・稲葉継陽編『展望日本史』12　東京堂出版、二〇〇一年、初出一九九七年）、則竹雄一「戦国期「国郡境目相論」について」（同著『戦国大名領国の権力構造』吉川弘文館、二〇〇五年、初出一九九九年）や、後述する「半手」「半納」に関する研究が挙げられる。

（2）「半手」「半納」に関する研究としては、秋山伸隆「戦国大名領国の「境目」と「半納」」（同著『戦国大名毛利氏の研究』吉川弘文館、一九九八年、初出一九八〇年）、峰岸純夫「軍事的境界領域の村—「半手」を中心に」（同著『中世災害・戦乱の社会史』吉川弘文館、二〇〇一年、初出一九九五年）、稲葉継陽「中世後期における平和の負担」（稲葉註1書、初出二〇〇〇年）、黒田基樹「戦国期「半手」村々の実態」（同著『戦国期領域権力と地域社会』岩田書院、二〇〇九年、初出二〇〇六年）などがある。

（3）峰岸註2論文。

（4）岸田裕之「戦国最末期の備作境目地域における戦争と郷村秩序」（同著『大名領国の政治と意識』吉川弘文館、二〇一一年、初出一九九三年）。

（5）稲葉註1論文。

（6）「謙信公御書」四（『上』六一九）。

（7）寸金雑録（『越』四—六五四）。

（8）黒岩氏所蔵（『上』六〇六）。

（9）「景勝公御書」三（『上』一八五三）。

（10）天正七年当時、上杉景勝は関東における拠点をすべて失っていたため、謙信期のように沼田で「人留」ができず、広瀬付近において行なったと考えられる。

（11）長野県立歴史館丸山文庫所蔵「古文書集」一五（『戦武』八八八）。

（12）三州寺社古文書三（『上』三九五）。

(13)長野県立歴史館丸山文庫所蔵「古文書集」一五(『戦武』八九〇)。
(14)漆原氏所蔵(『戦武』一七七三)。
(15)漆原家文書(『戦武』一〇六二)。
(16)石北氏所蔵(『戦武』一七七四)。
(17)齋藤慎一『中世を道から読む』(講談社、二〇一〇年)。
(18)市立米沢図書館所蔵(『上』九三八)。
(19)内閣文庫所蔵「武州文書」所収秩父郡三上亀吉所蔵文書(『戦北』二三〇六)。
(20)『信長公記』二月十四日条(人物往来社、一九六五年)。
(21)『信長公記』三月二十日条(人物往来社、一九六五年)。
(22)上杉家文書(『上』二四二九)。
(23)『上』二三九四・二三九七・二三九八・二四〇〇・二四〇二~二四〇六など。
(24)住人の山小屋への避難に関しては、藤木久志『新版　雑兵たちの戦場　中世の傭兵と奴隷狩り』(朝日新聞出版、二〇〇五年、初版は一九九五年)、本書第二章を参照。
(25)長野県信濃町「古間区有文書」(『上』二六九四)。
(26)石垣氏所蔵(『上』二四六五・二四七一)。
(27)慶長十六年(一六一一)には北国脇往還の宿場として正式に成立している(「松平忠輝老臣等連署伝馬条目」大古間共有文書『信』二一―九八)。
(28)石井氏所蔵「色部家・市川家古案集」(『戦武』三〇九五)。
(29)志賀槇太郎氏所蔵文書(東京大学史料編纂所影写本)(『上』一六八四)。
(30)翌三月十九日付の上杉景勝書状では、武田勝頼が赤沢に駐留させていた市川信房を甲斐へ呼び戻し、替わりに須田五郎を置くようであると浅間修理亮へ伝えている(宇野茶道美術館所蔵『上』一七九六)。
(31)【史料9】では、欠落した者を還住させるという文言が入っていないことから、新たな居住者を集めようとしていた可能性が高い。

(32)　武田氏所蔵(『信』十四―三六六)。
(33)　石井氏所蔵「武田古案」(『戦武』四二八一)。
(34)　仁科盛信の越後進出過程は第七章を参照。
(35)　武田氏所蔵(『信』十五―二〇三)。
(36)　北沢孫左衛門尉については、志村洋氏が戦国から近世初期における土豪の村役人化のなかで言及している。氏は天正期に戦国大名の被官として寄親寄子制の下に編成され、境目経営に当たっていた者として孫左衛門尉を位置づけている(志村洋「近世領域支配の確立過程と在地社会―松本藩初期大庄屋制に関する試論―」『歴史学研究』六五九、一九九四年)。
(37)　北沢氏所蔵(『信』十五―五一六)。
(38)　御書集(笠系大成付録)(『大町市史』第二巻原始・古代・中世資料　一八四号)。
(39)　千国氏所蔵(『信』十六―二)。
(40)　北沢氏所蔵(『信』十六―三)。
(41)　「続錦雑誌」三十(『信』十六―五四)。
(42)　小笠原貞正は、小倉(安曇野市)の浄心寺過去帳によると天正十三年(一五八五)正月二十二日没、当山開基光明院殿一誉脱叟浄心大居士・小笠原但馬守貞政とある(『日本歴史地名大系』長野県の地名)。また、『穂高町誌』では安曇郡の郡奉行的な役目をもって小倉城主となり、細萱氏はその配下でも筆頭的な家臣として働いていたと【史料13】から推測している(穂高町誌編纂委員会編『穂高町誌』第二巻　穂高町誌刊行会、一九九一年)。
(43)　北沢氏所蔵(『信』十六―三)。
(44)　柴辻俊六「武田領の交通政策と商品流通」(同著『戦国大名武田氏の支配構造』名著出版、一九九一年、初出一九八四年)。
(45)　内閣文庫所蔵「判物証文写」今川二(『戦武』三九一七)。
(46)　柴辻註44論文、笹本正治「戦国大名武田氏の市・町政策」(同著『中世的世界から近世的世界へ―場・音・人をめぐって』岩田書院、一九九三年、初出一九九二年)、藤木註24論文、峰岸註2論文、黒田註2論文など。
(47)　藤木註24論文。
(48)　信盛院文書(『戦武』四二三〇)。

(49) 岩手信盛の父である岩手縄美《つなよし》は甲斐守護武田信昌の四男だった。兄信恵と甥信虎による守護相続争いの際、縄美は兄に加担したが、永正五年(一五〇八)十月、ともに戦死した。その遺領は信盛に安堵された(『甲斐国志』巻九五・一〇三、雄山閣、一九九八年、初版は一九六八年)。
(50) 信盛院文書(『戦武』四二二九)。
(51) 永禄十一年(一五六八)七月、武田軍は長沼城(長野市)に在陣し、飯山城(飯山市)を攻撃している(片山氏所蔵『上』六一一・赤見家文書『戦武』一二九三)。一方、上杉謙信は永禄十二年(一五六九)八月二十三日、直江景綱・本庄宗緩宛書状のなかで、飯山・市川(長野県栄村)・野尻新地(同信濃町)の用心を油断しないように命じている(「謙信公御書」三『上』七九九)。
(52) 山村家文書(『戦武』二八七一)。
(53) 「山村良利」の項(片桐昭彦氏執筆)(戦国人名辞典編集委員会編『戦国人名辞典』吉川弘文館、二〇〇六年)。
(54) 本文中に挙げた境目における六斎市二例のほかに、武田氏が領国内において六斎市を設定した場所として、青柳新宿(山梨県富士川町)・富士大宮西町(静岡県富士宮市)・和田宿(群馬県高崎市)の三カ所が確認できる(内閣文庫所蔵「甲斐国古文書」『戦武』三四七四・旧公文富士家文書『戦武』三四六一・岡本家文書『戦武』三六〇三)。柴辻俊六氏は大名主導による六斎市場圏を想定し、日常的な商業活動が確認される地域は、ほぼ郡単位にひとつのまとまりを持ち、地廻り経済圏ともいうべきひとつの商品流通網が構築されていたと想定している。とりわけ境目の市には武田氏権力が強い統制を加えていたとする(柴辻註44論文)。
(55) 雙玄寺文書(『越』四―五二〇)。
(56) 半手・半納の村落は双方の大名から敵として扱われない一方で、味方としても扱われなかった。したがって「戦時」には攻撃をうけないものの保護もうけられない、という状態におかれたことが指摘されている(黒田註2論文)。そのため、安全保障の面においては自力で対応しなければならず、少なからずリスクが存在した。
(57) この場合、村側の意志が半手・半納であったとしても、大名側がメリットを見出せなかった場合は成立しないといったことも(可能性は低いが)想定できよう。

第二章　戦国期境目における人質の役割

はじめに

戦国期、権力間において服従・同盟などの約束履行を保証する手段のひとつとして、人質[1]の提供・交換という慣行が存在した。この慣行は権力間のみならず、広く中世社会における紛争解決の一手段だったことも明らかにされている[2]。

右の問題を論ずるにあたり、人質がどのような目的で出され、どのような扱いを受けていたのか、という実態に注目することは、人質を差し出す側と受け取る側両者の政治的・社会的関係を知る上で重要なことだといえよう。

戦国期の人質について、臨戦時に村落の者たちが領主の城へ籠城したことと関連して言及しているのが小林清治氏である[3]。氏は町人・百姓等が城内において戦闘員としての一面を持っていたこと、有力な地下人・百姓の離反を防ぐために、彼等の妻子を人質として籠城させていたことを指摘している。また、侍の妻子を人質とするのは離反を防ぐためであると同時に敵方へ取られないためでもあった、として別の意義にも注目している。しかし、小林氏の視点はあくまで人質を取る側からのものであり、地下人・百姓や侍の妻子は一方的に籠城させられたという考えである。

また、戦国の人質慣行を近世証人制度への移行過程として捉えているのが上井有規子氏である[4]。氏は「戦国盛期」

における事例として、毛利隆元・徳川家康を挙げ、彼等は人質となった際に一定の自由と安全を保障されており、本来の目的とは異なった側面があったとする。

上井氏以降も、戦国大名や織豊政権における人質の研究は進められているが、(5) 在地における領主層や地下人(6)が差し出す人質に関しては、小林氏が言及して以降ほとんど注目されてこなかった。

そのなかで、則竹雄一氏は上杉謙信・景勝が兵力として動員した地下人の特質を追求し、その動員は容易なことではなく、城を守備させても敵方の大軍が押し寄せた時には、すぐに開城してしまう「虚弱性」を持つことから、人質を取る必要があったとしている。(7)

このような人質の役割に対する認識の裏には、地下人の離反を防ぐため、大名や領主が一方的な強制によって供出させるものという前提があり、小林氏・上井氏を含めてそれが現在の一般的な見解であろう。

しかし、動員さえ困難な地下人に対し、人質を差し出すことを命じて果たしてどの程度応じるのであろうか。そこには矛盾があるように思える。とりわけ、権力側の強制力が弱かった境目においてはなおさらである。

藤木久志氏は領主の城の実態を論じるなかで、普段は地域の村々によって維持管理が行なわれるかわりに、臨戦時には百姓たちの避難所となっていたことを指摘している。(8) つまり、氏は領主と村落を双務的関係として捉えているのであり、人質の問題においても差し出す側の視点から議論を進める必要性があるのではなかろうか。

そこで本章では、境目の領主層・地下人など在地レベルにおける人質に注目し、彼等の視点からその役割を検討していきたい。

なお、ここで具体的に取り上げるのは、越後国上田荘（新潟県南魚沼市・湯沢町周辺域）とその周辺地域である。時期としては在地の領主層や地下人の動向がわかる史料が散見される、天正六年（一五七八）、上杉謙信死去後の景勝と景虎による跡目相続争い（御館の乱）の時期と、天正十年（一五八二）、甲斐武田氏滅亡後、上野国内に織田信長の軍勢が

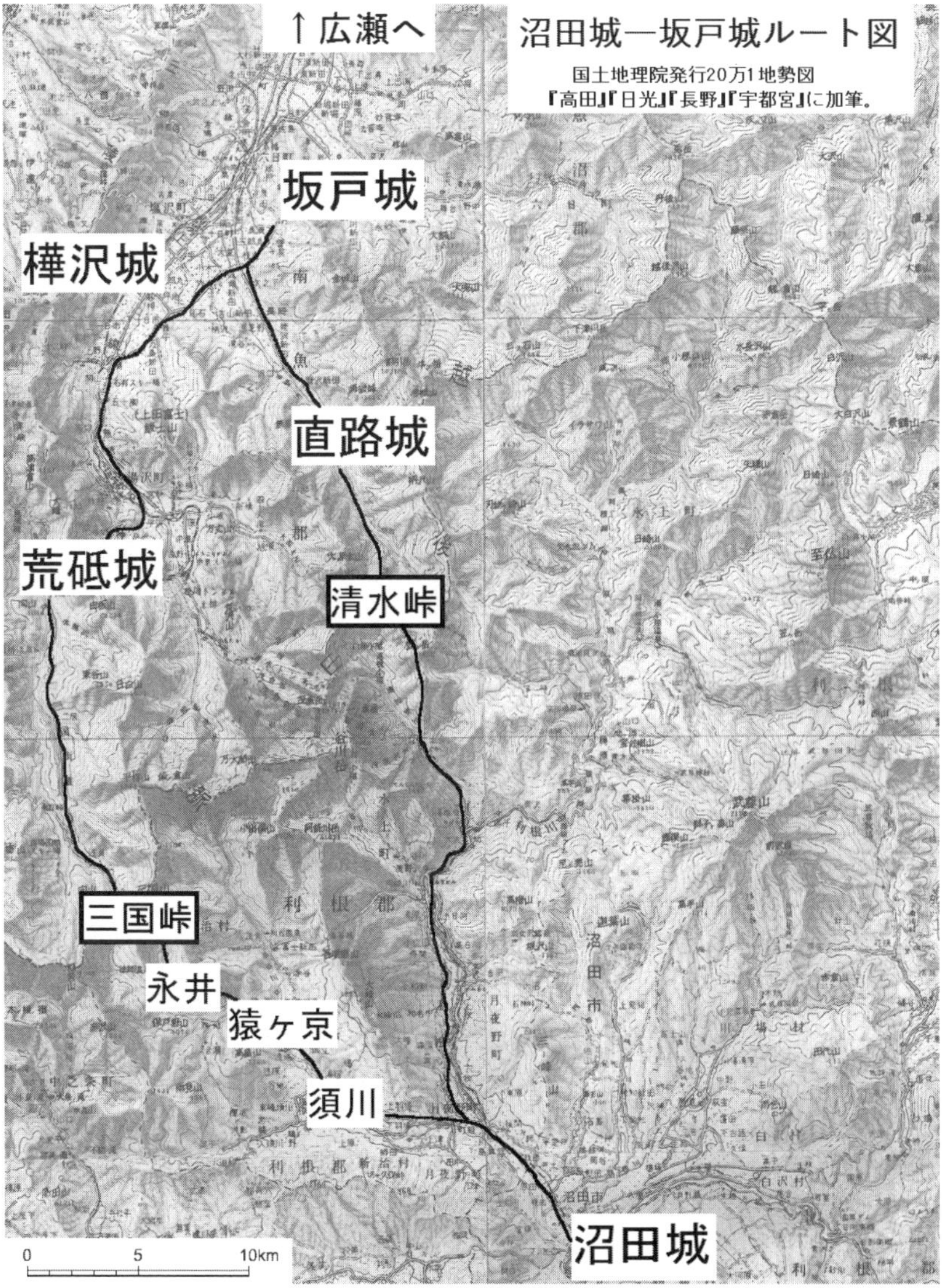
↑広瀬へ
沼田城―坂戸城ルート図
国土地理院発行20万1地勢図
『高田』『日光』『長野』『宇都宮』に加筆。
坂戸城
樺沢城
直路城
荒砥城
清水峠
三国峠
永井
猿ヶ京
須川
沼田城
0
5
10km

侵攻してきた時期を中心として論ずることとする。

一　御館の乱における人々の流動性

(1) 地下人の流動性

本節では御館の乱における在地の人々に注目し、大名に人質を差し出していた彼等がどのような行動をとっていたのか、その実態をみていくこととする。

天正六年（一五七八）三月、上杉謙信が死去すると、跡目相続争いである御館の乱が勃発した。その当事者は上田長尾氏当主政景の息であり謙信の養子となっていた景勝と、北条氏政の弟で上杉・北条の同盟（越相同盟）締結時に養子として越後へ入った景虎の二人であった。

景虎の実家である北条氏は援軍を越後に向かわせた。同年七月十七日の時点で、上杉氏の関東口における拠点であった沼田城（群馬県沼田市）は北条氏によって攻略されていた(9)。また、元々上杉氏の城代として厩橋城（同前橋市）に入っていた北条高広・景広父子は北条氏方に寝返っており、同月五日には沼田落城に先立って上田荘へ侵攻していた(10)。

一方、景勝は七月五日付で登坂与右衛門尉・樋口主水助・深沢刑部少輔の上田衆三人へ宛てて書状を発給している。

【史料1】上杉景勝書状(11)

昨日も書中差越候つる、定而可為参着候、然者爰許之様子無相替儀候、甲州衆（武田勝頼）出張于今在陣候得共、無為差儀候、当地於備者、如何ニも堅固ニ申付候、可心安候、扨亦以前爰元へ如聞得者、其表へ厩橋衆（北条高広・景広）何も申合相動之由候条、押詰登坂与右衛門尉ニ人数相添、其元江差越、関堺目あらと（荒砥・湯沢町）・直路（南魚沼市）ニ地利ヲ取候、如何ニも人数相集、放（防）

戦可成之候由申付、差越候つる、定其備可申付候、其方も同意ニ談合候而、無油断様ニ可申付候、其地普請之儀も以前与右衛門尉ニ如申越、日々無如在可申付候、爰元岩戸（上越市カ）ヲ取、猶以備堅固ニ候条、可心安候、越中之義も河田豊前守（長親）無二此方へ無別条懇切ニ候、自爰元万端意見相尋候、少も無別意候、是又可心安候、兎角其表之備ニきわまり候間、与右衛門尉何も談合候而、無油断備等可申付候、如何様爰元之様体、重而可申越候条、早々申越候、謹言、

猶々、関東之様子、細々可被申越候、定而其方も可申越候へ共、路次無自由ニ可有之候間、左様ニも可有之歟、弥無油断注進尤ニ候、与右衛門尉ニ申候、以前申付、両地ふしんの義申付候哉、早々申付、人数相集申付尤候、其以後関東之様子如何候哉、申越尤候、以上、

（天正六年）七月五日　景勝（花押）

登坂与右衛門尉殿
樋口水（マヽ）主助殿
深沢形〔刑〕部少輔殿

本史料の内容は、景勝のもとにいた登坂氏に兵をつけて上田荘へ派遣したことを知らせ、さらに同氏に対して、関東との境目である荒砥・直路に城を普請し、何としてでも兵を集め、関東から攻めて来る北条軍に対して防戦するよう命じている。

関東と越後を結ぶ道は、三国峠越えルートと清水峠越えルートの二つがあった。両ルートの越後国内へ入った所に、荒砥・直路両城はそれぞれ位置する。

次に、その一週間後に発給された史料を掲げる。

【史料2】上杉景勝書状(12)

去比以書中具申越候、然自其元飛脚一向不差越候、路次不自由故無其儀候哉、其以後関東之様体如何無心元候、如何ニも相稼、①直路・あらと山取立、普請早々出来候様ニ可相稼候、かはの沢（樺沢・南魚沼市）入地利かまへヲハ其侭差置、可為持候、其外之小屋かまへハ、みな〱以前其方ニ如申越相払、只今普請候両人へ、地下鑓成共相集可差置候、普請出来候ハヽ、早々爰元へ可申越候、（中略）かはの沢計かゝへさせ、余之地ヲハはらい、両地へ早々相集へく候、さて又、さかと山（坂戸・同市）普請油断有間敷候、又、彼日記の者共、早々爰元へ可差越候、用所候間、早々可差越候、猶々、深沢ニ申候、②無人数ニ候間、あそこ爰ニ地利かまへ為持、うらさ（浦佐・同市）・ろくまんし（六万騎カ・同市）ヲはしめとして、地之者共ニ申付よし候、万事咲止ニ候、大なミ之時ハ必々うちあけへく候ニ、なましいニ地下人計ニ為持、けつく敵之す（巣）ニ可成之事、咲止ニ候、左様之義申付事、無用ニ候、身之くふう（工夫）候て、可為持地利ヲハ直ニ可申付候、以上、

（天正六年）七月十二日　景勝（花押）

登坂与右衛門尉殿
深沢形（刑）部少輔殿

まず、傍線①では、「直路・荒砥山を城として取立て、普請を早く完成させるように稼ぐこと、樺沢城はそのまま在城衆に守らせ、それ以外の小屋構えはすべて以前命じたように破却し、現在普請している二人へは地下鑓であっても集めて在城させること」と登坂・深沢両氏に命じている。普請している両名とは誰のことを指しているのか不明だが、直路・荒砥へ地下人を入れるよう指示している。また、小屋構えを破却する理由が傍線②に書かれている。

その内容は、「人員がいないのに、あちらこちらの城を守らせるため、浦佐城・六万騎城をはじめとして、地下人たちに在城を命じることはまったく困ったことである。敵が大波のようにどっと攻めて来た時、（地下人たちは）必ず城を捨てて逃げてしまうのに、中途半端に地下人だけに城を持たせ、結局敵の巣になってしまうことは困ったことで

ある」といった具合である。

つまり、兵力不足であるため上田荘の本拠である坂戸城以外では、直路・荒砥・樺沢城に人員を集中させ、その他の浦佐城・六万騎城などはすべて破却するよう景勝は命じていたのである。そして、地下人たちだけで城を守らせても敵が攻めてきたときにはすぐ逃げてしまう、というのが景勝の地下人に対する認識だった。

(2)「欠落」する給人たち

上杉景虎を援護するため、上田荘に侵攻していた北条高広・景広父子を中心とした北条軍は、天正六年八月には上田荘内の樺沢城を攻略し、戦いを優勢に進めていた(13)。一方、春日山城(新潟県上越市)の景勝と御館(同市)に籠城していた景虎との間では、同年七月二十七日に大場(同市)において一戦を交えたことが確認できる(14)。

同日の夜、景勝配下にいた金子大学助が欠落した。翌日、景勝から広瀬(同魚沼市周辺域)衆の佐藤平左衛門尉に宛てた書状では、金子大学助が欠落したため用心の備えをして油断しないようにと命じている。

【史料3】上杉景勝書状(15)

急度申越候、今夜廿七夜中、金子大学助かけをち（欠落）候、依之而、其元備用心等、雖無申迄候、無油断気遣尤候、為其彼者共さしこし候、弥儀候ハヽ、早々可申越候、猶吉事待入候、謹言、

（天正六年）七月廿八日　景勝御居判

佐藤平左衛門尉殿

景勝は同様の書状を深沢刑部少輔にも送っていた。

【史料4】上杉景勝書状(16)

急度申遣候、仍而今夜中、金子大学助かけをち（欠落）候、依之而、広瀬（魚沼市）へも油断有之間敷候〔由脱カ〕申越候、其元雖無申迄候、

無油断備千言万句ニ候、其元之様子、細々注進専用ニ候、猶万吉重而可申候、謹言、

尚々、両口へも此段申越、無油断様ニ申越へく候、以上、

（天正六年）七月廿八日　　景勝

深沢刑部少輔殿

内容は、「今夜、金子大学助が欠落したため、広瀬にも油断しないように申し送った。深沢には言うまでもないことだが油断せず備えよ」と命じている。さらに追而書の部分では、「両口」へもこのことを申し送るようにと指示している。この「両口」とは、直路・荒砥両城のことであろう。したがって、金子氏は景勝軍の中から逃亡して、景虎へ援軍を派遣した北条氏の元へ行こうとしていた可能性が高い。少なくとも景勝はそのように想定していたことがわかる。

このように、景勝軍の中から寝返る者が度々いたようである。

【史料5】上杉景勝書状[17]

勝頼（武田）帰馬以来不申届候間、遣飛脚候条、其口路次番無相違様ニ被送通簡要候、扨又、妻有筋（十日町市周辺）之備如何、無心元候、雖無申迄候、従爰元差越者共有談合、堅固之仕置専一候、然而、以前者自此方欠落之者共押留、被及理候、奇特之被致様祝着候、重而欠落之者候者、則可加成敗事尤候、亦当城備至于近日ハ弥相募候、可心安候、申迄無之候得とも、其地普請用心、昼夜之気遣不可有油断候、猶万吉重而、謹言、

（天正六年）九月八日　　景勝

小森沢刑部少輔（政秀）殿

金子二郎右衛門とのへ

同年九月八日付の小森沢政秀・金子二郎右衛門宛の景勝書状では、春日山から欠落した者を小森沢たちが押留めた

ことを賞し、再び欠落した者がいたならば処罰することは当然である、としている。

小森沢・金子両氏は上田荘の西に位置する妻有地方（新潟県十日町市周辺域）を守備していた者たちである。春日山から欠落してきた者が、小森沢氏によって捕えられたことから推測すると、信濃方面もしくは上田荘を経由して関東方面へ逃亡しようとしていた可能性が高い。だが、この時点で武田氏は景勝に対して、北条軍の信濃通過を制限すると誓約していたことからすれば(18)、欠落した者は関東へ逃亡しようとしていたのではなかろうか。

さらに、同月十二日付で景勝は広瀬の佐藤平左衛門尉に再び書状を送った。

【史料6】上杉景勝書状(19)

書中差越候、度々如申越、於其地昼夜相稼、日々相動成候由、無比類候、無弥油断用心気遣専一候、扨亦、以前あまかす・上村かたより、椿喜助爰元広瀬の者共召連、かけをち（欠落）候ニ付而、書中差越候間、無油断、いかやうのけいき（計儀）・けいさく（計策）候共、ぬかれましく候、又てつほう（鉄炮）玉薬、てつはうさしこし候、猶万吉重而可申候、謹言、

（天正六年）九月十二日　景勝御居判

佐藤平左衛門尉殿

景勝は椿喜助が春日山にいた広瀬の者共を召連れて欠落したことを報じ、どのような計議・計策を用いても、突破されないように命じている。椿喜助は広瀬衆を引き連れて一隊ごと欠落していたのである。

以上、景勝方から離反し北条氏を頼って欠落する者が、上田荘周辺を通過しようとしていた状況をみてきた。前項において、地下人は敵が攻めてくると逃亡する信用できない者たちであるという認識が景勝にあったことを確認したが、春日山城と御館との間で、緊迫した状態に置かれていた給人たちの中においても、離反者の逃亡が度々あったのである。

（3）寝返りの説得工作

樺沢城を攻略した北条軍と坂戸城に籠る景勝方との戦況はその後、膠着状態となった。十月十二日、河田重親に宛てて景勝から書状が送られた。

【史料7】上杉景勝書状(20)

急度申遣候、其元へ安芸入道（北条高広）乱入申付而、同心之由其聞候、仍其方事ハ豊前守（河田長親）対当城（春日山）別而懇意之上者、定而別儀有間鋪候得共、当意館相之義候間、不苦候、今度如何共於其許被励忠信者、可為祝着候、委細三人之者方へ申越候条、定而可申談候、謹言、

（朱書）「天正六」

十月十二日　景勝

河田伯耆守（重親）殿

河田重親は元々上杉方の沼田城将であり、御館の乱勃発後、景虎方へ寝返って樺沢城へ入っていた。書状の内容は、河田重親の甥であり、謙信の側近であった河田長親が景勝に味方している上は、重親が北条方に離反することはないであろうが、その場で即座に考えて館（景虎）につくことを（重親が）判断したことは気にしなくてもよい（重親がやむを得ず景虎方へ離反したことに対して、景勝は問題にしない）ということ、さらに今回どのような形であっても上田荘において忠信に励めば祝着である、として景勝方へ寝返るよう説得している。しかし、河田重親はその説得に応じず北条氏配下として居城し続けた(21)。

また、翌天正七年（一五七九）二月三日、景勝は長尾景憲宛に書状を送っている。

【史料8】上杉景勝書状(22)

急度申遣候、前々筋目を以、此度椛〔樺〕沢引除候事、誠忠信無比類候、此上如何共、椛沢落居候様、各令談合、可被

稼事肝要候、然者、一昨朔向館相動、北條丹後守(景広)陣所押破、親類家風数多討捕之、頸之註文差越候、重而昨日館際外構悉放火、巣城計成置候、落居見詰候条、押詰陣取、当月中可討果候、爰元於備可心安候、畢竟、其庄備肝心ニ候、万吉重而、謹言、

(天正七年)二月三日　景勝

長尾平五郎(景憲)殿

傍線部において、長尾景憲は北条軍が籠っていた樺沢城を出て景勝方へ寝返っていたことがわかる。景勝方は長尾景憲に対して、味方につくよう説得工作を行なっていたのであろう。景憲は間もなく栗林治部少輔(23)とともに直路・荒砥の関東口守備を担い、敵方の内情をよく知る者として即戦力となっていた。

さらに、翌三月には安辺彦太郎・同清左衛門の両人が景憲(伊賀守)を通じて、北条方である沼田城から離脱し、景勝方につくことを申し出てきた。

【史料9】上杉景勝書状(24)

対長尾《尾》伊賀守如申越者、其節中倉内へ令手切、口々相動、備堅固之地(由)、忠信無比類候、別而両人稼奇特千万候、本意之上、一層《層》可感之条、弥粉骨《可》可為肝要候、皆々此等之趣為申聞尤候、万端之儀、伊賀守かたへ申越専用候、謹言、

(天正七年)三月十七日　景勝(花押影)

安辺彦太郎殿

同　清左衛門殿

以上のように上田荘周辺地域が境目となった御館の乱の最中、地下人に限らず、領主層においても敵方へ離反する者が多く存在し、その裏ではそれぞれ自軍の味方になるよう説得工作が行なわれていたのである。戦争の最中には多

くの者たちが、戦況をにらみつつ、自らが生き残るためにどの勢力下に入るかを決めていたのであり、人々の動きは非常に流動的なものだった。

このような状況は、既に領主層から地下人まで様々な階層において人質を取っていた上で生じたものと考えられ、兵力を動員していた大名側も当然多くの離反者がでることはわかっていたのであろう。そうであるならば、離反を防ぐためという目的だけで人質が取られていたといえるであろうか。

この疑問に検討を加えるため、次節では人質を差し出す側の視点から実態をみていくこととする。

二　境目における人質

(1)「臨戦時」の状況

天正十年(一五八二)三月、織田信忠の軍勢が武田氏を滅亡させたのと同時期、織田軍の一部は信濃国から上野国内へ侵攻していた[25]。

当時の上野国内の情勢を矢野綱直という人物が三月二十一日付で二通、二十七日付で一通、計三通の書状によって越後上田衆の栗林氏へ伝えている。そのうち二通は井原今朝男氏がすでに分析を加えている[26]。本節においても氏の成果に学びつつ、上野国内の緊迫した状況とそれに対処する矢野氏や地下人の動向をみていくこととする。まず、最初に送られた書状を掲げる。

【史料10】矢野綱直書状[27]

度々被下御書候、過分奉存候、謹而拝見申候、仍而当表之様子小田野源三郎殿当国安中(群馬県安中市)に在城被申、有彼地城々江之計策雖被申候、岩下(同東吾妻町)・倉内(同沼田市)・箕輪(同高崎市)・倉加野(倉賀野・同市)何之地も未出仕不申候、此度当表江御出勢候者ハ、何茂其御国江

可被申上候旨、令談合之由申来候、此等之趣可然之様可預御披露候、恐々謹言、
追而、爰元乱之体御座候間、御（ママ）被申上前々御加勢也共可然候、城介殿（織田信忠）者甲府（山梨県甲府市）在陣候、惣別何方も仕置もなく
一とをり被通候共、誠々に上方衆廿、三拾宛置残、ろうせき（狼藉）いたすのミ申来候、

矢野因幡守
綱直

（天正十年）三月廿一日

栗林殿

差出人の矢野綱直とは、『上杉家御年譜』の永禄四年（一五六一）七月五日条、「御馬廻ノ行列」のなかで、上杉謙信の御手廻衆の一人として名前がみえることから、井原氏が指摘している通り上杉方の人物であることは確かであろう。(28)

宛所の栗林氏は御館の乱の際、荒砥城に在城していた栗林肥前守である。(29) 彼は天正九年（一五八一）六月三日付で、再び荒砥在城を景勝より命じられていることから、(30) おそらく矢野氏の書状を受け取ったのも同所だったと考えられる。さらに、栗林氏は約一ヶ月前にも小川可遊斎から、厩橋城・女渕城（群馬県前橋市）に関する情報を入手し、上杉景勝側近の直江兼続に伝達していた。(31) 可遊斎は上野国沼田城の北西約七キロに位置する小川城（同みなかみ町）を本拠とする領主であり、当時は武田方に属していた。(32) つまり、栗林氏は武田氏が滅亡する以前から荒砥に在城し、上野国内の情報を収集して景勝へ伝えていたのである。

【史料10】において、矢野氏は沼田城をはじめとする諸城が、いまだ織田方(33)へ出仕していないと述べていることから、沼田城よりも越後側に居た可能性が高い。詳細は後述するが、矢野の書状三通の状況から判断して、おそらく彼は猿ヶ京城（みなかみ町）にいたのではなかろうか。

そして、矢野氏は追而書において、「上野は騒乱が起こったような状況なので、以前申上げたように、御加勢の兵

をよこしてください」と要請しており、緊迫した状況になっていたことが窺われる。

次に書状全体が【史料10】の追而書となっている同日付の書状を掲げる。

【史料11】矢野綱直書状(34)

追而令啓達候、両度申達候間、①爰元万端無正体候間、如何様ニも御人数被指越候て、妻子其元江引被取候て、可被懸御意候、為差立無敵而何様ニ申由、可有御覚悟候得共、一透有御分別、可被懸御意候、②依無御賀勢、爰元地下等、先々在々江罷下候、於御出勢者、此前ニ替儀有之間敷候、委者鈴木方可申達候、将亦、③其地江進置候証人、御扶持可被懸御意候、然而、先日ニ申候林善左衛門尉証人、拙者朝夕召使候間、我等母踞候所ニ仰被付候て可給候、随而、甲・信両国之模様彼方可被申候間、弥々有御分別、早々御出勢専一候、恐々謹言、

矢野因幡守

綱直（花押）

（天正十年）三月廿一日

栗林殿

御宿所

傍線①で、矢野は「こちらはすべてにおいて難渋しておりますので、何としてでも援軍をよこしていただき、妻子を上田荘へ引き取られて御心にかけてください」と栗林に依頼している。井原氏はこの部分について「矢野方は正体なき状態で軍兵の派遣」を要請するとともに、「矢野は妻子を人質として栗林方に差し出」したと解釈している。(35)氏は矢野の妻子を人質と判断しており、筆者もそれが妥当と考えるが、注目すべきは【史料11】の後半において、矢野は既に母を人質として出していたことが確認できるため、その上さらに妻子の差し出しを自ら申し出ている点である。この件に関しては次項において考察したい。

再び史料に戻ると、傍線②では、「御加勢が無いため、こちらの地下人はいち早くそれぞれの在郷へ戻ってしまい

ました」とあり、地下人が危険を予測し城から逃げ出して帰村してしまったと報告している。

次の傍線③では、上田荘に預けた人質に対する援助について配慮してくれるよう依頼し、さらに林善左衛門尉の人質は矢野が毎日召し使っていた者なので、矢野の母が人質となっている場所に置いてくれるよう頼んでいる。つまり、上田荘における人質の管理体制は、それを差し出す側に対してかなり配慮していたことがわかり、矢野氏のような前線の指揮官レベルの人質には召使いをつけるなど、生活レベルもある程度保障されていたようである。

このように、上野国内の状況報告、援軍の派遣と人質への配慮を要請した【史料10・11】が出された六日後、矢野氏は再び栗林氏へ書状を送った。

【史料12】矢野綱直書状(36)

昨日者、八重森因幡守（家昌）方為御使参着被申候、今送付可申候、可有御心安候、仍而当御番衆御越、忝存候、此以前雖申旧候、有只今之分者、爰元大切ニ存候、其いしゆ者、御人数今日、明日与申而更及廿日、何連も相待候処ニ、無其儀、彼者慥ニ城中ニ申合候衆も、少々只今者雖打顕様ニ候、互ニ申出不得ふりやくめくらされ候も、従時分可申候、此所有御分別可然様ニ御申可被上候、①但此侭打置至而者、少々御人数給候ハヽ、須川ニ屋敷を立作させ申度候、左様ニ無御座候ハヽ、悉上田江可罷越由申、一人も不残長井近辺之山小屋江入申候、有其分者罷成間敷候、②此旨不可過御工夫候、彼御報待入申候、従御返事、悉地下人者可罷越候由、定申候、恐々謹言、

猶々、いか様ニも一ミちの御返事ニあつかるへく候、其元ゟ引うつされ候とも、また、やしき御立候も、また、御人数御出、倉内御てたてニおよはれ候も、御大途申者いかんニ候へとも、二、三日中ニ相きやまり候、

（天正十年）三月廿七日

矢野因幡守

綱直（花押）

栗林殿

御報

　本史料の前半部分は、武田氏の家臣である八重森因幡守の使者が昨日到着したこと、当城の番衆が到着したことを知らせ、さらに再度の援軍派遣の要請をしている。

　その後、「このままの状態にしておくならば、少々の人数を頂き、須川に屋敷を建設させたく思います。そのようにしなかった場合、（地下人たちは）悉く上田荘へ行くと言って、一人も残らず長井周辺の山小屋へ入ってしまいます」（傍線①）と報告している。

　須川とは現在のみなかみ町須川で、猿ヶ京城から数キロ沼田方面へ下った三国街道沿いに位置する。そこに建設する「屋敷」とは、おそらく簡略に造った防衛施設のことであろう。矢野氏は前線に城を造ることで、地下人を動員していた猿ヶ京の危険性を低くし、彼等を在城させる説得材料にしようとしていたのではなかろうか。

また、「長井」は現在のみなかみ町永井のことであろう。三国街道の上野側最奥の宿場だったところである。永禄九年（一五六六）四月二十四日付、河田長親宛の上杉輝虎書状で、「長井」に上田衆等を陣取らせ、沼田城の後詰とすることが書かれている。(37) したがって、猿ヶ京城周辺の地下人たちが永井周辺の山小屋へ入るということは、三国峠を越えて越後側へすぐ逃げられるように準備することを意味していた。

【史料10】のところで矢野氏の居場所を猿ヶ京城と推定したが、このような須川・永井の位置関係から、両所の間に位置する同城で問題ないと考える。

　さらに続けて矢野氏は、そのような事態になってはならないとした上で、「この旨、手だてをよく考えて頂き、その御返事をお待ちしております。御返事次第では、すべての地下人が上田荘へ行くことを決めています」（傍線②）としており、援軍が来なければ地下人は上田荘へ行ってしまい、上野国側の上杉領を防衛することは不可能であることを力説していた。

地下人たちは、地域が戦場化する恐れがあった場合、安全な場所へ逃げることを最優先していたのである。そして、地域を統轄していた矢野氏でさえも、地下人の安全を確保する説得性を持たなければ彼等を留めておくことはできなかったことがわかる。

(2) 領主層の人質

前節の【史料11】において、矢野氏が妻子を人質として自ら差し出していたことを確認した。しかし、既に彼の母が人質となっていたにもかかわらず、さらに妻子を差し出すことにどのような意味があったのだろうか。

次に掲げる史料は、永禄六年（一五六三）に上野国和田城（群馬県高崎市）主の和田氏が上杉方から武田方に寝返った際、その処置について武田信玄が山宮氏等に指示を与えた朱印状である。

【史料13】武田家朱印状(38)

（朱印）条目

一、和田（業繁）参府候之間、彼存分条々聞届候処、始中終無逆心通被申候、無余儀聞届意趣之事、

一、任和田望、妻子従類信州へ可越候へ共、敵揺候砌世上之覚如何候、又地衆可為不足候之間相停候、老母人質と申て可被相渡之旨申久候、頰而侘言候之間無了簡候、以易笠和田之仕置相定之事、

付条々

一、山宮昼夜共ニ本城在陣事、

一、敵取詰砌者、板垣（信安）・跡部（祖慶）伊賀本城在陣事、

付条々、

（永禄六年カ）
十二月十七日

山宮殿
跡部伊賀殿
板垣(信安)左京亮殿

注目すべきところは二条目である。解釈を試みると、「和田の望みによって、妻子従類は信州へ移すつもりだったが、敵が騒々しく動いている時であり世の中の評判はどうであろうか。また、地衆が不足しているので、(妻子従類を)移すことは中止した。一方で、(業繁の)母を人質として武田方へ渡されるよう申し上げてから時が経っている。頻りに(和田が母を渡すことはできないと)嘆願するので、どうにもしようがない。和田の(人質に関する)処置は、易筮によって決定する事」となる。

和田氏は妻子従類を信濃へ移すことを望んでいた。しかし、信玄は和田城周辺が上杉氏との境目であり、和田氏の妻子従類だけを特別扱いにして移すことは世間の評判がよくないであろうこと、さらに和田城の地衆が不足していることから、妻子従類の信濃行は認めなかった。世間とは、和田家中をはじめ、和田城周辺域の領主層から民衆にいたるまでの幅広い範囲の人々のことであろう。

つまり、和田氏は妻子従類を表向きは人質として、内実は境目から比較的安全な信濃へ移し、武田氏に保護してもらうことを要望していたのである。そして信玄も和田の望みを理解していたことが世間の評判や人手不足を口実にしていることから読み取れる。

ここで、上杉氏の場合を考えると、上野国内の領主・地下人を比較的安全な場所へ保護しようとする場合、まず候補にあがる場所は地理的な位置から考えて上田荘であろう。

上杉謙信期の永禄九年四月には、猿ヶ京周辺の人質を沼田城から上田荘へ移すことを謙信は命じている。[39] また、元亀二年(一五七一)五月には、山鳥原(高崎市)の者たちの妻子が武田方に連れ去られた際、栗林次郎左衛門尉が使者と共に武田方との境目へ赴いて交渉に臨んだ。そして、謙信は交渉が決裂した時には、山鳥原の者たちを上田荘へ引き取るように命じている(40)。

以上のように、上野国内の人質や境目の者たちを引き取る場として上田荘がみえており、彼等を保護するには比較的安全な場所といった認識が謙信にはあったと考えられる。

そこで【史料11】に戻ると、上野国内が危険な状況になりつつも任務を果たしていた矢野氏はその見返りとして、妻子を比較的安全な上田荘で保護してもらうことを意図し、表向きは人質という体裁をとって栗林氏に引き受けてもらうよう依頼したといえよう。

つまり人質といっても一概に、離反を防ぐため権力側が一方的な強制によって供出させるものばかりではなく、境目において軍役を務めるかわりに、自らの妻子等をより安全な場所で保護してもらうといった思惑で差し出した人質の形態も存在したのである。

(3) 地下人の人質

前項では在地における領主層の人質を対象として検討を加えてきたが、地下人の人質の場合はどうであろうか。

天正十一年(一五八三)四月、豊臣秀吉と提携していた景勝は、秀吉と対立する越前の柴田勝家に対する備えとして糸魚川に新城を築き、そこへ越中衆を入れ、秋山定綱を横目として置いた(41)。次に掲げる史料はその秋山氏へ景勝が指示を出した書状である。

【史料14】上杉景勝書状(42)

先日者堺(富山県朝日町)へ打越、彼城用心吉田者共同意可申付由、申越候処ニ、早々人数召連打立由、喜悦候、押詰番替衆可差越之条、其内用心手堅可申付事簡要候、扨又、越中表之様子細注進待入候、其元地衆之証人を取、有実城ニ、堅

固ニ番可申付候、随而地衆ニ懇比尤候、猶万吉重而可申越候、謹言、
（天正十一年）
四月廿六日　　　　　景勝御居判
秋山伊賀守殿（定綱）

注目すべきところは、史料後半部分で「地下人衆の人質を取って実城に置き、しっかりと番をするように命じること。それによって、地下人衆を大切に扱うことは当然である」と景勝が指示していることである。

実城とは城の中心部、もしくは本城のことであるから、秋山氏の居る糸魚川の新城に人質を置き、見張り番を付けていたことがわかる。このことは領主側からみれば、人質が逃亡したり反抗したりすることを未然に防ぐため、確実に番ができる場所に人質を置いていたと捉えられる。

一方、地下人側からの視点で、景勝の指示を捉えた場合はどうであろうか。「はじめに」で述べたが、藤木久志氏は領主と民衆との関係を論じるなかで、領主の城が臨戦時における百姓の避難所となっていたことを指摘している。【史料14】において、地下人は自分たちが差し出した人質、おそらく妻子たちを城内で保護してもらうことを期待していたのではなかろうか。そのため、人質はもっとも守備の堅い実城に置き、兵力として動員した地下人たちを大切に扱うよう景勝は指示していたと考えられる。

同様な仕置きは、御館の乱において敵対していた景虎も行なっていた。

【史料15】上杉景虎朱印状(43)

其地仁差置地下人証人共、従此方左右次第、堅番等可申付候、并近辺地下、早々小屋上可申付者也、仍如件、
戊寅
（天正六年）
九月廿二日
景虎公
虎ノ
御朱印
諏訪部彦五郎殿

松本因幡守殿

本史料は御館の乱の最中である天正六年（一五七八）九月二十二日付で、上杉景虎が諏訪部・松本両氏宛に送った朱印状である。

景虎は景勝の居る春日山城の北東約三キロに位置する御館に籠っていた。宛所の諏訪部・松本両氏の詳細は不明だが、戦国期には佐渡山城（新潟県燕市）に諏訪部氏が拠っていたことが伝承として伝わっている[44]。また、松本氏の本拠は小木城（同出雲崎町）で、松本景繁が永禄十二年（一五六九）、上杉氏と北条氏との同盟（越相同盟）交渉の際、沼田城において取次役を担っており、天正元年（一五七三）四月以前に死去していたことが知られる[45]。景繁と因幡守との関係は不明だが、同盟交渉以来、北条氏との繋がりがあったため御館の乱の時に景虎方についた可能性がある[46]。いずれにせよ、諏訪部・松本両氏は景虎方として佐渡山・出雲崎周辺の拠点にいたと考えられる。

史料の内容は、「諏訪部・松本の拠点に置いている地下人の人質たちに関して、こちらから連絡があり次第、しっかりと番をするよう（家臣に）命じ、周辺の地下人には早く小屋上がりすることを命じなさい」と景虎が両人に伝えているものである。

【史料15】において、小屋上がりしている地下人は諏訪部・松本両氏によって兵力として動員された者と考えられる。すなわち、地下人たちの妻子を城中に保護する代わりに、景勝方が攻めてきた際には小屋に上がって待機し、いざとなれば戦うことを期待されていたのではなかろうか[47]。そうであるならば、史料中の「番」という言葉には、人質を見張るというよりも、敵から人質を守るための「番」という意味合いがあったことが想定される。

以上のことから、地下人の人質においても領主層の人質と同様な論理が働いていたことがわかり、大名が地下人を動員するには、彼等から受け取った人質の安全を保障することが条件となっていたと考えられる。このような領主との関係性があったからこそ、地下人は動員に応じていたのである。

おわりに

在地の領主層・地下人たちは境目、とりわけ戦場となっているような危険な場所に派遣された時、自らが生き残るために敵方へ寝返ったり、戦闘に参加せず逃亡したりするなど、大名の統制が及ばなくなることがしばしばあった。その裏には、自軍の味方になるよう寝返りの説得工作が行なわれており、人々の動きは非常に流動的だった。したがって境目において、大名が離反を防ぐためといった理由で一方的に人質を供出させたとは考えにくいのである。

では、人質にはどのような役割があったのか、在地の領主側の視点でみてみると、そこには人質となる妻子等を安全な場所で保護してもらおうとする意図があった。彼等はそれと引き換えに兵力として戦場へ赴いたのである。第二節でみたように、矢野氏が妻子を引き取ってくれるよう依頼したり、すでに人質となっていた矢野氏の母の元へ、自身の使用人だった別の人質を置くよう注文をつけたりすることができたのも、このような双務的関係であったからこそであろう。

地下人の場合も同様で、兵力としての地下人は人質を保護することで成り立っていたのである。だが、それでも彼等自身に危険が迫って来た場合は、安全な場所へと逃亡してしまう存在であった。

小林清治氏は侍の妻子の籠城について、人質であると同時に敵方へ取られないためであったことを指摘し、上井有規子氏は人質に一定の自由と安全が保障されていたことを指摘しているが、それにもかかわらず、これまでの研究では人質を受け取る側、つまり徴収する側からの視点でしか論じてこなかったため、離反を防ぐために一方的に供出させるものといった認識しかなかったのである。

さらに言えば、地下人レベルでの人質の問題を考察する際にも、大名と村落との双務的関係を重視する藤木久志氏の見解を踏まえ、人質を差し出す側の視点からも議論を進めることによって、はじめて問題の本質に迫ることができるといえよう。

本章の意義は、大名の統制が弱く、政治情勢が不安定な場所、その意味で問題の本質がもっとも顕著に表れる境目において、右の視点から人質問題の考察を行なった点にあるが、他の地域や境目が解消されていく織豊期以降、人質の役割がどのように変化していくのかといったことには触れることができなかった。今後の課題としたい。

註

（1）「証人」という言葉も人質という意味で史料上において散見される。上井有規子氏によれば、信濃・加賀辺りを境に東で「証人」、西で「人質」を使用し、西国では「証人」は裁判の立証や誓紙の保証人などの本来的な意味で使用されているという（上井有規子「戦国時代の人質―近世証人制度の歴史的前提―」『国史談話会雑誌』四〇、一九九九年）。戦国大名では今川・武田氏が「人質」、上杉・北条氏が「証人」を使用している。しかし、武田氏は関東の簗田氏に書状を送った際、「証人」を使用するなど相手によって使い分けている場合もある（簗田家文書『戦武』一六三〇）。

（2）藤木久志「身代わりの作法・わびごとの作法」（同著『戦国の作法　村の紛争解決』講談社、二〇〇八年、初出一九八六年）。

（3）小林清治「戦乱をめぐる権力と民衆―加敗状・小屋上り・還住掟書」（同著『秀吉権力の形成―書札礼・禁制・城郭政策』東京大学出版会、一九九四年、初出一九九四年）。

（4）上井註1論文。

（5）小林清治「禁制・人質」（同著『奥州仕置の構造―破城・刀狩・検地―』吉川弘文館、二〇〇三年、初出一九九四年）、高橋博「豊臣政権の人質政策の形成過程」（『戦国史研究』五二、二〇〇六年）、田端泰子「豊臣政権の人質・人質政策と北政所」（同著『日本中世の村落・女性・社会』吉川弘文館、二〇一一年、初出二〇〇六年）など。

（6）地下人がどのような者を指す言葉なのか、笹本正治氏が武田氏の史料から検討を加えている。氏によれば、百姓の中の裕福な者・土豪的な者を指す場合が多く、彼等は武田氏に把握された身分では百姓であったが、その経済力と村における影響力、親類の広さなどから、いわば下級の武士と同じ軍事力になりえた者たちであったとしている（笹本正治「武田家文書に見える「地下人」について」同著『戦国大名武田氏の研究』思文閣出版、一九九三年、初出一九八九年）。また、金子達氏は越後における「地下人」を論じるなかで、地下人を上層農民だけではなく、もっと幅広い地元の人々として捉えている（金子達「越後の「地下鑓」研究ノート」『町史研究ゆざわ』二、二〇〇三年）。

（7）則竹雄一「戦国大名上杉氏の地下人動員について」（蔵持重裕編『中世の紛争と地域社会』岩田書院、二〇〇九年）。

（8）藤木久志『新版　雑兵たちの戦場　中世の傭兵と奴隷狩り』（朝日新聞出版、二〇〇五年、初版は一九九五年）。

（9）「武州文書」十五（『戦北』二〇〇九）。

（10）登坂小三郎氏所蔵文書（東京大学史料編纂所影写本、以下「東大影写」と略す）（『上』一五七四）。

（11）前掲註10史料。

（12）本間美術館所蔵（『上』一五七九）。

（13）小野寺文書（『群』二九一七）。

（14）武州文書七（『上』一五九〇）・新潟県立歴史博物館所蔵（『上』一五九一）。

（15）「景勝公御書」三（『上』一五九二）。

（16）吉川金蔵氏所蔵文書（東大影写）（『越』五―五四八）。

（17）上杉定勝古案集（『上』一六五〇）。

（18）「覚上公御書集」二（『上』一六一二）。

（19）「景勝公御書」三（『上』一六五三）。なお、椿喜助は永禄七年、長尾時宗宛上杉輝虎感状の中に名前がみえる（登坂氏所蔵『上』三八九）。この感状は上杉氏の下野国佐野城攻めの際に発給されたもので、五十人の名前が記載されている。また、天正八年（一五八〇）の桜井神兵衛宛上杉景勝朱印状には椿喜助が以前持っていた「切符」として、広瀬・三条の地名が記載されている（「景勝公御書」十二『上』二〇三二）。したがって、椿喜助は上杉謙信期からの給人であり、当時は広瀬衆を率いて春日山に来ていた可能性が高い。

（20）「歴代古案」一（『上』一七〇〇）。

（21）河田重親の動向については、栗原修「沼田城代河田重親と御館の乱」（同著『戦国期上杉・武田氏の上野支配』岩田

書院、二〇一〇年、初出一九九五年)を参照。
(22)　上杉定勝古案集(『上』一七五二)。
(23)　栗林治部少輔は、天正九年(一五八一)六月四日、景勝から受領名として肥前守を付与されている。栗林氏に関しては第四章、同補論を参照。また、広井造・齋藤慎一両氏が栗林氏について検討を加えている(広井造「謙信と家臣団」池享・矢田俊文編『定本上杉謙信』高志書院、二〇〇〇年、齋藤慎一『中世を道から読む』講談社、二〇一〇年)。
(24)　阿部家共有文書(『上』一七九二)。
(25)　『信長公記』三月七日条(人物往来社、一九六五年)。
(26)　井原今朝男「「山小屋論争」について―紛争処理における武力と平和」(同著『中世のいくさ・祭り・外国との交わり―農村生活史の断面』校倉書房、一九九九年)。
(27)　「覚上公御書集」六(『上』二三一一)。
(28)　『上杉家御年譜』一　謙信公(米沢温故会、一九八八年)。
(29)　伊佐早文書(東大影写)(『上』一六〇四)。
(30)　東京大学史料編纂所所蔵「栗林文書」(『上』二一三五)。
(31)　上杉家文書(『上』二二九二)。
(32)　第五章参照。
(33)　史料上にみえる「小田野源三郎」とは、織田信長五男の織田源三郎信房と考えられる(谷口克広『織田信長家臣人名辞典　第二版』吉川弘文館、二〇一〇年、第一版は一九九五年)。『信長公記』によれば、天正十年(一五八二)三月三日に敵の立ち退いた諏訪高島城(長野県諏訪市)を受け取り、その後、織田源三郎・団平八・森勝蔵・足軽衆が上野国表へ行き、小幡が人質を進上したという(註25書)。
(34)　上杉家文書(『上』二三一二)。
(35)　井原註26論文。
(36)　上杉家文書(『上』二三一六)。
(37)　早稲田大学所蔵河田文書(『群』二三一五)。井原氏は【史料10】を取り上げていないため、【史料11・12】は御館の乱に伴う上杉家中の内紛にかかわる史料であり、天正七年から十年までの間のものであろうと推定している。そのため、史料解釈に誤解が生じており、長井についても長井坂城(群馬県渋川市赤城町)のこととしている。地下人たちは安全な場所へ避難しようとしていたのであり、沼田城より南に位置する長井坂城へ行くことは想定できない。

(38) 内閣文庫所蔵「諸州古文書」九(『戦武』八五一)。

(39) 真如苑所蔵(『上』五〇六)。

(40) 東京大学史料編纂所所蔵「栗林文書」(『上』一〇四七)。

(41) 「歴代古案」十二(『上』一七一九)・上杉定勝古案集(『上』一七三四)。

(42) 「景勝公御書」十二(『上』一七五四)。

(43) 「諸家古案」四(『上』一六六九)。

(44) 『吉田町史』通史編上巻(吉田町、二〇〇三年)。

(45) 元亀四年(一五七三)四月二十日付の上杉謙信書状では、宛所の一人に「松本代板屋修理」がみえる。おそらく、この時既に景繁は死去していたのであろう。

(46) 花ヶ前盛明「出雲崎町の中世」(出雲崎町史編さん委員会編『出雲崎町史』通史編上巻、出雲崎町、一九九三年)。

(47) 小屋上がりに関しては、井原今朝男氏と笹本正治氏との間で「山小屋論争」が起こり、論争が広がっていくなかで多様な議論が展開された。その出発点は「大名権力が主体的軍事的に山小屋に地下人を動員したか否かをめぐる解釈の相違であり、原点である」と井原氏が述べている(井原註26論文)。論争の経過は市村高男氏(「戦国期城郭の形態と役割をめぐって」峰岸純夫編『争点　日本の歴史』４中世編　新人物往来社、一九九一年)や井原註26論文にまとめられている。

本章に関係する部分について言及すると、井原氏が言うように大名権力が山小屋へ地下人を動員することは可能であったといえるが、本文中で論じたように動員には人質の安全確保といった条件が存在していたのである。

第三章　発智長芳と上杉氏権力

はじめに

東国における戦国期権力をめぐる研究は、地域権力論をはじめとして活発な議論が展開されている(1)。しかし、大名の領域支配全体を見通すためには、地域権力の存在を前提としない大名直轄領をもあわせて見ていくことが重要である。この直轄領に関して北条氏の研究では、支城制による支配という大きな枠組みの中において、各支城領管轄の実態を追求する研究が進んでいる(2)。

一方、関東における上杉氏直轄領の研究は史料上の制約もあり、北条氏の研究レベルまでには至っていない。そうしたなかで、沼田城(3)の沼田在番衆や、厩橋城の城代であった北条《きたじょう》氏について、栗原修氏(4)、久保田順一氏(5)、阿部洋輔氏(6)等が基礎的な事実を明らかにするところから研究を積み重ねてきている。たとえば、沼田在番衆に関して、栗原氏は在番した者とその時期を明らかにしつつ、越相同盟において在番衆が果たした役割、交渉時における上杉氏の手筋などを検討している(7)。

しかし、在番衆クラスより下の者たち、つまり上杉氏権力の末端において活動していた者たちに関しては、これまでほとんど論じられていない。彼等は上杉氏の勢力拡大に向けて実際に行動していた者たちであり、その動向・特質を明らかにすることは、大名権力の形成過程の解明において必要不可欠である。さらに、地域権力を論じる上においても、大名直轄領の研究を発展させ、対比させることが有効であろう。

そこで、本章では大名権力の末端で活動していた者に焦点を合わせ、大名の勢力拡大過程における彼等の活動とその特質を捉えていくことにしたい。

なお、本章で具体的に取り上げるのは、上杉氏によって上野国沼田に配置され、上杉氏権力の末端に位置する者として活動していた発智《ほっち》長芳である。

発智長芳は元々越後国薮神（新潟県魚沼市）に本拠を置く、薮神発智氏(8)の流れを汲む領主だった。史料上の初見は天文二十年（一五五一）である。当時、越後上田荘を本拠とする上田長尾氏の当主政景は上杉謙信と対立し、戦闘状態となっていた。同年八月頃、政景が謙信に降伏したことで、政景方として活動していた発智氏も謙信に従属することになったと考えられる。

以後、彼は永禄年間（一五五八〜七〇）に上杉氏配下として沼田をはじめ、常陸・下野国方面への使者として活動したり、根利（群馬県沼田市利根町）関所の管轄を任されたりしていたことが史料上から確認できる。

したがって、彼の動向に注目することによって、沼田在番衆以外の者の政治的位置や、各地域の領主がどのように上杉氏権力の中に組み込まれていき、その位置づけが変化していったのか、大名への被官化過程の一端を明らかにできるのである。

ところで、発智長芳に関する先行研究は非常に少なく、自治体史において通史的叙述のなかで触れられている程度である。そのなかでも『沼田市史』(9)と『広神村史』(10)は比較的詳細に叙述されている。とりわけ『広神村史』のなかで、関久氏は薮神発智氏の動向について詳細に検討を加えている。しかし、発智長芳の沼田における活動の記述は、沼田城に配置された年代や、上杉氏と北条氏との同盟、いわゆる越相同盟時における立場などを簡略に述べるにとどまっている。さらにその後の論述では、近世に書かれた由緒書に頼っているため、あらためて検討する必要がある。
また、自治体史のほかに史料解説として『越後文書宝翰集　上野氏文書・発智氏文書[11]』があり、文書一点一点に詳細な解説が付されているが、発智長芳の全体像をうかがうことはできない。
以上を踏まえて、本章では発智長芳の動向を具体的に把握しつつ、彼の果たした役割とその特質を追求していきたい。

一　発智長芳の沼田配置とその役割

(1) 発智長芳の沼田配置

発智長芳の初見史料は天文二十年(一五五一)正月十五日付「長尾政景書状[12]」と、副状にあたる「栗林経重書状[13]」である。当時、上田長尾氏当主政景は越後春日山の上杉謙信と交戦中だった。右の書状には、謙信の軍勢が昨日十四日に退却したこと、金子尚綱が板木(魚沼市板木)から最前線となっている発智氏のもとへ援軍として来ることが記されている。最前線とされる発智氏が在城していた場所は、上杉軍が上田荘へ侵入する経路から想定して、本拠であった薮神の可能性が高い[14]。

結局両者の戦いは同年八月、政景方が和睦を乞い、それを謙信が受け入れたことで決着する。その後、発智氏はしばらく史料上から姿を消すが、おそらく政景の敗北が影響しているものと考えられる。

次に発智氏が史料上に登場するのは、十一年後の永禄五年(一五六二)、上野国沼田へ移ったあとのことである。同年五月と翌年九月、発智氏は上杉謙信の側近である河田長親から沼田において知行を宛行われている。

【史料1】河田長親判物[15]

禅昌寺分恩田越前守刷并鹿野之村（群馬県みなかみ町）、為合力進置候、恐々謹言、

（永禄五年）五月七日　　　　長親（河田）（花押）

発智右馬允殿

参

【史料2】河田長親判物(16)

為鹿野之村替地、禅昌寺領之内下大膳亮分并小尾三右衛門尉分可有知行者也、仍件（ママ）、

永禄六

九月十四日　　　　長親（河田）（花押）

発智右馬允殿

河田長親は永禄五年三月末～五月七日の間に、沼田城へ城代として入っていた(17)。栗原修氏はこの二通の知行宛行状に関して、「長親が沼田城代着任の際に謙信により附属せしめられた発智に対し城付領から同心給を宛行ったもの」として、発智長芳を河田長親の与力と位置づけている(18)。

また、謙信が永禄四年（一五六一）に関東の味方衆を書付けたとされる「関東幕注文」には、沼田衆の中に発智刑部少輔と小四郎がみえ、彼等は沼田衆筆頭である沼田氏の親類・同紋使用者となっている(19)。

したがって、謙信が関東へ越山した時には既に沼田衆の有力者として沼田発智氏が活動していたのだが、そこに薮神の発智長芳が配置されたことになる。このことは、薮神発智氏と沼田発智氏との間で以前から交流があったための仕置という可能性があるが、史料上からは確認できない(20)。

(2) 陣触れの使者としての役割

沼田城代の河田長親は永禄九年（一五六六）七月二十八日から十月十三日の間に沼田城から離れ、彼の代わりとして複数の城代クラスの者たちが入城した。[21]栗原氏は永禄九年段階において、沼田城及び沼田領支配は「謙信―河田長親」体制から「謙信―山吉豊守―沼田在城衆」体制に変更されたことを明らかにしている。[22]

そこで、この体制変更の問題にかかわると考えられる書状を次に掲げる。

【史料3】発智長芳書状[23]

①為御陣触之御飛脚、東方・武州へ可罷越由、被　仰出候、②思慮千万ニ奉存候得共、兎角不申得、任　御諚之旨、御状数廿四請取申、罷立候、③彼口之様子重可申上候、御次之時分、宜様ニ畢竟御前ニ候、恐々謹言、

発智右馬允

（永禄九年）霜月十一日　長芳（花押）

（山吉豊守）次郎殿

参人々御中

傍線①では、「上杉軍の陣触れの飛脚として、東方（常陸・下野方面）・武蔵へ行くようにと謙信から命じられた」こと、傍線②では「色々とお考えがあるのは存じておりますが、いずれにせよ何も言えずに仰せの通り、（謙信の）御書状を二十四通受け取って出発しました」と記されている。さらに傍線③では「常陸・下野方面の様子をまた報告するので、ついでの時によいように謙信へ披露してください」といったことが書かれている。つまり、発智長芳が使者として出発したいきさつを述べ、自身の報告を謙信へ披露することをお願いしている書状である。[24]

【史料3】で問題となるのが、宛所の「次郎殿」が誰かということと発給年代である。そこでまず、宛所「次郎殿」について検討を加える。これに言及しているのが片桐昭彦氏である。氏は史料解説において山吉孫次郎豊守と推定している。[25]発智氏が謙信への披露をお願いしていることから、「次郎殿」は取次役であることが想定される。謙信の取

次役を担った者で、仮名に次郎が付く者といえば山吉孫次郎豊守しかいないであろう。彼は越後国三条城主山吉政久の子である。謙信側近としての活動の初見は、永禄九年二月、常陸小田氏の家臣菅谷全久から謙信への取次を依頼されているものである。[26] よって、片桐氏が山吉豊守と比定しているのは妥当と考えられる。しかし、発智氏が立場上、宛所として山吉氏に対して「次郎殿」と書けるのか、書札礼の面において若干の疑問が残る。

そこで、次に掲げる書状と比較して、念のため検討しておきたい。

【史料4】後藤勝元書状[27]

追而申上候、仍十日ニ雖罷着候、無調法之間、両日及嘉世義、十三日ニ罷立申候、毛頭不奉存如在候、山路之御事候間、送日数可申候哉、万々宜様ニ御次之刻者、可預御心得候、目出重而可申上候、恐々謹言、

自中途申上、弥以御覧しわけかたく候、以上、

後藤左京亮

勝元(花押)

（永禄十二年）正月十四日

（直江大和守景綱）和州

参人々御中

本史料の発給者である後藤勝元は当時、会津蘆名氏との関係改善を図るため、謙信の命によって蘆名氏のもとへ派遣されていた。そして、これ以前には下総結城氏や下野小山氏との外交にかかわっていたことが明らかにされている。[28] したがって、発智氏と後藤氏は共に使者として活動していたことが確認できるため、同等もしくはそれに準じる立場であろう。また、宛所の直江景綱は謙信の側近・取次として活動していることから、山吉氏と同等の立場と考えて差し支えなかろう。

そこで、【史料3】と【史料4】を見比べると、両書状ともに本文最後が「恐々謹言」、日下に差出人、脇付が「参

人々御中」とあり、書札礼としては非常に近いことが確認できる。その上で、【史料4】では宛所を「和州」としていることから、【史料3】において発智氏が宛所を「次郎殿」と簡略化したことも問題ないであろう。よって、【史料3】の宛所は山吉豊守としてよいと考える。

次に、発給年代であるが『新潟県史』では永禄年間の初期としている(29)。また、片桐氏は「輝虎が初めて関東へ出兵した永禄三年（一五六〇）から死去前年の天正五年（一五七七）までのうち上杉・北条の越相同盟が機能していた永禄十二年（一五六九）～元亀二年（一五七一）を除いた時期とみられるが未詳」としている(30)。

山吉豊守が謙信と沼田在番衆との間の取次役を務めていたのは、永禄九年以降である。発智氏は在番衆ではないが河田氏の与力として沼田に配置されていたため、河田氏が沼田を去った後は他の在番衆と同じく山吉氏が取次役となっていたと考えて問題ないであろう。したがって、【史料3】は永禄九年以降のものとなる。さらに、後述するが発智氏は永禄十年（一五六七）四月以前に根利関所に配置されていることから、使者として活動できたのは、それ以前のこととなる。したがって、【史料3】は永禄九年の書状である可能性が高い。

ところで、発智氏が受け取った「御状数廿四」に関連する史料として、永禄九年七月に東口（常陸・下野）方面の味方を引き連れてくるよう、河田長親が「判紙廿」を謙信から受け取っていたことがわかる書状がある。次にそれを掲げる。

【史料5】上杉輝虎書状(31)

重只今従丹後守（北条高広）所、如斯申越候、於今度者、必々厩橋（前橋市）・倉内（沼田市）両地へ及調儀由候、就中、大略者、倉内へ可及行段候由、髄申越候、不成為人其方自専之儀候、属油断無曲候、以夜継日、片時も相急、沼田へ可相移事、簡要候、為其追々ニ申越候、謹言、

追而、判紙廿差越候、丹後守（北条高広）令談合、重東方へ可差越候、其方事、方々人衆可引立ために差越やうニ申成、

可越之候、以上

（永禄九年）七月十七日巳刻　輝虎（花押）

河田（長親）豊前守殿

傍線部において謙信は河田氏に対して、「判紙廿」をそちらに送ったので、厩橋城の北条高広と相談して再度常陸・下野方面へ書状を送るように命じている。

判紙とは橋本政宣氏によれば、判（書判または印判）のみを据えた文面記載のない未完成の文書のことである[32]。それを踏まえると、謙信は東方の情勢判断を河田・北条両氏に任せ、書状の文言・宛所についても両人に委ねて臨機応変に対応するよう指示し、書き終えた書状は発智氏が使者となって持って行った可能性が高い。また、「重東方へ」と書かれていることから、以前にも書状を送っていることが確認できるため、このような文書発給の流れができていたと考えられる。したがって推測ではあるが、【史料3】の「御状数廿四」の中には、河田氏が「判紙廿」に書き加えて完成させた謙信書状が含まれていたのではなかろうか。

以上、【史料3】について検討を加えてきたが、まとめると永禄九年八月から九月頃、沼田在番衆と謙信との取次役が河田長親から山吉豊守へ交代した。そこで、使者として活動していた発智長芳は【史料3】を山吉氏に宛てて送り、これまでの経緯を述べた上で、今後の謙信への取次を確認したものと考えられる。

ここで、当時の上野国内の状況を概観すると、永禄九年、上杉氏と敵対する武田・北条両氏の連携によって、上野国内の有力な領主たちの切り崩しが行なわれていた。具体的には、同年九月に新田金山城の由良氏が北条方へ寝返り、同月末には長野氏の本拠箕輪城（高崎市箕郷町）が武田氏によって攻略され、西上野のほとんどの地域が武田氏の勢力下に入っている。さらに同年十一月下旬には厩橋城の北条高広が北条方へ離反している。

このような状況下、謙信は永禄八年（一五六五）末に沼田へ出陣し、翌九年四月上旬まで上野に留まっている。その後も七月下旬から八月にかけて、さらに十月から翌年にかけてと、永禄九年は三度越山しており、一年のほとんどを上野国内で過ごした年であった。

【史料3】が書かれた時期も、謙信は十一月八日に大胡(前橋市大胡町)に着陣し、十九日には佐野、そして近日中に新田金山城の由良氏を攻めに行く予定だった(33)。

以上のことから、上野・下野の諸領主たちが北条方へ寝返っていく危機的な状況のなかで、謙信は自分に味方する者たちを結集し、北条方についた者たちの城を攻めようと考えていたことがわかる。そのため、発智氏は上杉方につく者たちを集める役割を担って、常陸・下野・武蔵方面へ使者として派遣されていたのである。

二　発智長芳と根利関所

(1) 根利関所の管轄

本節では、永禄十年(一五六七)に謙信が根利関所を設置したおり、そこに配置された発智氏の活動について検討を加えることにする。

永禄十年、上杉方の最前線に位置する下野国の佐野城から帰国した謙信は、根利(群馬県沼田市利根町)に関所を設置し、その管轄を発智長芳に任せた。それに関する史料を次に掲げる。

【史料6】山吉豊守書状(34)

根利(沼田市)関所被申付候之処ニ、阿久沢方より成非分義申候哉、只今時分を見懸成、か様義申之候条、口惜被思食候、
雖然、岩下(東吾妻町)・白井(渋川市)・厩橋(前橋市)口之御手ふさかり与申、根利通者東方往覆(復)之為、殊由刑(由良成繁)前々之御刷之妨ニ候間、旁々以
少之義可被破事、且御無功ニも罷成候歟、以爰向後も分別候而、御思慮尤由、被 仰出候、併根利なとにさゝハ

り申候者、重而可被成御註進候、万一彼口ニ破出来候者、貴所可為御表裏由、御内意候、猶彼口上ニ可有之候、恐々謹言、

追而、重而従阿久沢所書中越候者、此案文ニ而、返事可被成之候、以上、

（永禄十年）卯月七日　（山吉孫次郎）山孫　豊守（花押）

（発智右馬允長芳）発右

御報

本史料に関して齋藤慎一氏が言及している。氏によれば、上杉謙信は根利関所を設置することで、「根利通」を通行する際に発生する権益獲得を狙っていたが、黒川谷深沢城（群馬県桐生市）主の阿久沢氏側から権利の侵害であると訴えてきたことがわかる史料としている[35]が、この評価に関しては後述することとする。

「根利通」は沼田から赤城山麓を東へ迂回するように桐生方面へ通じている道で、沼田と佐野を直接結ぶルートとして謙信によって整備されたものである[36]。当時、よく利用されていたのは利根川沿いに南下する赤城山西山麓ルートであったが、永禄九年（一五六六）十一月下旬、厩橋城の北条高広が北条方へ離反し、西上野に武田氏が侵攻してきたことにより使用できなくなってしまった。その結果、「根利通」は沼田と佐野を結ぶ唯一のルートとなったのである。

また、池上裕子氏によれば、上杉氏にとって「分国上野の諸将の動員は比較的容易であった。しかし、佐竹をはじめとする常陸衆・下野衆は軍勢催促に容易に応じようとはせず」、そのため「下野国内に、多賀谷、太田らの近くに、新たな拠点をもつこと」が重要だったとしており[37]、上杉氏にとって佐野城は関東における軍事拠点として非常に重要な役割を担っていた。

以上のことから、佐野へ通じる「根利通」は上杉氏にとって戦略上重要な幹線路であったことがわかり、そのルー

ト上に設置された根利関所の管轄を発智氏は任されたのである。彼が管轄者に抜擢された理由としては、以前に東方・武蔵方面に使者として派遣されていたことから、佐野方面の地理に通じ、政治情勢などの情報を入手でき、外交交渉をするためのルート、いわゆる手筋を持っていたためと考えられる。

さて、【史料6】が発給されてから一ヶ月後、同年五月七日付の上杉謙信から色部勝長に宛てた書状をみると、当時の「根利通」の状況がよくわかる。

【史料7】上杉輝虎書状[38]

本田右近方へ之書中令披見候、仍其地万無調故、労兵帰国有度由尤候、無余儀候、①虎房為送与、近日其地之者共、祢り（根利、沼田市）まで打越候間、其時分可被越事待入候、今迄之辛労無申事候、将亦、野尻嶋（長野県上水内郡信濃町）敵乗取候処ニ、不移時日取返候、并菅名（新潟県五泉市）へ会津衆打入候処ニ、遣人数お凶徒五百余人討捕候故歟、盛氏（蘆名）悃望候間、無事ニ取成候、諸口如何も堅固候間、可心安候、②返々路次無自由候条、虎房迎之時分被越可然候、只今迄其地ニ無何事有之、③急一人被越、路次中ニ而越度も候得者、敵味方之嘲口惜候、④五十公野（重家）雖其地退散候、路為不自由無躰ニ敵地ニ被押候、たとへハ如何ニ候へ共、⑤路次無自由之儀ニ候条、自然之事も候而者思如此申候、謹言、

尚々申候、虎房迎動も延引有間敷候間、其時分可被越事尤候、以上、

（永禄十年）五月七日　輝虎（花押）

色部修理進（勝長）殿

宛所の色部勝長は佐野在番衆の一人だった。しかし、彼は佐野城在番を嫌い、越後へ帰ることを望んでいた。傍線①において、謙信が養子虎房丸を佐野城へ入れる際、佐野の者たちが根利まで虎房丸を迎えにくる予定になっていたことがわかる。そこで、その時に色部氏も一緒に根利へ来るよう謙信は促している。

その理由として、「根利通」が依然として危険な状況であり（傍線②・⑤）、色部氏が焦って「根利通」を単独で戻

ってくる途中、もしものことがあったならば敵味方から嘲笑されてしまうこと（傍線③）、さらに佐野在番衆だった五十公野重家が勝手に越後へ戻ろうとして、途中敵方に捕えられてしまったこと（傍線④）を謙信は例に挙げている。
つまり、謙信は「根利通」が非常に危険な状況であることを認識していたのである。その要因は【史料6】にみえる由良氏とその背後にいた北条氏による通行の妨害であった可能性が高い[39]。しかし、根利は上杉氏が直轄領として実効支配していた利根郡の境目であり、上杉方にとって安全な場所であったことから、佐野の者たちが虎房丸を迎えにくる場所として指定されたのであろう。

丸島和洋氏は境目の城に在城する城代について、分国の入口の責任者として外交に参加し、その役割の中心は、「路次馳走」つまり使者の安全な往来の保障にあった、としている[40]。したがって、右のような東上野地域の状況を踏まえると、発智氏は単なる関所の管轄者としてだけではなく、佐野から沼田までの安全な往来を保障する城代としての役割も担っていたのではなかろうか。

実際【史料6】の追而書では、阿久沢氏が沼田在番衆ではなく発智氏に宛てて抗議しており、さらに山吉氏は阿久沢氏との交渉に関して指示はしているものの、実際の交渉は発智氏が行なうようになっていたことからも彼の外交的役割の重要性が窺える。そして【史料6】傍線部では、根利関所を守る責任は発智氏にあることを強調した表現となっており、外交・軍事両面にわたる活躍を期待されていたのである。

以上のことから、根利は関銭を徴収するための単なる関所ではなく、境目の城として機能しており、発智氏は城代として外交や「路次馳走」の役目も担っていたといえよう。したがって、阿久沢氏は関所の設置はもとよりのこと、「路次馳走」という交通権益までをも奪われることを懸念したため、発智氏に対して抗議をしてきたと考えられる[41]。

(2) 越相同盟交渉時における発智長芳の役割

永禄十二年(一五六九)、上杉・北条両氏による越相同盟が成立し、両氏が協力して武田氏に対抗していくことを約した。この同盟交渉は、永禄十一年(一五六八)末に北条氏側から同盟の意思を伝えてきたことから始まった。翌十二年二月二日、北条方と上杉方との間、「半途」において「御対談」することを遠山康英が沼田衆に持ちかけてきた。その史料を次に掲げる。

【史料8】遠山康英条書(42)

覚

一、此度以使僧、氏康父子証文可被進置由候事、

一、相・甲御対陣間近間、御弓矢火急候、同者、越之御人数早々被打出、沼田御在城衆ハ、青戸(群馬県東吾妻町)・岩櫃(同町)筋ヘ被上火手様、念願被申候、此方之人数ハ、自其方随御作意可被及行事、

一、彼飛脚、来十四、五可致帰路歟、十六、七ニ拙者親子(遠山康光・康英)之間、金山(太田市)迄可被指越由、内儀候、御両所於半途有御対談、可被仰合歟、然者、御日限可蒙仰事、

以上、

(永禄十二年)二月二日

遠山新四郎

康英(花押)

松本石見守(景繁)殿

河田伯耆守(重親)殿

上野中務少輔(家成)殿

この時、遠山氏は自身と父康光が新田金山へ派遣される予定であること、「半途」において「御対談」する日にちを伺いたいことを書き記している。宛所の三人は当時の沼田在番衆で、「沼田三人衆」と呼ばれていた者たちである。

その後、同月二十一日、「半途」において「御調談」のため、遠山康英が行く予定だったが、若輩のため父である遠山康光が派遣されることになったこと、「半途」へ出てくる日にちを取り決めることなどを、金山城主由良成繁が沼田在番衆に知らせている。(43)そして、実際に金山城まで派遣されたのは、遠山康光と垪和《はが》康忠の二人だった。(44)

一方、彼等より一足先に、北条氏当主氏政の誓詞を越後へ持って行く使者として、天用院と善徳寺の両僧が派遣されていた。だが、沼田へ到着した際、風雪がひどかったため両僧は同地に留められ、在番衆の一人である松本景繁が越後へ赴き、謙信からの「誓句返答」を持ちかえることになった。(45)

同年三月二十六日の時点で、松本景繁は越後から沼田に戻ってきており、同日中に天用院・善徳寺両僧が越後へ向けて出発した。この時の状況がわかるのが次の史料である。

【史料9】河田重親等三名連署状(46)

（端裏張紙）「山吉所へ　上ル　本村新介」

沼田三人衆

態申達候、仍今度松石（松本石見守景繁）帰宅、御諚之透、則御両僧江申渡、昨日廿六被罷立候、定而近日ニ可被罷着由存候、此比打続相州従御父子御切書参候間、何も差上申候、①随而遠左（遠山康光）・垪形（垪和康忠）、新田（太田市）迄被罷越、去十六以来、我等対談之義、頻而被申越、日限来七、八之比与夏昌（小川）申定、罷帰候、②各々雖思慮仕候、堅　御諚之由候間、任　御意、由信（由良成繁）日限次第可罷出候、如何様対談之上、重而可申上候間、不具候、恐々謹言、

追啓、倉賀野（高崎市）在陣之甲州（武田氏）衆退散之由、被露由信書中候、如其（ママ）賀野寄居へ之説も同前御座候、猶以、伯耆守（河田重親）無如在彼口へ申付候間、弥説候者、則註進可申上候、以上、

（永禄十二年）三月廿七日　河伯（河田伯耆守）

重親（花押）

上中(上野中務少輔)
家成(花押)
松石(松本石見守)
景繁(花押)

山吉(豊守)殿
参御陣中

本史料は沼田三人衆が謙信への取次役である山吉氏に送った書状である。そこで傍線①では、金山まで来ている遠山康光と垪和康忠が十六日以来、自分たちとの対談の件を頻りに問い合わせてきており、使者の小川夏昌斎が期限を今度の七・八日頃と定めて帰っていった、と報告している。遠山・垪和両氏は対談のことを沼田三人衆へ再三にわたって問い合わせていたのである。そして、沼田三人衆の返答が遅かった理由は、傍線②によって彼等が謙信の意向を確認していたためであったことがわかる。

数日後、遠山康光が発智長芳に宛てて書状を送っているので、次にそれを掲げる。

【史料10】遠山康光書状(47)

雖未申通候、令啓札候、①抑此度越府へ自氏康父子(北条氏康・氏政)御一儀、其表別而御馳走之由、被及承、祝着被申候、②早々拙者以参可申展候処、松石(松本石見守)無御帰庄間、当地致延引候、如何様近日可参候、随而、③自氏康一荷一種被進候、直書拙夫持参可申候、猶上式(上野式部少輔)・志津野両口可有之候、恐々謹言、

(永禄十二年)三月廿日　遠山左衛門尉
康光(花押)

発知右馬允殿

本史料の内容に関して、関久氏が言及している。[48]氏の解釈によると、「遠山康光が広神の発智長芳の館に手紙を送り、氏康の感謝の気持を伝える使者として沼田倉内城までやってきたが、城将松本景繁が不在で会えず困っているので早急に沼田に出てきて、代わりに氏康からの贈物と親書を受けとってほしいと伝えている」としており、発智氏が沼田城の要職にあったと指摘している。

しかし、遠山氏は【史料9】が発給された二十七日の時点で既に松本景繁が沼田に帰ってきていたことを、三十日（【史料10】）になってもまだ知らなかった。したがって、遠山氏は沼田城にいなかったことが確実であり、依然として金山に留まっていたと考えられる。そうであるならば、発智長芳がいた場所も広神の館ではなく、沼田城よりも金山に近い根利としたほうが自然であろう。[49]

以上のことを踏まえて解釈を試みると、傍線①では、越相同盟交渉の件について、（発智氏が北条氏のために）根利において奔走することを承知したので、北条氏康が喜び満足していることを発智氏に知らせている。傍線②では、早々に遠山氏自身が行って直接話したいのだが、松本景繁が沼田に帰って来ないので予定より遅れて現在も金山に留まっていること、そして、何としてでも近日中に発智氏のところへ伺うとしている。さらに傍線③では、氏康からの「一荷一種」を発智氏に進上すること、そして、氏康からの直書は遠山氏が直接持参すると述べている。

【史料9】でみたように、遠山氏は沼田三人衆へ再三にわたって対談の件を尋ねていた。しかし、返答がなかなかもらえなかったため、発智氏を頼ったと考えられる。また、北条氏康が発智氏に対してわざわざ直書を送っていることから、彼の働きを非常に評価しており、越相同盟交渉において発智氏が重要な働きをしていたことが確認できる。

これまでの研究では、越相同盟交渉における上杉方の窓口として沼田三人衆のみが注目されてきたが、発智氏が外交担当者として北条方から認識されており、沼田三人衆との交渉が進展しない状況のなかで、北条氏康が発智氏を頼みにしていたことが確認できた。
　したがって、発智氏は関東口における大名間レベルの外交担当者として働いていたのであり、上杉氏権力内における彼の立場は、この時点において境目の城の城代よりも、さらに重要なものとなっていたのである。

三　越相同盟締結以後の発智長芳

　越相同盟が締結された翌年の元亀元年（一五七〇）十月、武田氏が利根川を越えて東上野側へ侵攻してきたことに対し、上杉謙信は沼田地域から兵を集めるよう沼田在番衆へ命じている。

【史料11】上杉謙信書状写[50]

　古案之写

信玄越河之由注進、令得其意候、さき〳〵以飛脚如申遣、身之請取之人数、河治迄二手、三手重打着候間、明々之内ニ越山儀定候、其庄在々江馬乗被廻、十五已前六十已後与可触候、無足之物ニ候ハ、不及申、縦身令扶助之者ニ候共、此度相嗜走廻候者、涯分可付属候、此段皆々へ為申聞尤候、越山不可有遅々候条、如何ニ茂可心安候、謹言、

（朱書）「永禄十年之御書也」
（元亀元年）十月十日　謙信御判

本庄清七郎殿
河田伯耆守殿
小中彦兵衛殿

竹沢山城守殿
発知(智)右馬允殿
栗林次郎左衛門とのへ
板谷修理亮とのへ
新発田右衛門大夫殿

右御書者、戸田伊勢守殿家中上野与申者所持、発知(智)預ニ付而侍(持)来候由、

本史料では宛所となっている者たちが八名いる。当時、沼田城もしくは沼田地域内に常駐していたと推定される者は、河田・小中・竹沢・発智氏である。[51] そのなかで史料上から沼田在番衆として確実なのは河田伯耆守重親で、小中・新発田氏は沼田在番衆として活動していた時期があったことが知られる。[52] 彼等以外の本庄・栗林・板谷・新発田氏は越後からの援軍であろう。謙信は書状の最後に、越山が遅れることはないので安心するように、と述べている。したがって、宛所の者たちは全員既に沼田へ来ていたことがわかる。

発智長芳は沼田在番衆や、本庄氏等のように越後から一軍を率いて沼田に来る者たちと共に宛所に名が挙がっている。したがって、彼はこの時、根利関所の管轄者としてだけではなく、沼田地域を統轄する者のひとりになっていたと考えられよう。

この謙信書状が発智長芳を確認できる最後の一次史料である。しかし、近世に書かれた「発智新左衛門由緒書上[53]」のなかでは、長芳と比定できる者の記事がある。その部分を要約すると、沼田城に在城していた時、被官の瀬沼という者が「境判所」に置かれていた際、御法度の留物を隠して他郡へ横流ししたことが発覚し、発智氏は知行改易になって越後へ戻った、ということが書かれている。

事の真偽は不明だが、「境判所」とは根利関所のことではなかろうか。関所において、さまざまな人や物資が出入

りしていたことは確かであり、管轄者である発智氏には経済的なメリットがあったであろう。そこで、関所において由緒書上に記されたような事件が起こることは、あり得ることだったと考えられる。

その後、一次史料において発智一族が次に現れるのは、天正九年(一五八一)十一月の上杉景勝朱印状まで待たねばならない。その朱印状は発智源六(54)・発智善次郎(55)・発智六郎右衛門尉宛(56)にそれぞれ発給されている。彼等と長芳との関係は不明であるが、発智一族はその後も上杉氏に仕え、会津、米沢へ国替えとなった後、江戸期以降も続いていくことになる(57)。

おわりに

これまで、発智長芳の活動をたどりながら、彼が果たした役割とその特質、そして上杉氏権力の中に組みこまれていく過程について考察してきた。最後に本章で述べてきたことをまとめることにしよう。

①武田・北条両氏が上野国に侵攻し、国内の領主たちが上杉氏から次々に離反していった永禄九年(一五六六)、発智氏は謙信の命により、使者として東方・武蔵を渡り歩いたため、東方地域の政治的状況・地理に通じ、手筋を持つことができた。

②それによって、発智氏は永禄十年(一五六七)、根利関所の管轄を任されるが、阿久沢氏との間でトラブルが生じた。また、佐野城までの「根利通」は由良氏や北条氏との境目となっており、由良氏によって通行が妨害されるなど危険な状況だった。こうした状況に対応するように、根利関所は境目の城としての機能を持ち、発智氏はその城代としての役割を担っていた。

③永禄十二年(一五六九)頃になると、発智氏は外交担当者の一人として北条方からも認識されており、氏康から直書

をもらうほど頼りにされる存在となっていた。そして翌年、元亀元年（一五七〇）には沼田地域の統轄者の一人として活動していた。

発智長芳は薮神の領主として長尾政景に与し、上杉謙信と戦ったが政景とともに降伏した。しかし、その後謙信から知行地を沼田に宛行われて関東へ移り、使者として常陸・下野・武蔵を渡り歩いた。重要なことは謙信が彼を使者に抜擢したことである。なぜならば、それは発智長芳が信頼できる者であり、外交交渉の能力を備えた者であると、謙信が認識していたことになるからである(58)。そして、常陸・下野方面の手筋を得たことにより、謙信から根利関所を任されるに至った。その後は上杉氏の外交にも関与し、沼田地域の軍事指揮者の一人になっている。

上杉氏権力にとっては、彼のような能力のある者を如何に見出して被官化し、境目において活用していくかが重要な問題であり、発智長芳は期待される能力を発揮した成功例といえるであろう。戦国期においては、このように使者としての個人の力量が大名の外交において重要だったのである。

次に根利関所であるが、謙信は単に交通権益を獲得するためだけではなく、境目の城としての機能も持たせるつもりで設置したと考えられる。しかし、関所の管轄を発智長芳に任せたことにより、彼の外交能力の高さと、越相同盟交渉時における沼田三人衆の対応の遅さによって、北条氏康からも頼られる存在になっていた。そのため、根利が一時的にではあるが、北条方との外交交渉の窓口となったのである。

以上のように根利関所は、発智氏が存在したことによって、いわゆる上杉氏の関東における拠点とされる、沼田城・厩橋城・佐野城では対応できない問題に対処する、独自の役割を担っていたと考えられる。

本章では、発智長芳と根利関所に焦点を合わせて論じてきたため、同様な事例がほかにも存在したのかどうか、検討することができなかった。また、佐野城・佐野在番衆を含めた東上野全体における根利関所と発智長芳の位置づけにも言及できなかった。今後の課題としたい。

註

（1）東国における権力論を代表する研究として、峰岸純夫氏の「地域的領主制」概念（峰岸純夫「戦国時代の「領」と領国―上野国新田領と後北条氏―」同著『中世の東国―地域と権力―』東京大学出版会、一九八九年、初出一九六九年）、矢田俊文氏の戦国領主論（矢田俊文「戦国期甲斐国の権力構造」同著『日本中世戦国期権力構造の研究』塙書房、一九九八年、初出一九七九年）、黒田基樹氏の国衆論（黒田基樹「戦国期外様国衆論」同著『増補改訂　戦国大名と外様国衆』戎光祥出版、二〇一五年、初出一九九七年）などが挙げられる。

（2）井上恵一『後北条氏の武蔵支配と地域領主』（岩田書院、二〇一四年）、益田知男「後北条氏の「領」について」（浅倉直美編『玉縄北条氏』岩田書院、二〇一二年、初出一九七四年）、実方寿義「戦国大名後北条氏の支城制について―支城（領）の設定と支城主・城代の権力範囲―」（『史叢』二八、一九八一年）、池上裕子「後北条領の公事について」（同著『戦国時代社会構造の研究』校倉書房、一九九九年、初出一九八三年）、浅倉直美「後北条領国の郡代制と支城領制」（同著『後北条領国の地域的展開』岩田書院、一九九七年、初出一九九〇年）、黒田基樹『戦国大名北条氏の領国支配』（岩田書院、一九九五年）、久保健一郎「支城制と領国支配体制」（藤木久志・黒田基樹編『定本・北条氏康』高志書院、二〇〇四年）など。

（3）史料上では「倉内」と表記されるが、便宜上、沼田城に統一する。

（4）栗原修『戦国期上杉・武田氏の上野支配』（岩田書院、二〇一〇年）。

（5）久保田順一『室町・戦国期上野の地域社会』（岩田書院、二〇〇六年）。

（6）阿部洋輔「厩橋城将北条氏文書の理解のために―新出江口氏所蔵文書の紹介をかねて―」（『群馬県史研究』二一、一九八五年）。

（7）栗原修「上杉氏の沼田城支配と在城衆」（前掲註4書、初出一九九三年）。

（8）発智氏一族の活動地域は大きく分けて二つある。上野国沼田地域と越後国薮神地域である。本書においてはそれぞれの系統を沼田発智氏、薮神発智氏と呼ぶこととする。

(9) 諸田義行「白旗一揆と沼田地方の武士たち」(『沼田市史』通史編1、沼田市、二〇〇〇年)。
(10) 関久「広神衆の盛衰」(『広神村史』上巻、広神村、一九八〇年)。
(11) 矢田俊文・新潟県立歴史博物館編『越後文書宝翰集　上野氏文書・発智氏文書』(新潟大学、二〇〇九年)。
(12) 『越後文書宝翰集　上野氏文書・発智氏文書』(二―六号)(以降、『宝』二―六のように略す)。
(13) 『宝』二―七。
(14) 関註10論文。
(15) 『宝』一―二〇。なお、年代比定に関しては栗原修氏に従った(栗原修「上杉氏の隣国経略と河田長親」前掲註4書、初出二〇〇三年)。
(16) 『宝』一―一九。
(17) 栗原註7論文。
(18) 栗原註15論文。
(19) 上杉家文書(『上』二七二)。
(20) 森田真一氏によれば、十五世紀後半、薮神発智氏の系統とは別に本貫地の発知(群馬県沼田市)を拠点としていた三郎右衛門尉の系統が存在し、享徳の乱の際に両発智氏は協力して関東で軍事活動に当たることで、難局に対処していたとしている(森田真一「十五世紀後半の上越国境領主―薮神・利根両発智氏の事例から―」『武尊通信』一三三、二〇一三年)。したがって、長芳が沼田へ入った際にも沼田発智氏から何らかの協力を得ていた可能性もある。
(21) 栗原註15論文。
(22) 栗原註7論文。
(23) 『宝』二―五。
(24) 【史料3】において発智長芳自身は「飛脚」という言葉を使用しているが、筆者は彼を「使者」と判断した。「使者」と「飛脚」両者の違いについては、山田邦明氏が言及している(山田邦明『戦国のコミュニケーション―情報と通信―』吉川弘文館、二〇〇二年)。氏によれば、「使者」として派遣されるのは、基本的にはその権力に仕える者、戦国大名の場合はその家臣であった。使者は交渉能力があったり足が早かったりする家臣、あるいは僧侶などが起用された。「飛脚」は俊足の者がつとめ、「使者」がきちんとした立場を持つ個人であるのに対し、名前を表に出さない、身分の低い人々によって構成されていたと考えられ、使者による伝達こそが正式で、飛脚は略式であるという意識が存在していた、ということである。発智長芳は明らかに「使者」であり「飛脚」ではないのだが、謙信の命令では「飛脚」となっていたため、交渉能力のあるきちんとした立場をもつ本人としてはこの扱いに不満を抱き、その気持ちが傍線②の発言につながったのではなかろうか。

(25) 註23史料解説において片桐昭彦氏が推測している。
(26) 伊佐早謙採集文書巻六(『上』四九〇)。
(27) 上杉家文書(『上』六四二)。
(28) 栗原修「上杉氏の勢多地域支配」(前掲註4書、初出一九九六年)。
(29) 反町英作氏所蔵発智氏文書(『新潟県史』資料編4中世二文書編Ⅱ　一六四四号)。
(30) 註23史料解説。
(31) 五十嵐氏所蔵(『上』四六四)。
(32) 橋本政宣「未完文書としての「判紙」について」(『古文書研究』一一、一九七七年)。
(33) 群馬県立歴史博物館所蔵(『上』五三八、五四〇)。
(34) 『宝』二一―四。
(35) 齋藤慎一『中世を道から読む』(講談社、二〇一〇年)。なお、本書第六章では阿久沢氏に注目して【史料6】を扱っている。
(36) 「謙信公御書集」十四(『上』五七九)。
(37) 池上裕子「上杉輝虎の佐野支配をめぐって」(『戦国史研究』十六、一九八八年)。
(38) 反町英作氏所蔵(『上』五六〇)。
(39) 阿久沢氏とのトラブルは、当時阿久沢・上杉両氏が敵対していたわけではなかったことからすれば、危険要因であった可能性は低い(第六章参照)。
(40) 丸島和洋「武田氏の外交取次とその構成」(同著『戦国大名武田氏の権力構造』思文閣出版、二〇一一年、初出二〇〇二年）。
(41) その後の「根利通」をめぐる阿久沢氏の動きについては第六章を参照。
(42) 上杉家文書（『上』六四八）。
(43) 本間美術館所蔵（『上』六六四）。
(44) 上杉家文書（『上』六九〇・六九二）。
(45) 上杉家文書（『上』六七三・六九〇）、「謙信公諸士来書」七（『上』六七六・六八〇）、「別本歴代古案」五（『上』六七七）。
(46) 上杉家文書（『上』六九二）。
(47) 発智文書（東京大学史料編纂所影写本）（『上』六九五）。
(48) 関註10論文。ただし、関氏は【史料10】が典拠であることを明示していない。
(49) 関氏は発智長芳を論じている部分で、根利関所には全く触れていない。
(50) 板屋氏所蔵（『上』九四六）。
(51) 栗原修「沼田城代河田重親と御館の乱」（前掲註4書、初出一九九五年）。
(52) 栗原註7論文。
(53) 「発智新左衛門由緒書上」（『十日町市史』資料編3、十日町市、一九九二年）。
(54) 「景勝公御書」十四（『上』二二四一）。
(55) 森山氏所蔵（『群』三〇七八）。
(56) 桐生氏所蔵（『上』二二四三）。
(57) 関久氏が長芳とその前後の系譜を考察されているが（註10論文）、前嶋敏氏も触れているように（註11書の解説）今後さらに検討が必要である。
(58) 使者の役割と特質は山田註24書を参照。

第四章　越後国上田衆栗林氏と上杉氏権力

はじめに

戦国期の権力間における軍事的境界領域、いわゆる境目に関する研究は、多様な視角から議論が積み重ねられている(1)。そのなかで、大名による境目の維持・管理に関しては、境目の城へ派遣された在番衆に注目した研究が進められている。

たとえば齋藤慎一氏は、戦国大名が境目を維持するため、分国内部の支配が安定した地域の領主を「番」として派遣した一方で、その領主の在所を平穏に保つ責務があったという二側面を明らかにした(2)。

齋藤氏と同様な視点から稲葉継陽氏は、城郭普請人夫や在番衆の不足・遅参が深刻化していったことを指摘し、その問題の本質は、「境目仕置」のための物理的負担(普請役と在番負担)が、すべて直轄領・給地の郷村と百姓に転嫁される点にあったとする(3)。

また、久保健一郎氏は常陸国岡見氏を題材として論じるなかで、境目後方の領主たちが、自身の領域の境目化を防ぐために在番などで大きな負担をつとめていたとしている(4)。

以上の先行研究から、大名直轄領や給地の郷村・百姓、そして境目後方の領主たちの大きな負担によって、境目が維持・管理されていたことがわかる。しかし、このような負担に堪えていた地域の実態については追求されていない。稲葉氏が指摘するように、城郭普請人夫や在番衆の不足・遅参の深刻化といった状況には、負担を抱えた地域内で大きな問題が生じていたことが想定される。だが、その問題の本質を明らかにするためには、当該地域の実態をみていかなければなるまい。

そこで本章では、上杉謙信期に越後国上田荘[5]を本拠として、謙信の命により関東の境目へ派遣された栗林氏を具体的な分析対象として取り上げることとする。

当時、上田荘の地域権力として存在していたのは上田長尾氏当主政景であり、配下の者たちは上田衆と呼ばれていた。しかし、永禄七年(一五六四)に長尾政景が急死すると、謙信は上田衆の一員だった栗林次郎左衛門尉[6]を上田衆の軍事指揮者として登用した。その後、栗林氏には謙信から幾度となく、上杉氏直轄領だった上野国内の沼田城[7]・厩橋城へ、援軍としての出陣命令が下された。

したがって、上田衆は境目維持のために軍役を負担していたのであり、その軍事指揮者である栗林氏の動向を中心として実態をみていくことは、境目後方地域が抱える問題を追求する上で最適であると考える。

栗林次郎左衛門尉に関する先行研究には、山田邦明氏の仕事がある[8]。氏は大名と家臣の書状による交流を分析する上で栗林氏に注目している。そのなかで、彼が身分の低い武士だったにもかかわらず、上田衆の実質的統轄者となったことを指摘した。その後、栗林氏が謙信の北条氏宛書状の副状を書いたことについて、「大名の重臣であることを示す、きわめて重大な行為である」と山田氏は評価している。栗林氏の身分が低かったという点は理解できるが、ではなぜ彼が登用され副状を書く立場にまでなったのか、あらためて検討する必要がある。

そのほか、池享氏や片桐昭彦氏が長尾政景死去後における謙信の上田衆掌握について触れている。池氏は、謙信が労せずして最大のライバル上田長尾氏、政景の子景勝を保護下に置き、精強な上田衆を無傷で統制下に収めることに

成功したとする。(9)

片桐氏は、謙信が栗林次郎左衛門尉を重用して景勝の後見役に据え、長尾時宗が持っていた上田衆に対する軍事指揮権や当主としての権限を奪っていったこと、景勝の成長にともない、彼を利用して上田衆と上田長尾領の掌握に乗りだしたことなどを指摘している。(10)

池・片桐両氏ともに、政景の死を契機として、謙信は景勝を利用しながら上田衆を掌握していったという見解である。しかし、上田衆内における上杉氏権力の浸透を論ずるためには、山田氏が上田衆の実質的統轄者として評価する栗林氏をどう位置づけるのか、検討する必要があると考える。

以上を踏まえて、本章では長尾政景死去後、境目維持のために軍役を負わされた上田衆とその軍事指揮者である栗林次郎左衛門尉の実態を明らかにするため、主に栗林氏の動向を追いながら彼の特質を捉え、その上で上杉氏権力との関係性を考察したい。

一　栗林氏の活動

本節では、第1項で栗林次郎左衛門尉が登場する以前の栗林一族の動向を確認した後、次郎左衛門尉の初期の活動に触れ、第2項では長尾政景死去後における次郎左衛門尉の活動のなかで注目すべき事例をいくつか挙げ、その特質を検討する。

(1) 長尾政景期以前の栗林氏

栗林一族の史料上の初見は、高野山清浄心院「越後過去名簿」において、大永六年(一五二六)十一月五日、供養者として記されている「上田　クリハヤシ　大蔵少輔」である。[11] この「越後過去名簿」の記事は、被供養者一人ごとに戒名・住所・実名（被供養者の俗名または供養依頼者名）・年月日を記している。山本隆志氏によると、同史料は高野僧が「供養を依頼され、現地で略式の供養をし、高野山にもどり供養帳に整理したものであろう」とのことである。[12]

栗林大蔵少輔がどのような人物であるかは不明である。この時期の上田長尾氏の当主は政景の父房長であることから、彼に従属していた可能性が高い。

右の史料の中には、ほかに二箇所、栗林を名のる者が記されている。ひとつは「大窓清俊」という戒名の下に割書で「上田シホサワクリハヤシサマノ助母タメ／天文二　十一月二日」と書かれている。もうひとつは「芪山理秀」という戒名の下に割書で「上田クリハヤシ妹タメ／天文三　十二月十七日」と書かれている。この二箇所の記述に出てくる栗林氏が同一人物かどうかは不明だが、栗林左馬助という人物が上田塩沢に居て、彼の母のためにこと、それから約一年後に上田に住む栗林という人物が、妹のために供養したことがわかる。

また、天文年間（一五三二～五五）の作成と推定される雲洞庵（南魚沼市雲洞）の寺領年貢に関する台帳には「栗林長門」という人物がみえる。[13] 彼は天文十九年（一五五〇）から翌二十年にかけて、長尾政景の側近として活動していたことが史料にみえる栗林長門守経重である可能性が高い。年貢負担高をみてみると、栗林氏は三ヶ所で都合十貫百文を負担している。前後欠の台帳であるため確定的なことはいえないが、他の者よりも比較的負担額が多い。

ここで、天文十九・二十年の栗林経重の動向を確認すると、当時、政景は上杉謙信と対立し、上杉勢が上田荘へ攻撃を仕掛けていた状況のなかで、経重は政景の副状を発給したり、[14] 政景書状を味方衆へ遣わしたりしている。[15]

以上のことから、この時期の史料上に登場する栗林氏相互の関係は不明であるが、栗林一族は上田荘塩沢近辺に所領を持っていた一族であり、そのなかでも長門守経重は、長尾政景の側近として重要なポストについていたことがわかる。

しかし、天文二十年七月、上杉謙信と長尾政景との抗争が、実質上、政景方の無条件降伏によって決着がついたことにより、政景の上田荘地域における影響力は大きく低下した。その影響は栗林一族にも及んだようで、経重はもちろんのこと、栗林氏の名はしばらく史料上にみえなくなる。

次に栗林氏の名が史料上に登場するのは、永禄七年（一五六四）「上杉輝虎感状」の宛所としてみえる栗林次郎左衛門尉である。[16] 彼と経重との関係は不明である。近世に編纂された上杉家中の系図を載せる「御家中諸士略系譜」[17]によると、栗林家の最初に「栗林次郎左衛門頼忠」があり、「御甲代家老役」を勤めたと書かれている。[18] この役がいつの時期のもので、どのような内容だったのか定かではないが、上杉氏配下において重要なポストについていたというのが、近世における栗林家の認識だったのであろう。

また、次郎左衛門尉の生没年は未詳だが、史料上では謙信が死去する一年前の天正五年（一五七七）まで確認できる。[19] その後は養子である治部少輔が上杉景勝の配下として活動しているため、謙信死去前後に隠居もしくは死去したものと考えられる。

次郎左衛門尉の初見である永禄七年、彼は謙信の下野国佐野城攻めに同道していた。謙信は二月十七日付で感状を一斉に発給しているが、そのうちの一通である長尾時宗宛の「上杉輝虎感状」には、五十人の名前が記載されている。[20]

片桐昭彦氏はこの感状について、「長尾時宗の指揮した軍勢は、長尾政景の弟景貞などの上田長尾氏一族をはじめ、政景の家中である上田衆の諸氏とその被官・中間たちで構成されていた」と分析している。[21] つまり、謙信は長尾時宗を通じて間接的に上田衆を統轄していたのである。[22]

しかし、栗林次郎左衛門尉の名前はその中に記されていない。彼は単独で感状を受給しており、何らかの「加世義」があったことで謙信から賞されている。また、宛所の下には「とのへ」と書かれており、栗林氏が上田長尾氏家中の者であり、謙信にとって陪臣であったことがわかる。(23)したがって、彼は長尾時宗配下の上田衆とは別行動をとっていたと考えられる。おそらく単独で上田衆の一部を率いていたのではなかろうか。栗林氏は佐野城攻めの際の感状を通じて、謙信との間に直接的な接点を持ったのである。

同年七月初旬、長尾政景が急死した。詳細は第二節において述べることとするが、謙信ははじめ、大井田藤七郎・長尾伊勢守・栗林次郎左衛門尉の三人を上田衆の軍事指揮者とした。しかし、その数年後には栗林一人に対して命令を下すようになっている。

これ以降、栗林氏は上田衆の軍事指揮者として、様々な活動を行なっていくのである。

(2) 境目における栗林氏の活動

国境地域の管轄　まずは政景死去後、最初の栗林宛書状である永禄九年（一五六六）と推定される史料を次に掲げる。

【史料1】上杉輝虎書状(24)

①猿京（群馬県みなかみ町）近辺之証人共、従倉内（同沼田市）其地へ差越之由候処、于今不請取之段、無曲候、早々請取之用心堅申付、其元ニ可差置事、専一候、謹言、

追而、本庄新左衛門尉（実乃）仕合不及是非候、就之も②浅貝（湯沢町）ニ為寄居、倉内之往覆（復）自用候様ニ畢竟吾分前ニ可有之候、か様之時ニ候間、其稼簡要候、以上、

（永禄九年）四月朔日　　輝虎（花押）

栗林次郎左衛門尉とのへ

傍線①では、上野国側の猿ヶ京近辺の人質を受け取って、沼田城から上田荘内へ移し、栗林氏の許で預かっておく

ように命じられている。また、傍線②では三国峠から越後側へ入った場所にある浅貝に城を普請し、上田荘から沼田城まで往復できるようにしなさいと指示を受けている。つまり、この時点で栗林氏は上田荘から沼田までの上野・越後国境地域を管轄していたのである[25]。

この国境地域は元々上田長尾氏が管轄しており、天文二十一年（一五五二）五月、謙信を頼って越後に来ていた関東管領上杉憲政は越山するための準備として、長尾政景に「山中路次」の整備を命じている[26]。当時は国境の山岳地帯が上杉・北条両勢力の境目となっていたため、上田長尾氏が境目を維持していたことになる。その後も永禄七年三月、政景は謙信から越山時の路次普請のことを賞されている[27]。したがって、栗林氏は上田長尾氏が管轄していた国境地域の管轄を引き継ぎ、それと同時期に上田衆の軍事指揮権も与えられたのである。

その後、元亀二年（一五七一）五月二十八日までに浅貝寄居の普請が完成した。栗林氏は浅貝寄居に軍役の者たちのほか、五十人余りの足軽を配置したことで謙信から慰労されている。

【史料2】上杉謙信書状[28]

追而、彼地之城衆例式之我侭ニ而用心不為之、凶事も出来候へ者、敵味方之唱口惜候、堅可申付候、以上、

沼田為加勢、其侭有詰、浅貝之寄居普請成就、殊軍役之外ニ五十余人之足軽差置之由、喜平次者共毎時辛労、感入之候、此段旁〔傍〕輩共ニ可為申聞候、穴賢〳〵、

（元亀二年）
五月廿八日　　謙信（花押）

栗林二郎左衛門尉とのへ

足軽に関しては、戦国大名北条氏における足軽の役割と位置づけをめぐる研究がある。荒垣恒明氏は足軽が通路封鎖の実施や人・物資の監視・差し押さえに従事し、合戦となった際には、消耗兵力として最前線において活用されていたとして、合戦遂行上、必要不可欠な、いわば「雑事」を担う集団であったことを明らかにしている[29]。また、足軽

は貫高によって編成された給人以外の兵力＝雑兵として位置づけている。

一方、則竹雄一氏は単なる一時的な雑兵というよりも、明らかに恒常的に組織された存在で、給田を支給され「着到帳」に人名が記される点では、貫高制的軍隊の正規軍として理解すべきであるとする。また、「地下人」「郷人」という百姓一般とは区別される存在だったことも指摘している。(30)

ここで、上杉氏における足軽の事例をみてみよう。永禄十二年（一五六九）十月二十四日付で、河田重親と山吉豊守にそれぞれ宛てた北条氏照（北条氏当主氏康の三男）書状には、「懸足軽、敵押崩、宗之者数多討捕候キ」と書かれ、(31)北条氏の足軽が最前線において戦闘要員として用いられていたことがわかる。また、足軽の概念について北条・上杉両氏の間で共通認識があったからこそ、書状のなかで「足軽」が使用されたのであろう。(32)

さらに、天正二年（一五七四）三月十二日付、小幡山城守宛の「上杉謙信書状」では、「南衆赤石表在陣中、新田并向敵陣足軽深々与差遣、敵数多討捕」とあることから、北条氏同様に足軽が最前線において活動していたことが確認できる。(33)そのほかには、千坂伊豆守が直江兼続から「作事為御用」足軽を招集することを命じられたり、(34)「鉄砲足軽」の動員や(35)「忍足軽」を利用して敵地へ放火をさせたり(36)といった活動がみられる。

以上、上杉氏においても足軽の任務は北条氏と類似していたことが確認できる。また【史料2】では、軍役の者以外に足軽を配置していたことに対して謙信がわざわざねぎらっているので、足軽は非正規の傭兵だったと考えられる。(37)では、栗林氏は軍役の者以外になぜ足軽を動員していたのであろうか。理由のひとつとして、軍役衆自体が不足していた可能性がある。上田荘において軍役を拒否する者が多かったことは確かであり、この件については第二節において詳述することとする。

ところで、追而書で謙信は、浅貝の城衆は常々身勝手であり用心を怠って凶事でも起これば、敵・味方の評判が悪くなり腹立たしいことであるとして、栗林氏に用心するよう命じている。国境地域であり、元々は上杉・北条両氏の境目であった地域の者たちを統制することの難しさを、謙信は認識していたのである。

以上のように、国境地域の管轄者となった栗林氏は浅貝寄居を築城し、上杉軍の関東への越山が円滑に行なわれるよう活動していたことが確認できた。

北条方への副状発給　元亀二年二月、栗林氏は大石芳綱等とともに沼田へ出陣し、謙信から「廿一其地江打着候由、雖不初義候、早々越山大義無申事候」と、二十一日に着陣したことを慰労されている(38)。そして、謙信の「直書」を北条氏邦の居城である鉢形城（埼玉県寄居町）まで、「上田之者」の手で届けるよう命じられた(39)。

さらに二十八日、栗林に宛てられた書状を次に掲げる。

【史料3】上杉謙信書状(40)

昨日之書中ニ者、喜平次（上杉景勝）者沼田へ可移由申候へ共、丹後守（北条高広）註進之分者、敵退散之由申候間、其地之者共、早々召連当府（上越市）へ可登候、越中江出馬候間、一騎一人無不足様ニ傍輩共可召連候、又関東へ越人留堅可申付候、昨日越候①氏康（北条）へ之書中をは大儀ニ候共、従喜平次所為立飛脚、小田原迄可越候、②自吾分所遠左（遠山康光）かたへ書中ニ書様ハ長尾喜平次（上杉景勝）為代、沼田へ罷移候処、北条丹後守申越分者、敵退散之由申候間、打返申候、為其従実城（上杉謙信）之氏康へ之直札差越候、可然様ニ御取成簡心候由、③吾分遠左かたへ添文ヲ成可越候、此外不申候、穴賢〱、

（元亀二年）
二月廿八日　謙信（花押）

栗林二郎左衛門尉とのへ

傍線①では、昨日の書状にあった「直書」のことと思われる「氏康へ之書中」を飛脚に託して小田原へ届けさせること、傍線②・③では栗林氏が北条氏の取次役である遠山康光宛の副状を書くよう命じられており、その内容に至るまで細かく指示が出されている。

【史料3】に関して、山田邦明氏は「添状発給は自身が大名の重臣であることを示す、きわめて重大な行為である

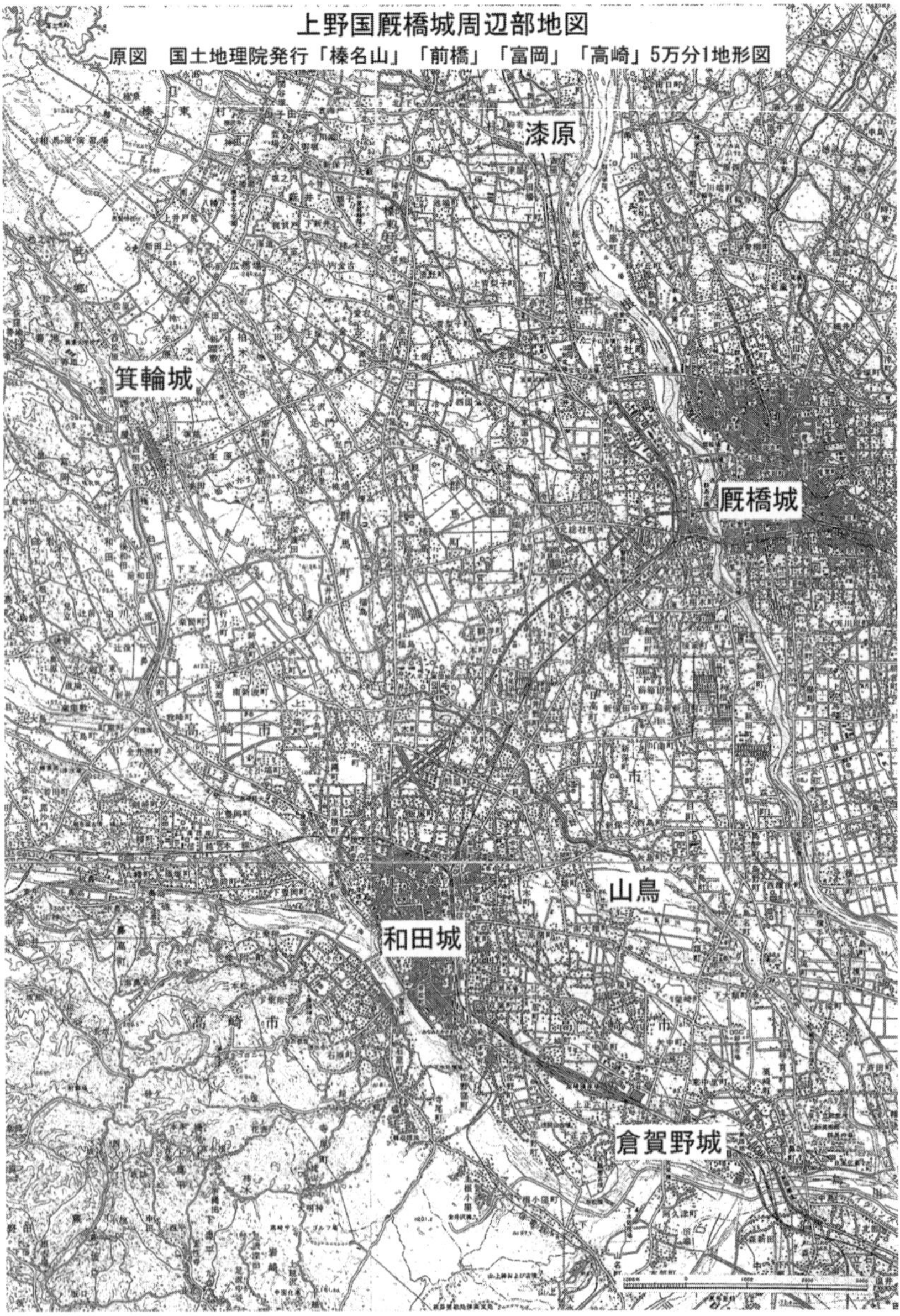
上野国厩橋城周辺部地図
原図　国土地理院発行「榛名山」「前橋」「富岡」「高崎」5万分1地形図
漆原
箕輪城
厩橋城
山鳥
和田城
倉賀野城

が、身分の低さにもかかわらず、栗林次郎左衛門尉はこうした立場を手に入れたのである」と評価している[41]。

確かに、副状発給は栗林氏の活動において注目すべき点ではある。しかし、宛所の敬称が「とのへ」となっているのをみてもわかるように、彼は謙信の重臣といった立場を手に入れたのではなく、謙信の陪臣であることに変わりはなかった。

人質の返還交渉　元亀二年五月、栗林氏は大石芳綱とともに、上野・越後国境に位置する浅貝寄居の普請を謙信から命じられている。

【史料4】上杉謙信書状[42]

追而、山鳥原(群馬県高崎市)之者共、妻子うけ(請)たき(度)由申候ハ、厩橋(同前橋市)へも無用ニ候、伯耆守ニ申付、被取曖可為請候、若無手筋与申候者、惣介(大石芳綱)、小中彦兵衛与談合候て、うけさせへく候、自然使之者あなたへひかれ候へハ笑止候間、二郎左衛門尉(栗林)うけこい(請乞)をもつて、かのもの(彼者)壱人こなかもの(小中者)ニそへ(添)、無手透様ニ可申付候、それにもむさと敵より返事申候ハヽ、妻子とられ候もの上田へひきよせ、浅かい(貝)ニおくまじく候、私にて取曖可有如何候、是も二郎さへもん請乞ニ候て不苦候、以上、

信玄(武田)出張延引候者、早々浅貝(湯沢町)江上田衆召連打越、寄居取立尤候、乍去、例式ぬすミ行候間、人数一騎一人返間敷候、当府(上越市)迄注進おそく候間、信玄出張与聞届候者、加勢肝要ニ候、此段河田伯耆守(重親)ニも可申候、以上、

五月二日(元亀二年)未刻　謙信(花押)

大石惣介(芳綱)殿

栗林二郎左衛門尉とのへ

ここで注目したいのは追而書の部分である。山鳥原の者たちが武田方へ人質に取られている妻子を引き取って欲しいと言ってきたら、厩橋には連絡を入れずに、沼田城在番衆の河田重親に命じ、武田方との仲介に入って引き取るよ

うにと謙信は述べている。また、河田に手筋がないというならば、大石と小中とが相談して引き取るようにとしている。

山鳥原は現在の高崎市内と想定され、(43)当時、上杉氏の拠点であった廐橋城の南方約五キロに位置する。また、山鳥原の南方約四キロには倉賀野城、西方約四キロには和田城といった武田方の最前線の城があった。

【史料4】が発給されてから、約四ヶ月後の九月二十六日、武田軍は深谷・藤田領(埼玉県深谷市・同寄居町)に侵攻、翌二十七日には秩父へ陣を移している。(44)その後、利根川を越えることができず、漆原(群馬県吉岡町)に陣取り、廐橋領へ放火している。(45)以上のことから、山鳥原は上杉方と武田方との境目に位置していたことがわかる。

では、境目であった山鳥原の者たちの妻子を、謙信はどのように武田方から引き取ろうとしていたのか。【史料4】に名前が出てくる河田重親・小中彦兵衛尉は当時、沼田城の在番衆だった。(46)また、河田重親は永禄二年(一五五九)九月から同九年十月までの間に、近江国から来越して謙信の家中となり、永禄九年には沼田城に在番していた。(47)したがって、重親が上野国に来てから五年ほど経った時期であるが、謙信は武田領内の者への手筋を持っていない可能性があると考えたのであろう。

それに対して大石芳綱は、関東管領上杉憲政の家臣大石綱資の三男であり、憲政が上野平井城から越後へ逃れた際に、父とともに同行していた。(48)そして、永禄十二年から翌年四月にかけては、上杉氏と北条氏との同盟(越相同盟)交渉に従事し、(49)締結後も小田原へ使者として派遣されており、(50)上杉氏の関東口外交において重要な存在だった。そのため、河田に武田方への手筋がない場合は、上野国と深い繋がりを持つ大石の手筋で、沼田在番衆である小中をつけて、武田方との連絡を取るように謙信は命じたのである。

そして万一、使者が武田方に引き止められてはばかばかしいので、栗林が人質の引き渡しを差配し、①山鳥原の者一人を小中の者に添えて手透きがないよう指示すること、②思慮のない武田方からの返事、つまり人質を返さないと言ってきたならば、妻子を取られた者たちを上田荘内へ引き取り、浅貝には置かないように、という二つの任務を栗林氏に課したのである。

【史料4】のなかで謙信は武田勢の隠密な軍事行動を警戒し、浅貝に動員した上田衆の「人数一騎一人」も上田には返さないように命じており、この時浅貝寄居は緊張状態にあったことがわかる。武田方に人質を取られている山鳥原の者を上田荘に引き取るよう命じたのも、浅貝に置くと離反の恐れがあると謙信は判断したのであろう。

最後の部分では、「私にて取噯可有如何候」として、謙信は河田や大石といった沼田在番衆による公的なルートではなく、私的な人質返還の仲介に対して懸念を示している。だが、栗林氏が武田方から人質を請け戻すのは差し支えないとしている。

以上のことから、栗林氏は武田方への使者の護衛として、おそらく上田衆の一部を引き連れて、実際に境目へ出向いたのである。そして、私的な人質返還の仲介者としての差配も許されていることから、ある程度の交渉権限を持っていたものと考えられ、その交渉がうまくいかなかった場合、山鳥原の者たちを上田荘へ引き取るよう指示を受けていた。

したがって、栗林氏は境目において、敵方との交渉に当たっており、外交上重要な役割を担っていたことがわかる。

関東口の案内者　次に掲げる史料は、天正四年（一五七六）の時点において、謙信が栗林氏をどのように認識していたのかが確認できるものである。

【史料5】上杉謙信書状(51)

自関東帰陣ニ付而、飛脚到来喜悦候、関左無事之由、簡要候、珍義も候者、註進尤候、其口人留之義、皆々談合候て、堅相留簡心ニ候、吾分者案内者ニ候間、畢竟任置候、扨亦、爰元備存分之侭ニ候、栂尾（富山県富山市）・増山（同砺波市）落居、飛州

口ニ地利二ヶ所取立、仕置堅固ニ成之、明日西表江進馬候、湯山（同氷見市）も今明之内ニ可落居候間、可心安候、万吉重而
謹言、
九月八日（天正四年）　謙信（花押）
栗林次郎左衛門尉殿

謙信は、関東口の「人留」を皆で相談して厳しく行なうよう栗林氏に指示しており、さらに傍線部において、栗林は「案内者」であるから「人留」のことは任せる、と言われている。

つまり、栗林氏は越後・上野国境地域の地理や情勢に詳しい者であると、謙信は認識していたのである。このような認識がいつ頃からあったのかは不明だが、【史料1】でみたように、長尾政景死去後、栗林氏が管轄者となっていたことを鑑みると、政景死去以前から国境地域に関与していた可能性もある。

いずれにせよ、栗林氏は上杉氏の関東進出において、戦略上重要な役割を担っていたのである。

二　栗林氏と上田衆

長尾政景死去後、栗林次郎左衛門尉は上田衆のなかでどのような立場にあり、上杉氏側とどのような関係を築いていったのか、本節ではその変化を追っていくこととする。

(1) 長尾政景死去後の上田荘

次に掲げる史料は、永禄七年(一五六四)七月初旬の政景死去後における上田荘地域の状況がわかるものである。その一部を掲げる。

【史料6】上村尚秀書状[52]（注 〈 〉は割書を表す）

①七郎殿《（大井田藤七郎）》御越山之義、無御心元被思召、態御飛脚、今日十七〈酉刻〉到来候、雖然、七郎殿様者、十五日〈未之刻〉当庄関之郷迄被成御出候、②拙者事、十三日早朝より所々方々無油断触申付候得共、諸人菟々角々申否事侘言申候へ共、さま〳〵理申付候、③翌日十六、関御立候、伊勢守《（長尾）》殿・次郎左衛門尉《（栗林）》同事候、馬場衆、千石・五郎丸・坪池・舞子・冨実・関衆、此ハ御供申候、いか澤へ罷越候へハ、楠川方・桐澤・内田、其外罷立候、同日ニ候、今日十七泉田・広瀬衆罷立候、石白も定可為昨今候哉、定倉内へ御着者、十八日五より内と存候、御着之上、御飛脚可被進候、為其出家一人為御供申候、④万事爰元不好事候へ共、急速之御事無調候、⑤我々申所もさらニめしあけす候、定御人数一度調不申候間、七郎殿さま可有御申候、⑥明日十七八、又村々為見可申候、（中略）返々、只今之様候者、兎も角も物事ニ御六ヶ敷御座候へく候、自幾も御工夫之上、御　諚奉待候、此由御披露所仰候、恐々謹言、

九月十八日　彦右衛門尉《（上村）》

尚秀（花押）

又五郎《（泉沢久秀）》殿

まず、本史料の年代比定を試みる。宛所の又五郎とは泉沢久秀の仮名であり、天正四年（一五七六）四月十日の「上杉景勝判物[53]」では、又五郎宛に知行地「まいこ《（舞子・南魚沼市）》の内十貫」ほかが与えられている。泉沢氏は謙信の時代から景勝に仕えて知行を与えられ、謙信死去直後から景勝の側近として活動していた。

また、差出の上村尚秀も御館の乱が始まっていた天正六年（一五七八）九月には、景勝の側近として行動していたが[54]、【史料6】において上村氏は上田荘に滞在している。そして、書状の最後に「此由御披露所仰候」と述べ、泉沢氏にこの書状の内容を景勝へ披露してくれるよう依頼している。よって泉沢氏は景勝のもと、つまり居城である春日山

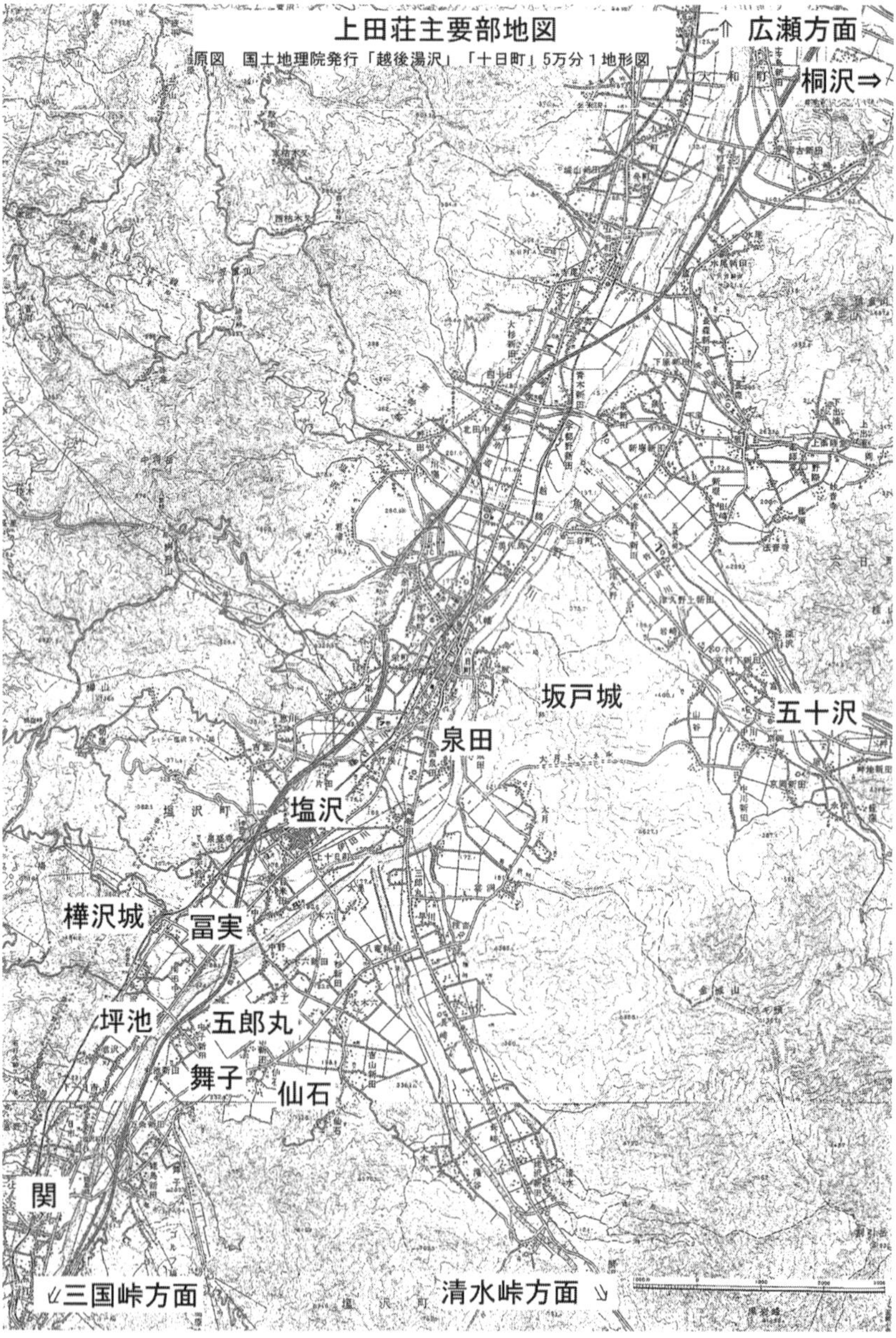
上田荘主要部地図
原図　国土地理院発行「越後湯沢」「十日町」5万分１地形図
⇑ 広瀬方面
桐沢⇒
坂戸城
五十沢
泉田
塩沢
樺沢城
冨実
坪池
五郎丸
舞子
仙石
関
⇙三国峠方面
清水峠方面 ⇘

にいたことになる。

さらに、文中に登場する大井田藤七郎・長尾伊勢守・栗林次郎左衛門尉の三人については、長尾政景が死去した永禄七年七月より約二年後、同九年五月と七月に、謙信から上田衆に対する指示が出されている。(55) つまり、この三人には上田衆の軍事指揮者としての権限が与えられていた。

政景が死去する前、大井田藤七郎は、永禄五年(一五六二)十一月下旬に謙信とともに出陣し、北条・武田両氏による攻撃に晒されていた武蔵松山城救援へ向かった。(56) 翌六年四月二十八日には沼田まで引き上げ、越後へ帰国している。(57) また、長尾伊勢守は同五年三月、謙信の使者として京の将軍家へ向かった。(58) したがって政景死去以前、三人はそれぞれ別行動をとっていたことがわかる。三人が行動を共にしている【史料6】は、政景死去後の永禄七年七月以後に発給された可能性が高い。

さらに年次を絞り込むと、永禄十一年八月に大井田氏と長尾伊勢守は越中方面の守備要員として派遣されたこと、(59) 同年十月に栗林次郎左衛門尉一人に宛てて上田衆の出陣命令(60)が謙信から出されていることがある。山田邦明氏は栗林一人に宛所が変わっているのは栗林氏が上田衆の「実質的統轄者の立場に立った」ことを示すものとみなしている。(61) そうであれば、大井田氏・長尾伊勢守・栗林氏が行動を共にしていた【史料6】は、永禄十一年以前に絞られよう。したがって、【史料6】の発給された年次は長尾政景死去後の永禄七年から永禄十一年の間と考えることができる。

次に内容の解釈に入る。まず、傍線①で「七郎殿」と称されているのは、大井田藤七郎景国のことであろう。藤七郎は長尾政景の弟で、大井田氏の名跡を継いでいた。(62) 彼は弘治三年(一五五七)三月二十三日付「長尾景虎書状」に登場する。(63) この書状は謙信から政景に宛てたもので、藤七郎は取次役を担っている。おそらく、彼は天文二十年(一五五一)の謙信・政景和睦以降、人質として上田荘から春日山に入り、政景が謙信より信頼されるようになった時期から、取次役となって活動していたのではなかろうか。(64) そして、政景が急死したことによって、藤七郎が上田衆の「同心」として派遣されたのである。[65]

【史料6】の続きに戻ると、上村氏は十三日早朝から、沼田への出陣の触れを各所へ出して回っていた。しかし、言い訳をして従わない者が多かったようである（傍線②）。

藤七郎は関郷に到着した翌日、十六日には長尾伊勢守・栗林次郎左衛門尉とともに出発した。それに供をしたのは関衆をはじめ、馬場衆、千石・五郎丸などの塩沢近辺の村の者だった（傍線③）。

その後、上村氏は今回の出陣について、急なことであったため人数が調わなかったと弁解し（傍線④）、我々が申し上げた所からも人員を徴発できず、出陣の人数がそろわなかったので、大井田殿から御報告があるだろう（傍線⑤）と述べている。さらに十七・十八日にも村々をまわって、人員を調達できるか点検させる（傍線⑥）としている。

以上より、上田荘においては、上杉氏による組織的な軍事編成がなされていなかったばかりか、軍役を拒否する者も多く、統制がとれていない状況だったことが窺える。

さらに注目すべき点は、上村氏が大井田氏に闕字を使用しているのに対し（傍線①・⑤）、栗林次郎左衛門尉には「殿」を付けていないことである（傍線③）。このことは、上田長尾氏当主であった政景亡き後、上村にとって政景の弟である大井田氏が尊称すべき対象者であったこと、また、栗林氏は上村氏と同等もしくはそれ以下の身分という認識であったことを意味している。[66] 上村氏をはじめとした上田衆にとって、上田長尾氏の影響力は依然として大きかったといえよう。そのため、謙信は上田長尾氏の影響力を少しでも押えようとして、大井田藤七郎と長尾伊勢守を越中方面へ移動させたのではなかろうか。

⑵ 上田衆内における立場の変化

前項では上田荘において陣触れの際、軍役を拒否する者が多く、統制がとれていなかった状況を確認した。その後、永禄十一年十月の時点においても軍役を拒否する者が存在した。

【史料7】上杉輝虎書状[67]

急度申遣候、昨廿一、当津柏崎へ進馬候、明日、出雲崎打下、廿七、新潟を可打立候つるも、逗留有間敷候、定而従喜平次（上杉景勝）所も雖申越、有遅々者其曲有間敷候間、早々三ヶ津（新潟市）へ傍輩共召連可打越候、若一人も如在之者至于有之者、急度折檻不苦候、穴賢〳〵、

（永禄十一年）十月廿二日　輝虎（花押）

栗林次郎左衛門尉とのへ

本史料は上杉謙信が栗林次郎左衛門尉に対して三ヶ津へ傍輩共を引き連れて出陣するように命じた書状である。まず注目したいのは、宛所の下に「とのへ」と書かれている点である。栗林はこの時点においても、景勝を頂点とした上田長尾氏とその配下の上田衆といった体制のなかで活動していたことがわかる。

次に本文最後の部分に注目したい。「如在之者」とは、ここでは軍役を拒否した者のことであろう。謙信は栗林氏に対して、軍役を拒否した者がいたならば、厳重に「折檻」しても構わないとして、上田衆に対する成敗権を与えたのである。

このことは、謙信が栗林氏の傍輩中における権限を明確化したものと考えられる。身分的には栗林氏と同等の上田衆のメンバーであり、なおかつ上田長尾氏を求心力としている者からすれば、謙信の課す軍役に従う責務はないという認識だったのであろう。つまり、永禄七年の長尾政景死去後にいたっても、上田衆の内部には謙信の命に従う者たちと、上田長尾氏を主人に仰ぐ者たちに分かれており、それが軍役拒否の形となって表れていたのである。

四年後の元亀三年（一五七二）になると、謙信は景勝を栗林氏のもとへ派遣し、彼に対して沼田へ移り、廐橋城を援護するよう命じている。

【史料8】上杉謙信書状(68)

重而自所々如注進者、春中取立候向新地、南衆(北条氏)押寄由申来候、此度ニ候間、片時も地下人なり共陣着迄過分ニ召連、倉内江移、倉内在城之者共令談合、早々厩橋付力肝心候、油断候てハ曲有間敷候、猶喜平次可申付候、以上、

傍輩共不承引者候者、以交名可申候、以上、

(元亀三年)七月廿三日　謙信(花押)

栗林二郎左衛門尉とのへ

この時には、傍輩のなかで軍役を拒否する者がいたならば、その者たちの名前を書き記して、謙信へ報告するように命じている。さらに、翌八月十日に再び栗林に送った書状がある。

【史料9】上杉謙信書状(69)

今度至于越中出馬、依之、喜平次者共可召連処、関東口火急ニ候得者、何も不時ニ越山之儀申付候間、自陣返候へ者、遅候間、其元ニ差置候、自然厩橋山際之間へ南・甲之凶徒打出由申候者、地下人成共集、多ニ見得候様ニ懸助頼候、為其為横目大石藤衛門尉其元ニ差置候、傍輩共如在之者候者、以交名可申越候、喜平次ニ申付、可為及折檻候、兎角ニ諸口人留肝心候、猶彼者可申候、以上、

(元亀三年)八月十日　謙信(花押)

栗林二郎左衛門尉とのへ

ここでは、軍役拒否者は謙信へ報告された後、景勝に命じて「折檻」が行なわれるとしている。したがって、景勝の成長により成敗権は、景勝が直接担うように変更され、栗林氏には謙信への報告義務だけが残ったと考えられる。

しかし、その後も栗林氏は上田衆の軍事指揮者として、謙信から指令を受けている。元亀四年(一五七三)正月には景勝と共に越中に在陣していたことが確認できるが(70)、そのほかの栗林氏宛の書状からは、景勝の動向はまったく確認

できない。

天正三年(一五七五)二月、謙信側近の吉江資堅宛に、景勝は自身の軍役量を記した状を提出しているものの、(71) その後において、軍事指揮者としての役割は担っていなかったのではなかろうか。(72)【史料8】が発給される一年前、【史料3】において、謙信は上田衆における栗林氏の立場に言及している。史料中において、謙信が遠山康光宛の副状を栗林氏に書かせた際、「長尾喜平次代」として沼田へ上田衆を率いてきた、と書くよう指示している。つまり、栗林氏は景勝の一時的な代理だったということになる。だが結果として、彼はそのまま上田衆の軍事指揮者の立場を継続した。したがって、景勝を頂点とした上田長尾氏とその家中である上田衆の体制を変更せずに、謙信は栗林氏を上田衆の軍事指揮者として据える必要があったのである。

おわりに

上杉謙信は上田長尾氏当主政景の死去後、大井田藤七郎・長尾伊勢守・栗林次郎左衛門尉の三人を上田衆の軍事指揮者とした。しかしその後、謙信は上田長尾一族である二人を越中方面へ移動させ、栗林氏だけを残した。彼は陪臣という立場でありながら、外交において謙信の副状を書き、境目に派遣されて人質の返還交渉も行なっていた。また、謙信は越後・上野国境地域を栗林氏に管轄させていたが、この国境の管轄者という立場が栗林氏の活動を規定していたと考えられる。

つまり、越後・上野国境周辺域では、両国の大名や領主層だけでなく、村人同士の関係も古くから培われており、そうした人間関係や山間部の地理を熟知していた栗林氏が両国を結ぶ交通路の整備などを担って大名と直接的な関係を結んだことで、軍事・外交など様々な面において重要な位置を占めたといえよう。そのため、景勝の成人後も、謙信は引き続き栗林氏を上田衆の軍事指揮者として据える必要があったのである。時期は不明だが、栗林氏は御料所の財政出納などの権限を持つ郡司職までも与えられていたことが確認できる(73)。

以上のことから、栗林氏は謙信から重用されていたことは確かだが、山田邦明氏が指摘したような大名、つまり謙信の重臣といった立場にはなっていなかった。このような状態となった理由としては、上田衆内部における上田長尾氏の影響力が依然として大きかった点が挙げられる。謙信は栗林氏を上田衆の一員としておくことで、彼をパイプ役として上田衆を動かすことができたのであり、上杉氏家臣として栗林氏を取立てることは(取立てようとしていたのか、そのつもりがなかったのかは不明だが)、パイプ役がいなくなることを意味した。

また、池享・片桐昭彦両氏は、謙信が景勝を利用しながら上田衆を掌握していったとしたが、政景死去後、謙信は栗林氏と直接的な関係を結び、軍事指揮者とすることで上田衆を掌握しようとしたのであり、彼の存在が非常に重要だったのである。

しかし、第二節でみたように栗林氏をパイプ役として据えた後も、上田衆を上野へ滞りなく出陣させることは困難を極めた。その要因としては稲葉継陽氏が指摘するように、物理的負担が集中したことも一般的にはあったと思われる。しかし上田荘の場合、謙信が景勝を養子としたものの、上田衆としては上杉氏の軍役を負う義務がないという認識が根強く、衆全体の統制がとれなかった点も大きな要因だったといえよう。

久保健一郎氏は領主層の視点から境目維持の負担を論じたが、一般的な負担地域においても内実としては上田荘と同様、軍役を拒否する者が多かれ少なかれ存在したことが想定される(74)。そのため大名は齋藤慎一氏が指摘するように、派遣される領主の在所を平穏に保つよう注意を払っていたのではなかろうか。

本章では栗林氏と上田衆・謙信との関係性に注目したため、上田衆の上杉氏家臣団の中における位置づけには触れることができなかった。今後の課題としたい。

註

（1）境目に関する先行研究としては、戦国大名間における領土紛争である「国郡境目相論」において、戦争そのものの実態を明らかにしていく研究（藤木久志『豊臣平和令と戦国社会』東京大学出版会、一九八五年、則竹雄一「戦国期駿豆境界域の大名権力と民衆―天正年間を中心に―」同著『戦国大名領国の権力構造』吉川弘文館、二〇〇五年、初出一九九九年など）、村落側が敵対する両大名に年貢を半分ずつ納めることで、両属または中立的な立場を手に入れたとする「半手」「半納」論などが挙げられる（秋山伸隆「戦国大名領国の「境目」と「半納」」同著『戦国大名毛利氏の研究』吉川弘文館、一九九八年、初出一九八〇年、峰岸純夫「軍事的境界領域の村―「半手」を中心に」同著『中世災害・戦乱の社会史』吉川弘文館、二〇〇一年、初出一九九五年、黒田基樹「戦国期「半手」村々の実態」同著『戦国期領域権力と地域社会』岩田書院、二〇〇九年、初出二〇〇六年など）。

（2）齋藤慎一「後北条領国の「境目」と番」（同著『中世東国の領域と城館』吉川弘文館、二〇〇二年）。

（3）稲葉継陽「境目の歴史的性格と大名権力」（同著『日本近世社会形成史論―戦国時代論の射程』校倉書房、二〇〇九年、初出二〇〇四年）。

（4）久保健一郎「「境目」の領主・再論」（『史観』一五九、二〇〇八年）。

（5）上田荘は現在の新潟県南魚沼市と南魚沼郡湯沢町一帯を含んだ地域が中心となる荘園であった。また、同荘は上野国との国境にほど近く、越後側からみると関東への玄関口にあたる場所に位置する。

（6）栗林次郎左衛門尉の実名について、自治体史や先行研究において混乱がみられ、「栗林政頼」と注記するものが多くある。だが、一次史料において実名が確認できるものは管見の限りない。そのため、本章では栗林次郎左衛門尉で呼称を統一する。なお、この点に関しては広井造氏の論文を参照されたい（広井造「謙信と家臣団」池享・矢田俊文編『定本上杉謙信』高志書院、二〇〇〇年）。

（7）史料上では「倉内」と記されているが、便宜上、沼田城に統一する。

（8）山田邦明「戦国大名の書状をめぐって―上杉謙信と栗林次郎左衛門尉―」（矢田俊文編『戦国期の権力と文書』高志書院、二〇〇〇年）。

（9）池享「謙信の越後支配」（前掲註6書）。

(10) 片桐昭彦「長尾景虎(上杉謙信)の感状とその展開」(同著『戦国期発給文書の研究―印判・感状・制札と権力―』高志書院、二〇〇五年)。
(11) 山本隆志「高野山清浄心院「越後過去名簿」(写本)」(『新潟県立歴史博物館研究紀要』九、二〇〇八年)。
(12) 山本註11論文。
(13) 雲洞庵所蔵(『塩沢町史』資料編上巻　一二三号)。
(14) 反町英作氏所蔵(『上』四一)・志賀槇太郎氏所蔵(『上』四六)。
(15) 本間美術館所蔵(『上』四二)・「別本歴代古案」五(史料纂集古文書編『別本歴代古案』第一　五七号)・同一六(同書第三　九〇七号)。
(16) 東京大学史料編纂所所蔵栗林文書(以下、栗林文書と略す)(『上』三八七)。
(17) 「御家中諸士略系譜」(『上杉家御年譜』二四、米沢温故会、一九八八年)。
(18) 「栗林次郎左衛門頼忠」が本章で取り上げた次郎左衛門尉と比定できることは広井造氏が明らかにされている(広井註6論文)。また、「御家中諸士略系譜」(前掲註17書)によると頼忠の次にくる「肥前守政頼」も「御甲代家老役」を勤めたと書かれていることと、上杉氏の歴史を中心としてまとめられた同書の性格を考えると、「家老役」とは上田長尾氏配下の時期ではなく、上杉氏配下の時期を示すと考えられる。
(19) 栗林文書(『上』一三三〇)。
(20) 登坂氏所蔵(『上』三八九)。
(21) 片桐註10論文。
(22) 長尾時宗に関しては、片桐昭彦氏が上田長尾氏一族の者としたうえで、長尾政景の長男、景勝の兄である義景ではないかとしている(片桐註10論文)。
(23) 上杉氏における書状の宛所の敬称に関しては、広井造氏が栗林次郎左衛門尉を例として検証している(広井註6論文)。
(24) 真如苑所蔵(『上』五〇六)。
(25) 上野・越後国境地域の道の管轄者としては、齋藤慎一氏が栗林次郎左衛門尉の養子であり、景勝期に活動していた治部少輔(のちに肥前守)について論じている。氏は治部少輔が荒砥城に在城し、付属する荒砥関所を統轄していたことから、景勝の命によって三国街道の交通を管理する任にあたっていたとしている(齋藤慎一『中世を道から読む』講談社、二〇一〇年)。治部少輔が三国街道の管轄者となったのは、養父である次郎左衛門尉が同様の任にあったことが影響していると考えられる。

(26)　伊佐早文書(東京大学史料編纂所影写本〈以下、東大影写と略す〉)(『上』六二)。

(27)　上杉家文書(『上』三九六)。

(28)　栗林文書(『上』一〇五〇)。

(29)　荒垣恒明「戦場における傭兵」(藤木久志・黒田基樹編『定本　北条氏康』高志書院、二〇〇四年)。

(30)　則竹雄一「戦国期足軽考―北条領国を中心に―」(佐藤和彦編『中世の内乱と社会』東京堂出版、二〇〇七年)。

(31)　上杉家文書(『上』八二〇)・山吉氏所蔵(『上』八二一)。

(32)　たとえば、人質という意味を表す言葉として、戦国大名では今川・武田両氏が「人質」、上杉・北条両氏が「証人」を通常使用している。しかし、武田氏は下総国の簗田氏に書状を送った際、「証人」を使用するなど相手によって使い分けており、誤解が生じないように配慮していたと考えられる(簗田家文書『戦武』一六三〇)。したがって、「足軽」についても上杉・北条両氏の間で共通認識があったと考えられる。

(33)　上杉定勝古案集(『上』一一九二)。

(34)　「歴代古案」一〇(史料纂集古文書編『歴代古案』第三　八五六〈以下、『古案』八五六のように略す〉)。

(35)　「歴代古案」一一(『古案』九五八)。

(36)　「歴代古案」一六(『古案』一三四九)。

(37)　【史料2】に登場する足軽は傭兵と言えるが、荒垣氏が指摘したように、その役割と編成は多様であったと考えられる。則竹氏の足軽論もその中のひとつではなかろうか。

(38)　栗林文書(『上』一〇二六)。

(39)　栗林文書(『上』一〇二七)。

(40)　栗林文書(『上』一〇二八)。

(41)　山田註8論文。
(42)　栗林文書(『上』一〇四七)。
(43)　高崎市宿大類町に山鳥という小字がある。
(44)　野呂氏所蔵(『戦武』一七四〇)。
(45)　『甲斐国志』一二一(『戦武』一七四三)。
(46)　栗原修「上杉氏の沼田城支配と在城衆」(同著『戦国期上杉・武田氏の上野支配』岩田書院、二〇〇九年、初出一九九三年)。
(47)　栗原修「沼田城代河田重親と御館の乱」(前掲註46書、初出一九九五年)。
(48)　「御家中諸士略系譜」(『上杉家御年譜』二三、米沢温故会、一九八八年)。
(49)　上杉家文書(『上』九二七・九二八・九二九)。
(50)　真田宝物館所蔵(『上』九四〇)・「歴代古案」一二(『古案』一〇一五)。
(51)　栗林文書(『上』一三〇七)。本史料では宛所の敬称に「殿」が使用されている。広井造氏は、天正三年正月、謙信が長尾顕景(上杉景勝)に「弾正少弼」という官途と「景勝」という名のりを与え、地位が向上したことに連動して、栗林氏の処遇も変わったのではないか、と推測している(広井註6論文)。
(52)　上杉家文書(『上』一六六五)。
(53)　「歴代古案」九(『古案』七八八)。
(54)　「景勝公御書」三(『上』一六五三)。
(55)　上杉定勝古案集(『上』四五七・四五八)・個人蔵(『上』四六五)。なお、『上越市史』では三点とも「永禄八年(カ)」と比定しているが、本章では黒田基樹氏の年代比定に従い、永禄九年(一五六六)とした(黒田基樹「謙信の関東侵攻」註6書)。
(56)　『上杉家御年譜』一謙信公(米沢温故会編、一九八八年)。『御年譜』において大井田の名前が出ている箇所は、謙信到着前に松山城が落城してしまったため、行き先を変更して騎西城攻めを行なった際である。この出来事を『御年譜』では永禄五年としているが、実際は永禄六年である(伊藤本文書〈東大影写〉『上』三三九、東北歴史資料館所蔵国分文書

『戦北』八〇五)。
(57) 「謙信公御書集」三(『上』三四〇)。
(58) 前掲註56書。なお、『御年譜』ではこの出来事を永禄六年としている。しかし、将軍家へ御礼に行く理由として「去冬上使トシテ、大舘兵部少輔ヲ差下サレ、管領職ニ任セラレ、御諱ノ字ヲ賜」ったことによると説明している。管領職については不明だが、御諱は謙信が永禄四年の暮れに政虎から輝虎と名乗りを改めており、将軍足利義輝の一字をもらったものとされていることから(『上』1、一二四頁)、長尾伊勢守の京行きは永禄五年と比定した。
(59) 前掲註56書。
(60) 栗林文書(『上』六二〇)。なお、本史料は【史料7】として後掲する。
(61) 山田註8論文。
(62) 「外姻譜略」(前掲註48書)、大井田氏所蔵「大井田氏系図」(山田邦明「戦国時代の妻有地方」『十日町市史』通史編1)。
(63) 長野県立歴史館所蔵(『上』一四三)。
(64) 天文二十年(一五五一)五月、謙信と政景との対立は、政景の弟を出府させることで決着するところまで話が進んでいた(「武州文書」三所収『上』五一)。しかし、この話は政景方の拒否により一旦消滅する。その後の最終的な和睦において、政景の弟の一人である藤七郎が出府することになったと考えられる。
(65) ここでいう「同心」とは一時的な味方衆という意味であろう。
(66) 長尾伊勢守は、政景の弟の一人、景貞としている上田長尾氏系図がある(「外姻譜略」前掲註48書)。
(67) 前掲註60史料。
(68) 栗林文書(『上』一一一二)。この時景勝は十六歳である。
(69) 栗林文書(『上』一一一四)。
(70) この時、景勝と栗林氏に対して、越中の椎名康胤が謙信への取成しに奔走してくれたことを謝している(「歴代古案」三『古案』二五〇・栗林文書『上』一一三七)。椎名氏は栗林氏を景勝への取次役として頼んでいたのである。
(71) 吉江文書(東大影写)(『上』一二四四)。

(72) 謙信期、景勝は上田衆に対して感状を発給していることから、景勝を頂点とした上田衆の体制に変化はなかった。

(73) 栗林文書(『上』二八八九)。なお、越後国の郡司の性格については、中野豈任「越後上杉氏の郡司・郡司不入地について」(阿部洋輔編『戦国大名論集9　上杉氏の研究』吉川弘文館、一九八四年、初出一九六五年)、赤澤計眞「郡司長尾氏」(『新潟県史』通史編2、新潟県、一九八七年)を参照。

(74) 久保氏が論じた境目後方の地域が、本章で取り上げた長尾政景死去後の上田荘と状況的に異なっていたのはもちろんである。しかし、軍役負担者が自己の防衛のためではなく、他領を維持するために出陣する必然性を感じていたかどうか、その点において大名・地域権力との間に矛盾が生じることは十分あり得る(稲葉註3論文参照)。

補論一　越後国上田荘における栗林治部少輔の動向

はじめに

第四章で取り上げた栗林次郎左衛門尉の終見文書は、天正五年(一五七七)三月二十七日付の上杉謙信書状である。[1]彼は能登国の石動山城において普請を行なっていた。しかし、その後の足取りは不明で、翌天正六年三月に勃発した御館の乱では、次郎左衛門尉の養子となっていた[2]栗林治部少輔が史料上に登場する。[3]

治部少輔は御館の乱の最中に上田荘へ派遣されて以降、上杉景勝配下として同荘を拠点に活動していた。景勝が会津へ移封された際にはそれに供奉し、下野国との境目に位置する鶴が渕において普請を行なっていたことが確認できる。[4]したがって彼の動向を追うことで、当時の上田荘の状況や謙信期から景勝期にかけての栗林氏の位置づけの変化について分析することが可能であろう。

治部少輔の先行研究としては齋藤慎一氏の成果がある。[5]氏は治部少輔が荒砥城に在城すると同時に荒砥関所を統轄していたことから、三国街道の交通を管理する任にあたっていたとする。そして、栗林氏を含めた在地の者が交通に関与し、「戦国大名などからは安堵というかたちで保証を得て、みずからの存在が支配機関に組みこまれた。しかし、戦国時代も下り、江戸時代に向かうにしたがい、その立場は徐々に大名家側に組みこまれていった」とする。つまり当初、在地の交通を掌握していた者たちは、大名から安堵を得ることでその管轄権を保持していたのだが、次第に彼等自身が大名によって管理されるようになっていったと結論づけている。

中世の交通問題に引きつけて治部少輔の活動をクローズアップしたのが齋藤氏だが、本論では上田荘内における治部少輔の活動に注目することで、上杉氏権力との関係を明らかにしたい。

一　栗林治部少輔の上田荘への派遣

天正六年（一五七八）三月に謙信が死去した後、跡目相続争いである御館の乱が勃発する。その当事者は上田長尾氏当主政景の息で謙信の養子となった景勝と、北条氏康の息で上杉・北条両氏の同盟（越相同盟）が結ばれた際、北条氏から謙信の養子として入った景虎の二人であった。栗林治部少輔の初見史料はこの乱の最中のものである。

【史料1】河田禅忠書状(6)

去十日　御書幷御条目謹而頂戴、抑逐日御備思食御儘之段、歓喜此事候、仍　三郎殿(上杉景虎)御和睦之儀、従甲陣(武田氏)被取刷候、併依難題被仰放旨、尤無御余儀奉存候、雖然、入眼之筋目被聞召届、御国御安全奉念候、於様子者、大石兵部丞(元綱)幷円慶寺両度之御条目御請、不憚愚存申渡候間、定而可致言上由、宜預御披露候、恐々謹言、

七月廿七日　　河田豊前入道
　　　　　　　　禅忠(長親)（花押）

栗林殿

この書状が発給された七月の時点において、河田長親は越中松倉城におり、景勝と景虎のどちらにつくのか態度を明確にしていなかった。そうしたなかで、景勝としては謙信の側近中の側近であった河田氏を味方につけるため、連

絡をとっていたものと思われる。【史料1】では河田氏が治部少輔に対して、自分の申すことを景勝に「御披露」してくれるように依頼している。よって治部少輔はこの時期、景勝への取次役として春日山にいたことが確認できる。

翌月、上田荘地域の拠点、坂戸城の城将である深沢刑部少輔へ宛てた景勝書状を次に掲げる。

【史料2】上杉景勝書状(7)

書中具披見候、仍而其地無人数之由、申越候条、人数武主申付差越候、敵何程有之と云とも、其地ヲ始、地行手さす義有之間敷候、殊更無人之由聞届候間、心安候、併かのもの共差越候条、談合候て、手堅備簡要候、工薬之事ハ、以前両度差越候間、定而いつかたにても放間敷候、直路（南魚沼市）・荒戸（湯沢町）へも、以前自爰元さしこし候間、重而可差越候、自何関口静之由簡要候、治部少輔其元ニ有之由、無曲候、早々荒戸へ相越、用心可申付事肝心ニ候、猶万吉々々、謹言、

八月十五日　景勝（花押）

深沢形〔刑〕部少輔殿

当時、景虎の援軍として関東口から北条軍が迫ってきている状況だった。それに対処するため、景勝は幾度か援軍を坂戸城に遣わしていた。【史料2】では治部少輔が八月初旬頃に坂戸城へ遣わされていたことが確認でき、早々に坂戸よりさらに関東口に近い荒砥の前線へ行くことを命じられたのである。この背景として、かつて次郎左衛門尉が上越国境地域の管轄者だったことが関係しているのは間違いないであろう(8)。

では、景勝は治部少輔に対して、どのような期待を込めて上田荘へ派遣したのであろうか。それを示す史料があるので一部を抜粋して掲げる。

【史料3】上杉景勝書状(9)

（前欠）

存達ニ以条目具申越候、彼条書□惣別五十日をそく候、爰元へ自□□□□油断故、其元ニ一切無之由申越処をかしく候、其故ハ、其地ニ其方両人武主として差置候処ニ、以前より度々の仕合ニ一度不相稼、大ちこのことくにして有之由、爰元ニて何も聞届候、いつれもはうはい《傍輩》共わるくち申候、其方《栗林》事ハ次郎左衛門尉跡ヲも申付候間、よ人ニハかわるへく候間、別而敵前ニて深々と相稼、惣へ力付可走廻と思、其元へさしこし候所ニ、左様にハ無之、けいき《計儀》計心かけ、べん〳〵と有之由聞、万事咲止ニ候、（中略）其方事も弥以はうはい共ニ手ヲ不入手やうニ相稼尤候、猶吉事重而可申候間、早々又申候、爰元其以後無相替儀候、可心安候、謹言、

□□《十二》月□□《十七》日　景勝（花押）

深沢形《刑》部少輔殿

栗林治部少輔殿

（注）日付の□は塗抹

本史料は深沢刑部少輔と栗林治部少輔両者に宛てているため、この時点で治部少輔は深沢氏と共に坂戸城にいた可能性が高い。傍線部のはじめでは、深沢・栗林両氏の働きの悪さに対して、傍輩共が悪口を言っているということが、こちら（景勝の所）にも伝わってきていると書かれている。傍輩と書かれていることからすると、治部少輔はこの時点において、他の上田衆と同じ身分だったことがわかる。山田邦明氏は本史料にも触れながら、御館の乱の最中、上田衆内部において対立が生じていたことを指摘している(10)。

傍線の続きに戻ると、景勝は治部少輔に向けて、「次郎左衛門尉跡を継がせたのだから（治部少輔は）他の人には代えがたい存在であり、格別に敵陣の前で十分に力を尽くし、上田衆全体を勇気づけ、奔走すると思い、上田荘へ遣わしたのに、そうではなく、はかりごとばかり気配りしてのんびりとしているとのこと、まったく困ったことである」と述べている。つまり、景勝は治部少輔に次郎左衛門尉の跡職を継がせただけではなく、次郎左衛門尉のような軍事

指揮者として行動することを期待していたのである。しかし、実際の働きは景勝の期待に応えていなかったため、叱咤激励のため【史料3】が送られたのである。[11]景勝が治部少輔にかけていた期待は相当なものだったことが窺われる。

天正七年(一五七九)三月、景虎が自害したことによって御館の乱は収束へと向かう。しかし、翌天正八年五月の時点においても、治部少輔は上田衆の一員にすぎなかった。

【史料4】上杉景勝書状[12]

急度申遣候、仍三条表悉明隙候、黒滝・小国為仕置、川辺ニ陣取、爰元城々之仕置申付候、二、三日中ニ明隙、帰陣候条、可心安候、扨又、其元関堺目無事之段、大慶此事候、雖無申迄、昼夜用心普請油断有之間敷候、随而、下倉・まないたひらへ細々入魂、簡要候、猶万吉重而可申候、謹言、

追而、大蔵帰陣之時分、引のこし差をき候処ニ無擬取出候処、取合、山〳〵へおいあけ、為宗者六十余人討捕之候、ふけ田又ハ山へおいあけ候間、何も馬上ノ者共ヲ討取候、定而聞届、可為大慶候、以上、

(天正八年)
五月十八日　　景勝

大関弥七殿
深沢刑部少輔殿
栗林治部少輔殿
登坂与五郎殿
安部二介殿
長尾平五郎殿

本史料は、景虎死去後も反抗していた三条の神余氏を攻撃するため出陣していた景勝が、上田衆へ戦勝報告した書状である。宛所の六人は上田衆の代表者たちであろう。少なくとも彼等は傍輩であり身分的差異はなかったことが本

史料の宛所の位置で確認できる。

その後、同年から翌九年（一五八一）にかけて、景勝は上田衆に対する所領宛行や要地への配置、政権中枢への登用を行ない、彼等の地位を上昇させつつ、自らの権力の拡大・安定化を図った。

その一環であろうか、天正九年二月、治部少輔は船二艘の諸役免許を景勝から認められた。

【史料5】上杉景勝朱印状[13]

免船弐艘、海・河共停止諸役出之者也、仍如件、

天正九

（朱印）二月　日

栗林治部少輔殿

上田荘では、信濃川の支流のひとつである魚野川を利用した舟運が行なわれており、確実な史料では明応四年（一四九五）、越後守護上杉房定が雲洞庵（南魚沼市）に免船二艘を安堵している。[14] 治部少輔や雲洞庵をはじめ、領主や有力寺院などは経済活動の一環として船を所持していたのであろう。そのような船に上杉氏から役がかけられていたのだが、治部少輔は免除されたのである。

さらに同年六月、治部少輔は景勝から荒砥在城を命じられるとともに、「長尾右京亮分」の知行宛行と「肥前守」の受領名が与えられた。

【史料6】上杉景勝判物[15]

就荒戸之地在城申付、一村之内料所并長尾右京亮分、但野田之内豊司俣分除之、宛行候、用心普請等厳重ニ可務之者也、仍而如件、

天正九

六月三日　　　　　　　　景勝(花押)

栗林治部少輔殿

【史料7】上杉景勝官途状[16]

就受領之事望、肥前守与可然候、謹言、

天正九年

六月四日　　　　　　景勝(花押)

栗林治部少輔殿

両史料に関して金子達氏は、長尾右京亮とは長尾政景の長男義景が右京亮を名乗っていたことから、その知行を引き継いだものであるとする。そして肥前守は上田長尾氏が受け継いできた名乗りであることから、栗林氏が上田長尾氏の立場を継承することを景勝によって認められたとしている[17]。

肥前守の受領名付与に関しては、史料中に「就受領之事望」とあることから、治部少輔が上杉氏側へ働きかけていたことが確認できる。彼は自身の政治的活動によって「肥前守」を手に入れたのである。

また、長尾右京亮が義景であることは、後の時代に作成された系図類にしかみえず断定はできないが、長尾一族の知行分を宛行われていることには変わりないため、この知行宛行が重要な意味を持っていたことは確かであろう。

御館の乱の際、景勝から次郎左衛門尉のように軍事指揮者として行動することを期待されていた治部少輔は、【史料6・7】によって上田長尾氏が受け継いできた所領の一部と受領名を授かったのである。したがって、身分・形式上において、この時点で上田荘の中心的存在になったといえよう。

天正十年(一五八二)三月、景勝と同盟を結んでいた武田氏が織田信長によって滅亡に追い込まれた。この前後、武田氏の勢力圏だった上野国内においても混乱が生じていたため、治部少輔は上野方面の情報収集にあたっていた[18]。つまり、彼は上杉氏権力のなかで、関東口境目における実質的統轄者として活動する存在にまでなっていたのである。

二　栗林治部少輔と荒砥関所

天正十二年(一五八四)二月十一日、景勝は一通の判物、二通の朱印状を同日付で栗林治部少輔宛に発給した。次にその三点を掲げる。

【史料8】上杉景勝判物(19)

依荒砥在城申付、国分喜兵衛分并長野分出置之者也、仍而如件、

天正拾二年

二月十一日　　景勝(花押)

栗林肥前守殿

【史料9】上杉景勝朱印状(20)

郡司之事、養父次郎左衛門尉扱之通、今以不可有別儀者也、仍如件、

天正十二年

(朱印)二月十一日

栗林肥前守殿

【史料10】上杉景勝朱印状(21)

荒砥関所之儀、為　御料所被預置之由、被成　御朱印候、仍而如前々往還至于自由之砌者、役等厳重ニ可被致進納之状、如件、

天正十二年
（朱印）二月十一日　　直江（兼続）奉之
栗林肥前守殿

【史料8】は治部少輔の荒砥在城を再確認したもの、もしくは在城を再び命じたものである。【史料9】では、郡司職のことは養父栗林次郎左衛門尉の扱い通りであり、現在に至るまで支障はない、としている。さらに【史料10】では荒砥関所を御料所として治部少輔に預け、以前のように三国街道が自由に通行できるようになった時には、「役」を厳重に納めるよう命じている。[22]

荒砥在城、行政担当者としての郡司任命、そして荒砥関所の管轄と、【史料8・9・10】の三点は関連して発給されたものであろう。

ただし【史料9】には、「今以」という文言が入っていることから、養父栗林次郎左衛門尉以来これまで郡司であったが、この先も相違なく続けてもらうといった確認の意味が込められている。つまり、本史料が発給されたのは郡司職であることの再確認であり、治部少輔は以前から郡司の役職を担っていたことになる。そうであるならば、なぜ治部少輔はこの時に郡司職であることの再確認が必要になったのであろうか。

そこで注目したいのが【史料10】である。本史料は奉書式印判状とよばれる文書形式となっている。片桐昭彦氏によれば、奉書式印判状は何らかの訴訟が発生し、その裁決を得た結果発給されるものとのことである。[23]

また、荒砥関所は御料所として治部少輔に預け置くとして、「役」をぬかりなく景勝へ献納することを命じられている。「役」とはおそらく関所における通行料など交通権益にかかわるものであろう。郡司の職務に関して、赤澤計眞氏は郡内の御料所の財政出納をそのひとつに挙げている。[24] また、景勝期においても池上裕子氏が北信濃における郡司の職務の中に公事・夫役の賦課・徴収権があったことを指摘している。[25] したがって、荒砥関所における職務は郡司が行なうことが適当だったのである。

治部少輔は郡司として、荒砥関所の管轄者となることは当然であると思っていたにちがいない。ところが、当初は違う者が選ばれたため訴え出たのか、もしくは誰かが選ばれる前に、治部少輔自ら願い出たのではなかろうか。その結果、奉書式印判状によって治部少輔が管轄者として認められたのであろう。

さて、【史料10】のなかで、荒砥関所がある「往還」が「自由」になったら、と書かれている。したがって当時、三国街道の通行は止まっており、「役」を徴収するための関所の機能は停止していたことがわかる。

では、なぜ朱印状がこの時期に発給されたのであろうか。まずは三国街道の通行が止まっていた背景を考えるため、当時の沼田地域の政治的状況を確認しておこう。

天正十一年（一五八三）三月の時点において、沼田地域は徳川氏配下にあった真田昌幸が押さえていたが、南から北条氏の攻撃を受けていた。当時、徳川氏と北条氏は和睦しており、上野国は北条氏の「切取次第」で徳川氏からもその領有を認められていたのである。

同年三月二十八日になると、上杉氏に属していた厩橋城（群馬県前橋市）の北条《きたじょう》氏は、真田氏が北条氏へ「深手切」したことと沼田の仕置について、景勝側近である直江兼続に報告している。(26) この時、上杉氏も真田氏と同様に北条氏と敵対していたため、沼田城を上杉氏が援護することを画策していた可能性がある。

一方、信濃においては同月中、上杉方の拠点だった埴科郡の虚空蔵山城が真田氏に攻められ敗北している。(27) さらに、翌四月には真田氏が「海士渕」（長野県上田市）において築城を開始したため、上杉氏が非常に警戒している。(28) したがって、この時点において上杉氏と真田氏は敵対していたことになる。

しかし、同年七月頃になると沼田城を守る矢沢頼綱と金子泰清が主導して、上杉氏に従属することを決定していた。

【史料11】上杉景勝書状[29]

尚々、矢沢・金子忠信、是も連々其方稼故与感入候、委曲直江(兼続)可申候、以上、

越山之趣先使ニ申出候キ、一昨十七新潟陣相払、昨三条之地着馬候、爰元五、六日人馬休息、其上揚河(阿賀野川)越河、彼表五日中ニ作毛為薙可令入馬候、然間、越山之儀不可経時日候、其内弥東方手合之儀卜置肝要候、将亦、自藤田所倉内(沼田市)へ使差遣之処、矢沢・金子令成敗之由、連々忠信之心底露顕、感悦候、今般者便書候間、急度以飛脚無比類候旨、可申越候、謹言、

(天正十一年)七月十九日　景勝（花押）

北條弥五郎(高広カ)殿

同　安芸入道(芳林高広)殿

当主である真田昌幸が矢沢・金子両氏の決定にどの程度関与していたかは不明であり、当主と沼田城将との間で上杉氏に対する姿勢が異なっていたことの要因については議論がある[30]。

いずれにしても、その後沼田城将である矢沢頼綱が栗林治部少輔と連絡を取り合っていたことは確かであり、次に掲げる天正十二年五月一日付の矢沢頼綱書状において両者の接触が裏付けられる。

【史料12】矢沢頼綱書状写[31]

態令啓候、仍阿久兵殿南方へ被申寄之由及承候、若輩故歟如此之擬、無是非次第ニ候、対方々彼人無沙汰被申候共、指儀有間敷由存候、然而景勝様去廿五自信州御帰陣候、佐竹与被仰合候以筋目、近日御越山ニ候、御先衆蔵王堂(長岡市)迄御着之由、栗肥(栗林肥前守)書状越被申候条、上田迄屋形様就御着者、以使可申届候、其内堅固之御仕置肝要存候、

恐々謹言、

矢薩(矢沢薩摩守)

(天正十二年)
五月一日　　　　　　頼綱判
(横瀬成高)
横掃
　　御宿所

本史料は矢沢頼綱が新田(群馬県太田市)由良氏一族の横瀬成高に宛てた書状である。矢沢氏は栗林氏からの情報として、景勝が佐竹氏からの要請により近日中に関東へ越山すること、「御先衆」が蔵王堂まで到着していることを横瀬氏に伝えている。つまり当時、治部少輔は沼田城とのパイプ役として活動していたのである。【史料10】はこれより約三カ月前に発給されたものである。したがって、沼田城の矢沢・金子両氏が上杉方へ従属したことで三国街道の通行が再開された同時期に、治部少輔は荒砥関所の管轄を主張していたのである。そして、先にみたように、彼は上杉氏の関東口における外交にも関与することとなり、上越国境地域の統轄者として、養父栗林次郎左衛門尉と同じポジションを手に入れたのである。

おわりに

栗林治部少輔は、御館の乱の際にはすでに養父次郎左衛門尉の跡職を継いでおり、上田衆の軍事指揮者として上杉景勝から期待されていた。しかし、「傍輩」たちが悪口を言っていたことからも明らかなように、彼は当時、上田衆の一員にすぎず、しかも内部において対立が生じていた。

治部少輔自身も上田衆をまとめていかなければならないという自負があったのであろう。天正九年(一五八一)には自らの働きかけによって「肥前守」の受領名を手に入れ、さらに「長尾右京亮分」の知行を宛行われたことによって、身分的・形式的に上田衆の中心的な存在となった。

そして天正十二年(一五八四)には、自らが郡司であることを主張し、景勝へ訴え出たことによって荒砥関所の管轄者となることに成功したのである。関所の管轄者には権益が伴うことから、積極的な行動に出た可能性が高い。

一方、景勝にとってみても、御館の乱以来、北条氏との最前線である上田荘において次郎左衛門尉の役割を代わりに果たせる者が欲しかったであろう。天正九年に景勝が行なった上田衆への所領宛行や要地への配置転換、政権中枢への登用は、景勝自らの権力の拡大・安定化を図ったものとされているが、上田衆の有力者たちを上田荘から分散させることによって、衆内の対立をなくしつつ治部少輔の地位上昇を果たす効果もあった。

齋藤慎一氏は治部少輔について、時代が下るにつれて大名家側に組み込まれていったことを指摘したが、彼はただ単に権力側に組み込まれていったわけではなかった。積極的に上杉氏権力へ働きかけることで、上田衆における立場を優位にすると同時に権益獲得を目指していた。景勝側も治部少輔が上田荘の統轄者、さらには上越国境地域の管轄者となることを期待していたのである。

註

(1) 東京大学史料編纂所所蔵栗林文書(以下、栗林文書と略す)(『上』一三三〇)。

(2) 栗林文書(『上』二八八九)。「御家中諸士略系譜」(『上杉家御年譜』二四)では「栗林政頼」の部分で、上田衆である三本氏の息子であったことが記されている。さらに続けて、景勝の御書によって肥前守と改め、会津まで供奉して慶長四年に死去したとある。したがって、「政頼」は治部少輔と同一人物である可能性が高い。

(3) 管見の限り治部少輔の初見文書は、後掲する天正六年(一五七八)七月二十七日付、河田禅忠書状である(栗林文書『上』一五八八)。なお、治部少輔は天正九年に肥前守となるが、本書では史料の引用部分以外は便宜上、治部少輔で統一する。

(4) 慶長五年七月二十八日付、上杉景勝書状(『福島県史』7　資料編2古代・中世資料)。年未詳九月七日付、上杉景勝書状(『新潟県史』資料編5中世3　三八五八)。

(5)　齋藤慎一「境界認識の変化―戦国期国境の維持と管理―」(同著『中世東国の領域と城館』吉川弘文館、二〇〇二年、初出一九九四年)、同著『中世を道から読む』(講談社、二〇一〇年)。
(6)　前掲註3史料。
(7)　伊佐早文書(東京大学史料編纂所影写本)(『上』一六〇四)。
(8)　本書第四章。
(9)　米沢市上杉博物館所蔵(『上』一七二六)。
(10)　山田邦明「戦国大名と書状―上杉景勝と深沢刑部少輔―」(『新しい歴史学のために』二六一、二〇〇五年)。
(11)　【史料3】は山田邦明氏が全文にわたって詳細に解釈をしている(山田註10論文)。
(12)　上杉定勝古案集(『上』一九六三)。
(13)　栗林文書(『上』二一〇二)。
(14)　雲洞庵所蔵(『六日町史』資料編第一巻 九三、南魚沼市教育委員会、二〇一六年)。なお、同史料に「任文明四年之御奉書之旨」と書かれていることから、上田荘の舟運の起源はさらに遡ることができると考えられる。
(15)　栗林文書(『上』二一三五)。
(16)　栗林文書(『上』二一四一)。
(17)　金子達「上杉氏と上田長尾氏」(『湯沢町史』通史編上巻、湯沢町、二〇〇五年)。
(18)　上杉家文書(『上』二二九二・二三一二・二三一六)、「覚上公御書集」六(『上』二三一一)。この時の政治的状況は第二章を参照。
(19)　栗林文書(『上』二八八七)。
(20)　栗林文書(『上』二八八九)。
(21)　栗林文書(『上』二八八八)。
(22)　荒砥関所の正確な位置は不明だが、江戸時代に入ると荒砥城があった場所から三国街道を約三キロメートル南下した所に、八木沢口留番所が設置された(湯沢町三俣八木沢)。ここが関所だった可能性が高い。
(23)　片桐昭彦「上杉景勝の権力確立と印判状」(同著『戦国期発給文書の研究』高志書院、二〇〇五年、初出二〇〇〇年)。

(24) 赤澤計眞「郡司長尾氏」(『新潟県史』通史編二、新潟県、一九八七年)。なお、氏は郡司の権限として、郡内の国衙領など御料所の財政出納、管内公銭の賦課徴収、郡内所務・雑務沙汰の取り扱い、所領相論などの裁定、あるいは守護奉行人への上訴の手続き、遵行状の執行や安堵状の執達などを挙げている。

また、魚沼郡の郡司については中野豈任氏も論じている(中野豈任「越後上杉氏の郡司・郡司不入地について」阿部洋輔編『戦国大名論集九　上杉氏の研究』吉川弘文館、一九八四年、初出一九六五年)。氏は、郡司には郡内の検断権と国人からの土貢徴収権が与えられており、郡内の有力国人が任命されていたとする。そして、時代が下ると郡司は「郡内の絶対的な領主」に成長していったため、上杉謙信は郡司を排除し、郡司の被官を直接掌握して自己の直臣団に再編成する必要があったとする。この流れを郡司制から在番制への変化と位置づけ、謙信・景勝の時代に進行したとしている。さらに、具体的な例として魚沼郡を取り上げ、郡司長尾政景の死により、在番制へ交替したとする。

しかし、そこで検討対象となっている史料は栗林次郎左衛門尉ではなく、謙信死去後に活動していた治部少輔が登場する史料であり、両者が混同されている。したがって、郡司の性格が変化したという氏の主張は、少なくとも魚沼郡に関しては再検討する必要がある。

(25) 池上裕子「戦国期北信の武士と上杉氏の支配」(同著『日本中近世移行期論』校倉書房、二〇一二年、初出一九九八年)。

(26) 「歴代古案」十三(『上』二七一一)。

(27) 「景勝公諸士来書」十九(『上』二七一〇)。

(28) 「景勝公御書」六(『上』二七二七)、石垣豊氏所蔵(『上』二七二八)。

(29) 坂田氏所蔵(『上』二八二〇)。

(30) 利根川淳子「戦国時代における矢澤氏の一考察」(『信大史学』二八、二〇〇三年)、竹井英文「戦国・織豊期上野国の政治情勢と「沼田問題」」(同著『織豊政権と東国社会』吉川弘文館、二〇一二年、初出二〇一〇年)、平山優『武田遺領をめぐる動乱と秀吉の野望—天正壬午の乱から小田原合戦まで』(戎光祥出版、二〇一一年)など。平山氏は昌幸の政治的判断によるものとしており、筆者も氏の考えが適当と考える。

（31）　国文学研究資料館所蔵「紀伊国和歌山本居家旧蔵紀伊続風土記編纂史料「藩中古文書十二」」所収正木文書（『大間々町史』別巻一中世資料編、九三号）。年代比定に関しては、黒田基樹「桐生佐野氏と阿久沢氏の研究」（同著『増補改訂戦国大名と外様国衆』戎光祥出版、二〇一五年、初出一九九七年）を参照。

第二部　境目領主の動向と特質

第五章　小川可遊斎と大名権力

はじめに

本章は戦国期の境目に本拠を置く領主(境目領主)の具体的動向を追いながら、周辺の大名と如何なる関係を築き、如何なる活動をしていたのか、検討を加えるものである。

これまでの境目領主にかかわる研究において、上部権力への両属をその特質として明らかにしたのが村田修三氏である。氏は大和国の窪城氏が国中北部を二分する筒井・古市両氏と姻戚関係を結ぶことで両属し、勢力温存をはかっていたことを指摘しており「両属は中小国人に共通する行動」であったと述べている(1)。以降、境目領主が両属・多属することによって、自らの家と所領の存続をはかった姿を個別具体的に明らかにする研究が積み重ねられてきたが、両属・多属的性格は大名レベルの者と姻戚関係を結ぶことによって成立するものである(2)。しかし、所領が一郡規模にも満たない中小規模の境目領主に目を向けてみると、大名レベルの者と姻戚関係を結ぶことはほぼ不可能であり、彼等が如何にして自らの家と所領の存続をはかったのかについては研究が進んでいない。そもそも両属・多属的性格以外にも境目領主の特質があるのではなかろうか。

また近年、黒田基樹氏の国衆概念(3)から離れ、「国衆」という言葉が無規定に使用されており、その中に境目領主が含まれていることも多い。国衆論において概念規定されているのは、一郡規模またはそれ以上の所領を持つ「有力国衆」であり、中小規模の「国衆」について黒田氏は「現在に至ってもその実像は明確ではない」としている(4)。

境目領主は国衆論では捉えられない中小規模の領主層の中にこそ多く含まれているのであり、戦国期に存在した多様な領主の重層性を丁寧に把握していかなければ、境目領主の特質を理解することはできないと考える。

そこで本章では、戦国期に上野国沼田に所在した小川城を本拠として活動していた中小規模の領主である小川可遊斎にスポットをあて、彼の活動を丁寧に追うことで、境目領主としての特質を明らかにしていくこととする。

上野国は戦国期後半に入ると上杉・北条・武田という戦国大名三氏の勢力圏が接する場となっていた。特に沼田城は戦略上の重要拠点とみなされており、同城をめぐっての攻防戦が繰り返された。

可遊斎は戦国大名三氏のいずれかが沼田地域に侵攻してくると、その大名に従属しており、天正十年(一五八二)の時点では武田勝頼に従っていた。だが、同年三月に武田氏が織田信長によって滅亡に追い込まれると、可遊斎は上野国から姿を消し、その後は越後の上杉景勝のもとで活動していたことが確認できる。また、彼は両属の領主であったと史料上から判断できるため、境目領主の具体的な動きを見ていく上で最適な領主なのである。

これまでの可遊斎に関する研究として、唐沢定市氏・山崎一氏・栗原修氏の仕事が挙げられる。唐沢・山崎両氏は概説的な説明や関連史料の紹介を行なっている(5)。栗原修氏は上杉謙信によって沼田城将に配属された河田重親や武田氏のもとで沼田城攻略を行なった真田昌幸を取り上げるなかで彼の動向に触れている(6)。いずれにせよ、可遊斎の境目領主としての特質にまで言及した研究はこれまでにない。

以上を踏まえて、沼田地域を支配した大名と可遊斎との関係を、それぞれの大名ごとに検討していくこととする。第一節では、可遊斎の史料上の初見である永禄十年(一五六七)時に沼田地域を支配していた上杉氏との関係を論じ、以下時代順に、第二節では北条氏との関係を、第三節では武田氏との関係を考察する。

一　上杉氏と小川可遊斎

(1) 小川城の位置と役割

まずは小川氏が本拠としていた小川城の地理的位置を概観しておく。小川城は沼田盆地の北西に位置し、利根川と赤谷川との合流点北側、両河川に挟まれた河岸段丘上にある。また、上野と越後とを結ぶ街道が両河川に沿って二本通っているのだが、その両街道の分岐点にもなっている。街道のひとつは沼田から利根川に沿ってまっすぐに北へ向かい、清水峠を越えて行くルートである。もうひとつは沼田から西へ迂回しながら赤谷川沿いに北へ向かい、三国峠を越えて行くルートであり、両街道は越後の六日町(南魚沼市)で合流する。そこには上田荘(南魚沼市・湯沢町周辺地域)の拠点となる坂戸城がある。

また、利根川の渡河点のひとつとして小川城付近が想定されており、史料上では天正九年(一五八一)六月七日付、真田安房守(昌幸)宛の武田家朱印状に、小川城の対岸に位置する後閑の名が付く「後閑橋」が登場し[7]、この時期には橋が架けられていたことが確認できる。山崎一氏も「利根川の渡河点は、赤谷川が合流して水量が急増する地点より上流に求められるのが当然で、小川城付近から、やや下手が適地である。しかし、渡渉可能な季節もあるというだけであるから、架橋が必要であった筈である」と推定している[8]。

以上により、上杉氏が関東へ進出した時期、越後国から沼田、そして最前線の厩橋城(前橋市)・佐野城(栃木県佐野市)へ物資を輸送する上で、上野側の拠点となる位置に小川城が所在したことがわかる。

このような物流の拠点としての小川城に可遊斎は居住していたと考えられるのだが、上杉謙信配下だったことを示す彼の初見史料が一点残っている。

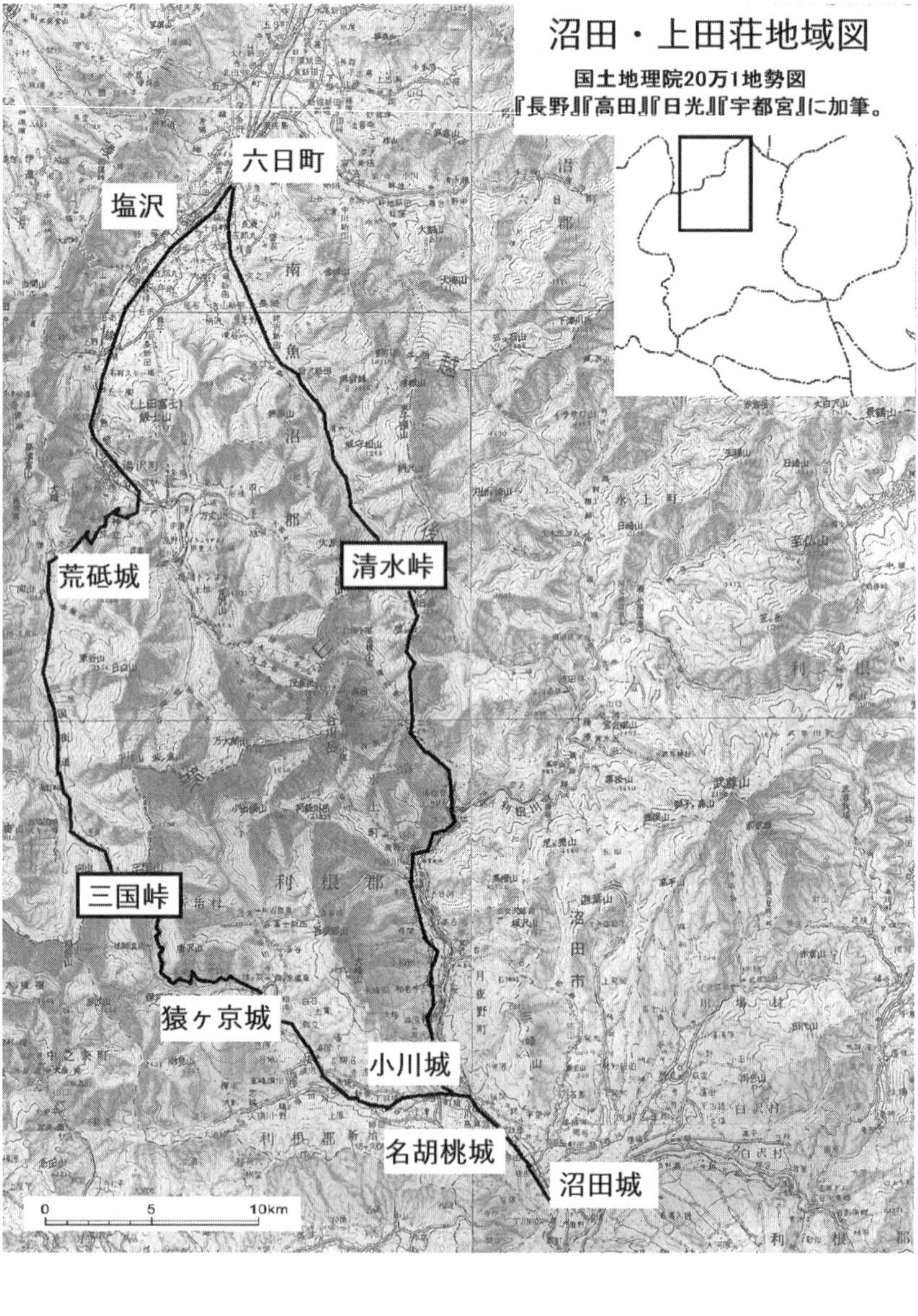
沼田・上田荘地域図
国土地理院20万1地勢図
『長野』『高田』『日光』『宇都宮』に加筆。
六日町
塩沢
荒砥城
清水峠
三国峠
猿ヶ京城
小川城
名胡桃城
沼田城
0
5
10km

【史料1】上杉輝虎朱印状[9]

従越国、毎月拾五疋荷物受用、諸関・渡不可相違者也、仍如件、

永禄十丁卯

三月七日　（朱印）

小河荷《(可)》遊斎

本史料は謙信が可遊斎に与えた過所（通行手形）である。越後から毎月十五疋分の荷物を可遊斎が受け取り、その移動の際には関所や渡し場を間違いなく通行させよ、といった内容である。

使用されている「梅」朱印は、前年の永禄九年（一五六六）二月二十一日付の「上杉輝虎印判覚」という謙信から下野佐野城在番衆に宛てた書状のなかで、使用用途が決められている。[10]同史料によれば「是ハ所帯かた、又万調かた之時」に「梅」朱印を使用するとしている。

二つ示されている使用用途のうち、「所帯かた」とは知行地など財産関係のこと、「万調かた」とは物資を調達することであろう。そうであるならば、【史料1】では物資を調達する用途においてこの朱印を使用したことになる。また、佐野城在番衆宛に「印判覚」が渡されたことを考えると、本史料は越後と佐野城との間を往復する際の過所だった可能性が高い。（補註1）

朱印状が発給された永禄十年（一五六七）頃の状況を概観しておくと、永禄三年（一五六〇）以来、上野国を勢力下に治めていた上杉氏と対抗するために連携した武田・北条両氏によって、上野国内の有力な領主たちは徐々に切り崩され、上杉氏から離反している。

永禄九年閏八月、東上野の有力領主の一人である由良氏が北条方へ離反した。[11]謙信は十月に越山、翌十一月十九日には下野国佐野に着陣し、由良氏の本拠である新田を攻める準備をしている。[12]しかし、十二月には上杉氏の上野国に

おける拠点のひとつであった厩橋城の北条《きたじょう》氏までもが離反した(13)。謙信はそのまま佐野で越年したが、成果もないまま二月頃には越後へ帰国している。

　したがって、この時点で上杉氏における関東の拠点は、沼田城と佐野城だけになっていた。越後から佐野城へ行くルートとしては、厩橋城が敵方となってしまったため、利根川沿いに南下するルートが利用できず、赤城山東山麓ルートである「根利通」を通ることとなる。

　つまり、【史料1】は「根利通」を通行するための過所であったのだが、そのルート上にある新田(太田市)近辺を通る際に由良氏から妨害を受けていたことが次の史料において確認できる。

【史料2】山吉豊守書状(14)

根利(沼田市)関所被申付候之処ニ、阿久沢方より成非分義申候哉、只今時分を見懸成か様義申之候条、口惜被思食候、雖然、岩下・白井・厩橋口之御手ふさかり与申、根利通者東方往覆(復)之為、殊由刑(由良刑部大輔成繁)前々之御刷之妨ニ候間、旁々以少之義可被破事、且御無功ニも罷成候歟、以爰向後も分別候而、御思慮尤由、被　仰出候、併根利なとにさゝハり申候者、重而可被成御註進候、万一彼口ニ破出来候者、貴所可為御表裏由、御内意候、猶彼口上ニ可有之候、恐々謹言、

　追而、重而従阿久沢所書中越候者、此案文ニ而、返事可被成之候、以上、

山孫(山吉孫次郎)

豊守(花押)

(永禄十年)卯月七日

発右(発智右馬允長芳)

御報

本史料は「根利通」の関所の管轄を任された発智長芳宛に、上杉氏側近である山吉豊守から発給された書状であ

る。[15] 傍線部において、「根利通」は東方(常陸・下野国方面)へ往復するために必要な道であるにもかかわらず、由良成繁が以前からの上杉勢による通行を妨害していると記されている。

こうした不安定な情勢のなかで、可遊斎は上杉氏本国である越後から最前線の佐野城へ物資を輸送していたのであり、そのためには軍事的な備えも必要だったであろう。

(2) 小川可遊斎の出自

小川可遊斎の出自については、江戸時代に書かれた軍記「加沢記」に記述がみられる。[16] 同書は真田氏の活躍を中心に、真田幸隆の時代から天正十八年(一五九〇)北条氏滅亡までの四十九年間約半世紀の歴史を記述している。

著者の加沢平次左衛門は初代沼田藩主真田伊賀守信利に仕えた家臣である。真田信利は明暦二年(一六五六)から天和元年(一六八一)まで藩主だった。加沢平次左衛門の誕生・死亡時期は判明しないが、江戸時代初期から中期にかけて生きており、実戦の経験はなかったであろう。おそらく、古老から聞取り調査を行ない、史料を集めたり、実際に歩きまわったりするなど、基礎調査を積み重ねた上で執筆にあたったのではないかと考えられている。[17]

さて、「加沢記」のなかで可遊斎の出自が書かれた部分を要約すると以下のようになる。小川河内守秀康(岡林斎)の実子彦四郎が火災によって死去した後、小川の家を継ぐ子がなく、秀康の母と妻とを家人共が支えて所領を知行してきた。近頃までは小川の門葉北能登守、南将監の両人が大将のように見えたが、最近上方牢人の赤松孫五郎という文武に達した者が来て、評定の度ごとに孫五郎の意見が通るようになり、自ら大将のように振舞っていた。彼はのちに入道して小川可遊斎と名乗った。永禄三年八月、沼田を行軍中だった上杉謙信はその話を聞いた。可遊斎が上方侍だということで、京方のことを尋ねるには宜しく吉事であるとし、中国地方の名族である赤松殿の累葉であろうとも考えた。そこで謙信は可遊斎を召し出し、彼に小川の名跡と褒美を与えた。ざっとこのようなことが書かれている。

また、「藤原姓河田氏累系」という系図中、河田長親の項に小川可遊斎の名が出てくる[18]。それによると、上杉謙信が岩鶴丸(長親)を見出して家臣に取り立てた際、一人の僧侶が還俗して岩鶴丸に従って来越したとあり、これが可遊斎であるという。栗原修氏はこのことから「「関東幕注文」にみえる沼田衆の小川氏とは何らかの関係を持つとは考えられるが、同一人物ではなかろう。また、史料上における可遊斎の初見は永禄十年で、河田重親(長親の伯父)の初見である永禄九年と時期的に符合することから、その沼田入部は沼田在番衆の複数化の一環としてとらえられよう」と考察している[19]。

上野国の武士たちのなかで、謙信に属した者とその陣幕の紋を書き上げた「関東幕注文」において、沼田衆の最初に沼田氏、そして二番目に小川氏が記されている[20]。沼田氏と同紋を使用していることからすると、小川氏は沼田氏の親類筋にあたり、その中の筆頭格であったと思われる。

「加沢記」の記述によれば、永禄三年の時点で可遊斎が小川氏の名跡を継いでいる。そうなると、上杉氏がこの越山の後に作成した「関東幕注文」に記載されている小川氏とは可遊斎のこととなる。

後の時代になるが、上杉家中の知行高を記載した「文禄三年定納員数目録」という史料[21]では、可遊斎の子小川弥次郎の肩書に「元近江衆」と書かれており、可遊斎が近江から越後を経て沼田小川の地に来たとも考えられる[22]。しかし、いつ頃、何の目的で小川に来たのか正確なところはわからない。

いずれにせよ、可遊斎は小川城において上杉氏の物資輸送にかかわることによって、小川氏の地盤を引き継ぎ、上杉氏との関係を築いたといえよう。

二　北条氏の外交政策と可遊斎

(1) 可遊斎の越後での奔走

永禄十年（一五六七）の上杉輝虎朱印状（【史料1】）以降、次に可遊斎の名が登場する史料を掲げる。

【史料3】北条氏照書状[23]

其時分当地就着城、一□〔行〕之趣□□〔承候カ〕殊三種一荷到来、祝着候、然而越国□□〔御越成〕馳走依申、当地沼田為仕置重而着城、万端横合無之様ニ申付候、就中貴辺留守中儀、是又及下知之間、可心易候、委細使口上ニ付与候、用所之儀候ハヽ、無隔心可被申越候、恐□〔々〕謹言、

八月廿四日　　氏照（花押）

可遊斎

この書状の内容を解釈しておく。北条氏照が（沼田に）着城した際、可遊斎から書状を受け取った。その書状の内容は、可遊斎が峠を越えて越後に出向き、氏照に対し「馳走」するというものであった。それにより氏照は沼田の地へ「仕置」のために再び着城し、可遊斎に邪魔が入らないよう（沼田の者たちに）申し付けた。とりわけ可遊斎が沼田を留守にしている間は、氏照が下知しておくので安心するように、というものである。氏照が可遊斎にかなり配慮している様子が窺える。解釈については第二節の最後にもう一度触れることにする。

この史料の年代比定に関して、『戦国遺文』では「天正七年カ」と推定している。ほかに栗原修氏と下山治久氏が年代比定している。栗原氏によれば、天正六年（一五七八）、景虎と景勝との間で上杉家の跡目相続争い（御館の乱）が続いていた時に出された書状で、可遊斎は北条高広や河田重親等と共に、上杉景虎方として越後へ出兵していた、と

する。[24]

一方、下山氏は天正十四年（一五八六）に比定し、小川城主の小川可遊斎が沼田城へ来たことへの礼状であるとしたが、[25]その後、天正七年（一五七九）のものと修正している。[26]氏の解説によれば「北条氏照が上野国小川城の小川可遊斎に北条勢が越後国に出馬し、その間は上野国沼田城に氏照が着城して仕置きし、可遊斎の留守中は下知をしたので安心せよと伝える」とのことである。氏の解説は前述した私見と相違するが、年代に関しては筆者もこの書状を天正七年のものと推定する。

以下、その理由を述べることとする。北条氏照が沼田において「仕置」をしていることから、北条氏が沼田を領有していた時期であることがわかる。[27]さらに可遊斎が沼田に拠点を置いていた時期であることを考え合わせると、[28]天正六年か七年の書状であると考えられる。

この時点で下山氏の天正十四年の説は成り立たなくなるが、同時期における可遊斎の動向を示す史料があるので掲げておく。

【史料4】針生盛信書状[29]

貴札之旨拝閲、忝令存候、抑今般御上洛如被思召有之、御帰国、目出奉存候、殊新発田筋可有御出張之段、御肝要之至候、然而、伊達（政宗）・当方（芦名義広）間之儀、猶以媒介先以被属平和候、然而、東口静御座候、被聞召可為御大慶候、委細可遊斎憑入候間、重而可得貴意候、恐々謹言、

（天正十四年）八月六日　盛信（花押）

春日山（上杉景勝）

参尊答

会津蘆名氏の一門で家老でもある針生盛信が上杉景勝へ宛てた書状であるが、その中に可遊斎が登場している。天

正十四年八月の時点において、可遊斎は上杉景勝の配下で会津と春日山とを結ぶ使者として働いていたことがわかる。したがって、下山氏が【史料3】を天正十四年とした説を取り下げたのも理解できよう。

次に栗原氏の天正六年説を検討する。同年四月、北条家当主である氏政は長陣の予定で常陸・下野方面へ出陣することを計画していた(30)。実際五月は常陸の結城・山川方面に出陣し、それ以降下野において佐竹・宇都宮・那須勢と対陣している(31)。同時期、北条氏は御館の乱による越後への出兵と二方面で戦闘を行なっていたのである。八月十八日付の足利義氏書状によると、氏政は下野方面に出陣することを義氏に伝えていたのだが(32)、九月五日付の足利義氏書状では、氏政の代官として氏照が出陣することを義氏に伝えていたことがわかる(33)。下野方面は八月に入っても、軍事的に緊張した状況が続いていたのである。

それに対して越後方面においては、武田勝頼の仲裁により、八月下旬に一時的ではあるが景勝と景虎との間に和睦が成立しており、戦闘は小康状態であった(34)。

氏照は当時、下総栗橋城（茨城県五霞町）・下野小山城（栃木県小山市）の城主も兼ねており、常陸・下野方面の戦線における北条軍の中心的な存在だった。したがって、下野方面が軍事的に緊張した状態にある八月下旬の時期に、氏照が下野の戦線を離れ、沼田に来ることは考え難いのではないか。よって、栗原氏の天正六年説には氏照の置かれた状況からして疑問が残る。

では、【史料3】が天正七年発給のものだとすると、なぜ可遊斎が越後へ出向いたのかが問題になるのだが、その件は次項で検討することにしよう。

(2) 北条氏の武田・上杉氏に対する外交政策

まず、可遊斎と越後上杉氏との関係を見るため【史料5】を掲げる。本史料は天正八年（一五八〇）のもので、この時

点で沼田地域は武田氏が領有しており、可遊斎も同氏に従属していた時のものである。(補註2)

【史料5】武田家条書案(35)

(懸紙うわ書)
「可遊斎　」

一、尽未来申合之上者、縦御分国之面々、以如何様之題目申妨候共、不令許容、無二無三引立可申事、

一、自今以後、有景勝御用之儀者、何時も人数御作意次第、加勢可申事、

一、備方之儀者勿論、惣体越国之儀悪様之唱於有之者、則申届、其上存寄通、不残心腹異見可申事、

以上、

(天正八年)
八月廿三日　(署判を欠く)

二条目において「上杉景勝から援軍要請があったら、いつでも人数は勝頼の意のままに受け加勢する」と書かれている。そして三条目では、甲越同盟に反対する者たちを徹底的に排除するという武田氏の姿勢が表れており、可遊斎は監視役を務めるよう指示を受けている。この条書から判断できる可遊斎の役割は、武田・上杉両氏の間で働くパイプ役であり、こうした重要な役を担うことから推測すると、以前から彼は景勝とのパイプを持っていた可能性が高い。

ここで筆者が【史料3】の発給年代として比定した、天正七年当時における北条氏の外交に関する動きを確認しておきたい。北条氏は武田氏と元亀二年(一五七一)以来、同盟関係にあったが、御館の乱の最中に武田勝頼は上杉景勝と和睦し、同盟関係を築いていく。景虎を後押ししていた北条氏と武田氏との関係は当然悪化していくことになる。

【史料6】北条氏政書状(36)

先段中村但馬所迄申越候条、定可披露候、然者甲・相両国近年改而結骨肉、別而令入魂候処、無其曲、表裏追日連続、取分去年越国錯乱以来、敵対同然之擬耳、雖然、於愚者堪忍令閉口候処、此度駿豆之境号沼津地(静岡県沼津市)、被築地

利候、此時者、不及了簡候、於当方も、豆州之構可致之候、廻愚案、始末之備、此砌極一ヶ度候、遠境与中、無心千万候へ共、扨又思慮可申御間ニ無之間、抛是非申届候、一途ニ御人衆数多立給候ハ、可為本望候、有御遅々者、其曲有間敷候間、御内意候者、一刻も早々待入候、大手之人衆も、悉来七日・八日ニ者、爰元へ可来候条、返々於此砌者、無二被思召詰、御出勢可為本懐候、恐々謹言、

（天正七年）九月三日　氏政（花押）

（邦胤）千葉殿

北条氏政は武田氏が駿河沼津城を築城したのをみて、すぐに伊豆の構えを築く対抗処置に出たのである。ここで甲相同盟は完全に破綻し、北条氏は武田氏との戦闘を決意している。

それと連動する形で北条氏は徳川氏と好みを通じようと動いている。遠江の徳川氏と同盟することで、駿河の武田氏を挟み撃ちにしようと氏政は考えたのであろう。この同盟は天正七年の正月から北条氏側が画策していたと思われ、当初は氏照が中心となって動いていた可能性が高い。

【史料7】北条氏照書状写(37)

未申通雖思慮千万ニ候令啓候、仍為祝義太刀一腰・馬一疋并青鷹一鳥屋進入候、於自今以後者節々可申承候、至于御同意者可為本望候、委曲重而可申達之間令省略候、恐々謹言、

（天正七年）正月廿八日　陸奥守氏照（花押）

謹上浜松（徳川家康）

御宿所

この時期には具体的な動きは見えてこないが、同年九月に入ると北条氏と徳川氏は実際に共同作戦を実行しようとしていた。『家忠日記』天正七年九月五日条には「伊豆御あつかいすミ候て、朝伊奈彌太郎昨日被越候由、浜松より

申越候」、同月十三日条には「伊豆御曖弥相すミ候て、来十七日ニ御手合之働候ハん由、はままつより申来候」とある。したがって、北条氏へ遣わされた徳川家康の使者朝比奈泰勝が四日に遠江浜松城へ戻り、十七日、武田氏に対して挟撃作戦を行なうことで合意していたことがわかる。[38]

さらに北条氏は織田信長に対しても「御鷹三足」を京都へ送っていることが『信長公記』天正七年九月十一日条にあり、信長に対しても接近をはかっていたことがわかる。[39]そして次に掲げる【史料8】では徳川方の駿河出陣を北条氏政が感謝している。

【史料8】北条氏政書状[40]

(竪切紙)
至于駿州御出陣、心地好肝要候、委細家康(徳川)へ為可申談、以鈴木申候、此時御稼専一候、恐々謹言、

(天正七年)
九月廿日　　　氏政(花押)

(康政)
榊原殿

以上のように、甲相同盟が破綻する前後の時期に北条氏は徳川氏との同盟をはかり、武田氏に対抗しようとしていたのである。

このような状況を踏まえて、再び【史料3】の年代比定・解釈の問題に戻ると、筆者は同史料を天正七年のものと考える。そして可遊斎が越後へ出向いた目的は、元々上杉氏との関係が深い可遊斎が、北条氏と上杉景勝との和睦を取り持つためであり、その働きが北条氏にとっての「馳走」であった。しかし、沼田の者たちはつい最近まで上杉軍と戦っていたのであり、和睦に対して反発も多かったことが想像できる。そのため氏照が「仕置」のために沼田へ入り、可遊斎の行動に邪魔が入らないよう申し付けたのである。氏照が可遊斎にかなり配慮しているのも、こうした事情によるものと考えられる。

つまり、北条氏は御館の乱以来、冷え込んだ上杉氏との関係改善を図るため、可遊斎に取次ぎを依頼したのではな

かろうか。下山氏は【史料3】における解釈で、「北条勢が越後に出馬し」たとしているが、その場合、駿河で対立している武田氏と二方面作戦を展開することになってしまうため可能性は低い。むしろその逆で、二方面作戦とならないための手を打っていたと考えたほうが自然であろう。

この後、北条氏は上野国内において急激に勢力を失っていく。沼田地域では真田昌幸をはじめとした武田勢の圧力が強まっていった。可遊斎は天正八年二月には武田方と服属交渉を始めており、以後、武田方につくこととなった。

三　武田氏の沼田侵攻と可遊斎

小川可遊斎は、天正八年(一五八〇)二月の時点において、武田方との交渉を進め、翌三月には北条氏から離れ、武田氏についた。

武田氏は沼田地域進出にあたって、天正六年(一五七八)五月頃、既に在地勢力の調略に動いている。[41] そして御館の乱以降、北条氏との関係が徐々に悪化していったのは前述した通りである。翌天正七年(一五七九)三月、上杉景虎が自害したことで乱は収束に向かう。[42] 北条氏政は上野国一円の領有権を表明するが、上野の領主たちへの影響力の低下は免れなかった。同年八月には厩橋城主北条高広が武田氏に従属し、[43] その他の有力領主も離反したため、北条方であった沼田城は周囲から孤立してしまった。

そしてついに天正八年(一五八〇)八月中旬頃、同城は武田氏の手に落ちた。北条方の沼田城将だった用土新左衛門尉(藤田信吉)は武田氏に従属して、沼田に所領を与えられている。[44] 可遊斎も同年十二月七日付武田勝頼判物写によれば、沼田城が落城した際の論功行賞によって、都合千百十貫文をあらためて宛行われている。[45] さらに、二日後の十二月九日付武田家朱印状写においては「私領分諸役御免許」「当庚辰より壬午の極月に至る上方出陣御赦免」を認めら

れ、沼田地域の有力な領主の一人となったのである。(46)

その後、天正十年（一五八二）三月、武田氏は織田軍の信濃・甲斐侵攻によって滅びるが、その直前にあたる同年二月の時点において、可遊斎が越後にいたことが確認できる史料がある。

【史料9】栗林肥前守書状(47)

御節句為御祝儀与、一荷三種致進上候、可然様御取成忝可存候、仍已前関東小河之可遊斎義、①雑説申候キ、越国を引申之由、内輪之表裏御座候へ共、聰而別条無御座候旨承候、其刻急度註進可申上之処、②為指義無御座候間、遅延仕候、将亦、前橋南方へ致懇望、③手ニ付申様ニ風聞御座候、如何可有御座候哉、并女渕へ鉢形より人数を籠之由申候、其外堺目無事御座候、此等之趣、御披露所仰候、恐惶謹言、

栗林肥前守
（天正十年）
二月廿八日　□
直江与六殿（兼続）

本史料は上杉景勝の配下で、越後上田荘の中心的な存在であった栗林肥前守が上杉景勝重臣の直江与六（兼続）に宛てた書状である。(48)

同年正月中に木曽義昌は織田方へ離反した。この知らせを受けた勝頼は、二月二日に諏訪上原に陣を敷いており、(49)二月三日には北条氏政が鉢形城（埼玉県寄居町）主の北条氏邦から木曽氏が敵対したという情報を入手している。(50)したがって、二月の早い段階で越後に滞在中の可遊斎のもとにも、本領の上野沼田を通じて武田方に関する情報が入ったであろう。

信濃木曽地域の領主であった木曽義昌は武田信玄の娘を娶り、武田家の親族衆という立場にあった。その義昌が織田方に寝返ったのである。こうした状況を可遊斎が「内輪之表裏御座候」と栗林氏に報告したと考えられる。つま

り、傍線①では可遊斎が栗林氏に、現在滞在している越後から本領である上野国内へ引き上げると伝え、さらに武田方の情報として木曽氏が織田方に寝返ったけれども、すぐさま特別変わったことは起こらないであろう、と栗林氏に告げたのである。しかし実際には事態が急激に変化していった。そのため傍線②において、栗林氏は直江氏に対して報告が遅れたことを弁明していると考えられる。(51)

ここで注目すべき点として、可遊斎は武田氏に属していながら上杉領の越後国内に滞在していたことである。第二節で考察した【史料3】においても、北条氏は対立していた越後へ可遊斎を派遣している。したがって、彼は各大名の勢力圏内外を問わず、上野と越後との間を自由に往来できる存在だったといえよう。そして、栗林氏は可遊斎から得た武田領内の情報を直江氏に「註進」していたのである。

さらに傍線部③では、厩橋（北条高広）が南方（北条氏）につく噂があること、女渕城（前橋市）へ鉢形城から人員を入れるなどの情報を栗林氏が直江氏へ報告している。これらの情報源も可遊斎であった可能性が高く、文中の「〜由申」したのは可遊斎と読むべきだろう。

翌三月、武田氏が織田軍の侵攻によって滅亡した後、上野国には織田信長の重臣滝川一益が入り、統治することになった。しかし、三ヶ月後の天正十年六月、本能寺の変による織田信長の死が伝えられると、滝川一益は本国の伊勢へと退去し、その後は北条氏が再び上野に進出してくる。

この間の可遊斎の動きは定かではない。【史料4】で明らかなように、天正十四年（一五八六）には越後上杉氏の配下となっている。(52)「加沢記」によれば天正八年、可遊斎は北条氏に攻められ降参を申し出たが、北条氏邦は逆心の張本人であるとして承知しなかったため、小川から落ちて牢人したと記してある。天正八年というのが誤りであることは、これまでみてきた史料から明らかである。おそらく武田氏が滅亡した天正十年三月からさほど遠くない時期に、越後へと落ちていったと思われる。

唐沢定市氏は「小川可遊斎の上野退去は、天正十年三月と考える。武田勝頼・真田昌幸・小川可遊斎の関係をみると、武田勝頼と可遊斎は主従関係にあるが、真田昌幸と可遊斎は主従ではない。武田没落によって、北条氏と対抗していた可遊斎が、真田の下にもつかずに越後へ浪人したものと思われる」と述べている。[53]だが、これまで論じてきたように可遊斎は上杉氏と深い関係があったことから、むしろ積極的に上杉氏を頼って越後へ向かったといえるのではなかろうか。

その後、【史料4】をはじめとして、可遊斎が上杉氏の使者として行動している史料が散見できる。[54]そして、近世に入って上杉氏が会津、米沢へ移封となった後も、可遊斎の子孫は上杉家家臣として存続したのである。[55]

おわりに

小川可遊斎の動向を上杉謙信に従属していた時期から、北条氏さらに武田氏に従属していた時期とその後について見通してきた。最後に、本章で述べてきたことをまとめることにしよう。

①上杉謙信によって沼田地域が支配されていた時期、可遊斎は物流の拠点である小川城に居り、謙信から過所を与えられ、越後と下野国佐野城との間の物資輸送に携わっていた。

②北条氏が沼田地域を占領していた時期、可遊斎は北条氏と上杉景勝との和睦を取り持つための使者として、北条氏照の命によって越後へ派遣された。

③その後、武田氏に従属していた時期、可遊斎は上杉氏を支援する役を担っており、武田氏と上杉氏とのパイプ役を務めていた。また、越後と上野との間を自由に往来することができる存在であった。

可遊斎は上杉氏との関係が深く、北条・武田両氏も沼田支配時代には上杉氏とのパイプ役を彼に期待していたことがわかる。さらに、彼は大名に政治的・軍事的に従属しつつも、なお一定の自立性を保ち、大名の勢力圏内外を問わず自由に往来することができたのである。

このような活動を可遊斎の視点から捉えた時、「国家」によって作られた境界である上野・越後国境や、上杉氏と北条・武田氏が設定した分国境目など、上部権力によって作られた境界に規定されない彼の活動領域が想定される。それが、在地によって形成された「地域」であると考える。その「地域」は沼田から上越国境を跨いで上田荘までを範囲として形成されていた。これは沼田地域が近世初期、越後経済圏の中にあったということと深く関連しているであろう。(56) 可遊斎は「地域」のなかで活動し、大名はその活動を規制せず、有効活用をはかっていたといえよう。これこそが、境目における「地域」の特質である。

上杉氏と可遊斎の継続的な関係も、この視点からみれば上杉氏の勢力圏がたまたま可遊斎の活動する「地域」と重なっていたため、両者の間で必然的に交流が続いていたといえるのではなかろうか。

さて、境目における領主の「両属・多属的性格」だが、この問題も「地域」と大名との関係からみれば、今までとは異なった見方ができる。北条・武田両氏から可遊斎をみた時、彼は上杉氏とのパイプ役であり、そこには両属的領主の姿が表面上垣間みえる。しかし、可遊斎の側からみれば、一定の自立性を保って「地域」のなかで行動できる存在であったからこそ、パイプ役という政治的働きかけを依頼されただけのことといえるのではなかろうか。

つまり、「両属的・多属的性格」は境目領主が生き延びるための政治的手段ではなく、「地域」において活動する領主に対して、そこに勢力範囲が重なる大名が、もう一方の大名に対して何らかの働きかけを依頼した場合に表面化するものなのではなかろうか。

このような役割を果たせるのは、「地域」に密着した中小規模の領主であるからこそであり、その点において可遊斎のような存在に注目していく必要があると考える。

小川可遊斎という上野国の中小規模の領主を題材として、境目領主の具体像をみてきた。境目領主は「地域」内を大名に規制されずに活動することができたのであり、そうした特性を大名が逆に利用して、他大名へのパイプ役を依頼したのである。さらに大名は境目領主に対し、物流の担い手としての働きや、他の大名分国内の情報収集者としての働きを期待していたと考えられる。

以上のことが明らかになったが、本章では境目領主と大名との軍事・政治的な関係についての考察が中心となってしまい、「地域」内部における他の社会集団とのかかわりには触れられなかった。今後の課題としたい。

註

（1）村田修三「城跡調査と戦国史研究」（『日本史研究』二一一、一九八〇年）。

（2）ここでは、有光友学「戦国期領主権力の態様と位置—今川領国葛山氏の場合—」（同編『戦国期権力と地域社会』吉川弘文館、一九八六年）、市村高男「多賀谷氏の発展と関東地方」（『関城町史』通史編上巻、関城町、一九八七年）を代表として挙げておく。

（3）黒田基樹「戦国期外様国衆論」（同著『増補改訂　戦国大名と外様国衆』戎光祥出版、二〇一五年、初版は一九九七年）。

（4）黒田註3論文。

（5）①唐沢定市「小川城と小川可遊斎」（『小川城址』群馬県埋蔵文化財調査事業団、一九八五年）、②同「小川可遊斎文書について—吉川金蔵氏旧蔵文書—」（『群馬文化』二〇二、一九八五年）、山崎一「小川城の地理的条件と城の構造」（『小川城址』群馬県埋蔵文化財調査事業団、一九八五年）。

（6）①栗原修「沼田城代河田重親と御館の乱」（同著『戦国期上杉・武田氏の上野支配』岩田書院、二〇一〇年、初出一九九五年）、②同「武田氏の上野支配と真田昌幸」（前掲著書、初出一九九七年）、③同「武田氏の沼田地域経略と小川可遊斎」（前掲著書、初出二〇〇二年）。
(7) 真田宝物館所蔵真田家文書（『戦武』三五五八）。
(8) 山崎註5論文。
(9) 市立米沢図書館所蔵（『上』五五三）。
(10) 吉江文書（東京大学史料編纂所影写本（以下、東大影写と略す）（『上』四八七）。
(11) 早稲田大学図書館所蔵三浦文書（『群』二三二一）。
(12) 群馬県立歴史博物館所蔵（『上』五四〇）。
(13) 京都大学総合博物館所蔵（『上』五四三）。
(14) 発智氏文書（矢田俊文・新潟県立歴史博物館編『越後文書宝翰集　上野氏文書・発智氏文書』新潟大学、二〇〇九年、二―四号）。
(15) 本史料と発智長芳に関しては本書第三章・第六章を参照のこと。また、赤城山東山麓ルートについては、齋藤慎一氏が言及している（齋藤慎一『中世を道から読む』講談社、二〇一〇年）。
(16) 加沢平次左衛門「加沢記」（『沼田市史』資料編1別冊、一九九五年）。
(17) 萩原進「加沢記解説」（前掲注16書）。
(18) 早稲田大学図書館編『早稲田大学所蔵荻野研究室収集文書』下巻（吉川弘文館、一九八〇年）。
(19) 栗原註6　①論文。
(20) 上杉家文書（『上』二七二）。
(21) 「文禄三年定納員数目録」（矢田俊文・福原圭一・片桐昭彦編『上杉氏分限帳』高志書院、二〇〇八年）。
(22) 小川氏の系図（「御家中諸士略系譜」『上杉家御年譜』米沢温故会、一九八六年）によれば、可遊斎の子として「茂左衛門秀弘」とあり、その下に「始弥次郎」と書かれている。この系図は可遊斎を初代として始まっており、割注には謙信が越山した時、本領沼田小川の地に（可遊斎を）置かれた。武田勝頼が沼田を手に入れた時、（可遊斎は）武田氏に召し使われ、勝頼が他界した後、越後へ属して景勝へ勤仕する。文禄年中卒。と書かれている。

(23)　落合文書（『戦北』二〇九七）。なお、本史料の文字推定部分に関しては、原文書の閲覧が不可能であったため、『戦国遺文』に従った。
(24)　栗原註6　②論文。
(25)　下山治久『八王子城主・北条氏照　氏照文書からみた関東の戦国』（たましん地域文化財団、一九九四年）。
(26)　下山治久『戦国時代年表』後北条氏編（東京堂出版、二〇一〇年）。なお、『戦国遺文』後北条氏編も同氏が編集に携わっているため、年代比定の根拠となる史料解釈は『戦国時代年表』と同様だったと思われる。
(27)　北条氏が沼田を領有していた時期は、永禄三年（一五六〇）以前の数年間、天正六・七年（一五七八・七九）、天正十七年（一五八九）である。
(28)　確実なところは不明だが、可遊斎が沼田に拠点を置いていた時期は永禄三年（一五六〇）から天正十年（一五八二）頃までと推定される（本章第一節第2項、第三節参照）。
(29)　吉川金蔵氏所蔵文書（東大影写）（『上』三一二六）。
(30)　芳賀文書（『戦北』一九八三）。
(31)　「会津四家合考」九（『戦北』一九九三）・白川文書（『戦北』二〇〇五）など。
(32)　簗田家文書（『戦国遺文』古河公方編　一〇〇五号）。
(33)　簗田家文書（註32書　一〇〇六号）。
(34)　上杉家文書（『上』一六一三）など。
(35)　市立米沢図書館所蔵（『戦武』四二九〇）。
(36)　渡邊忠胤氏所蔵（『戦北』二〇九九）。
(37)　静嘉堂文庫所蔵「集古文書」ア（『戦北』二〇四八）。
(38)　竹内理三編『増補　続史料大成』第一九巻（臨川書店、一九七九年）。
(39)　『信長公記』（桑田忠親校注、人物往来社、一九六五年）。
(40)　榊原文書（『戦北』二一〇五）。
(41)　内閣文庫所蔵「加沢記」（『戦武』二九七〇・二九七一）、原沢家文書（『戦武』二九七二）。

(42)　上杉定勝古案集(『上』一八〇〇)。
(43)　米沢市北条家文書(『戦武』三一五七)・「歴代古案」九(『戦武』三一五八)。
(44)　西尾市立図書館所蔵　松代古文書写(『戦武』三四〇七)・静嘉堂文庫所蔵「集古文書」タ(『戦武』三四五六)。なお、沼田城が落城(武田方による藤田信吉の調略)した時期には諸説ある。『沼田市史』では五月(『沼田市史』通史編1、二〇〇〇年)、柴辻俊六氏は六月四日入城(柴辻俊六「戦国期真田氏の基礎的考察」『古文書研究』三九、一九九四年)、黒田基樹氏は八月としている(黒田基樹「用土新左衛門尉と藤田信吉」『増補改訂　戦国大名と外様国衆』戎光祥出版、二〇一五年、初出一九九四年)。本書では黒田基樹氏の説に拠った。
(45)　「別本歴代古案」一七(『戦武』三四五五)。
(46)　「別本歴代古案」一七(『戦武』三四五七)。
(47)　上杉家文書(『上』二二九二)。
(48)　栗林肥前守については、第四章補論一を参照。
(49)　『信長公記』二月二日条(註39書)。
(50)　氏邦は、木曽氏が織田方へ離反したことを館林の長尾顕長と「上方」からの書状で知り、正月晦日にそれら書状の写しを氏政へ送った。二月三日に氏邦からの書状を見た氏政は当初、たいしたことにはなるまいと推測していたようである(三上文書『戦北』二三〇二)。しかし、その後も氏政は情報収集を続け、同月二十二日には出陣を決めている(武州文書所収秩父郡三上亀吉所蔵文書『戦北』二三一四)。
(51)　上杉景勝は二月十九日に新発田重家攻撃のため下郡へ出陣したが、信濃・越中の情勢により引き返した(築地文書『越』六一一二六)。そして同月二十日付、武田勝頼書状では景勝へ再度木曽氏に関しての連絡があり、二・三千の援軍を求めている(上杉家文書『上』二二八三)。したがって、信濃の切迫した情勢が景勝へ伝わったのは二月十九日以降と考えられる。この情報の遅れの要因は栗林氏にあると景勝から責められたため、【史料9】において栗林氏は、可遊斎が「すぐさま特別変わったことは起こらないであろう」と言ったことを信じたため、報告が遅くなってしまったと弁明している。
(52)　これ以前、天正十三年と推定される三月八日付、直江兼続宛冨田氏実書状においても可遊斎は使者として登場してい

る（柏崎市三島神社所蔵『上』三〇一八）。

（53）唐沢註5 ①論文。

（54）前掲註52史料・「景勝公諸士来書」廿（『上』三一二五）・「諸州古文書」十四（『上』三二一一）・個人蔵（『上』三六九五）・米沢市林泉寺所蔵（『上』三七七三）。

（55）註22書、さらに「寛永八年分限帳」（矢田俊文・福原圭一・片桐昭彦編『上杉氏分限帳』高志書院、二〇〇八年）など参照。

（56）井上定幸「峠を越えた人と物の交流—上信・上越国境を中心に—」（地方史研究協議会編『交流の地域史—群馬の山・川・道—』雄山閣、二〇〇五年）。

（補註1）旧稿において、可遊斎は「小川から厩橋などの上杉氏領内の各拠点に送られた」物資を運搬していたとしたが、この点を改める。

（補註2）本史料については旧稿で「武田勝頼が発給したものと推定される条目」と判断したが、厳密に検証した結果、武田方の者が可遊斎へ宛てた案文という結論に至った。そのため解釈を変更した部分があるが大筋は同じである。詳細は補論二を参照されたい。

補論二　天正八年における小川可遊斎の動向

はじめに

第五章では小川可遊斎の動向を追い、境目領主の特質を明らかにした。しかし、天正八年（一五八〇）における彼の活動には、ほとんど触れることができなかった。同年はそれまで北条氏が掌握していた沼田地域へ武田氏が進出してきた年であり、可遊斎が北条氏と切れて武田氏へ従属するといった大きな変化があった年である。

したがって、同年中における可遊斎の動向を詳細に検討することは、境目領主が如何にして大名と新たな関係を築いたのか、そして大名は如何にして敵地へ進出していったのか、その過程を明らかにする上で有効であり、注目すべき事例であると考える。

天正八年二月頃から本格化する武田氏の沼田地域攻略は、栗原修氏によって三局面に分類されている[1]。第一段階として地域の有力領主である小川可遊斎との服属交渉、第二段階が猿ヶ京城の攻略、そして第三段階が沼田城の攻略である。つまり、武田氏にとって可遊斎の服属が最初の重要な鍵であった。しかし、氏の分析の中心はあくまで沼田攻略を指揮した真田昌幸である[2]。栗原氏は、沼田開城に功績のあった藤田信吉に「比肩する有力な沼田地域内領主としての基盤を築くことに成功した」と可遊斎を評しているが、なぜ彼がそこまで武田氏に評価されたのか、その要因には言及していない。

そこで、本論では同年中における可遊斎の活動を沼田城攻略前と攻略後の二つの時期に分けて考察し、彼の活動が武田氏との関係にどのような影響を及ぼしたのか、検討を加えることとする。

一　沼田城攻略までの可遊斎

天正八年三月十六日、小川可遊斎は二月から開始されていた武田氏との服属交渉に合意し、知行を宛行われている[3]。

【史料1】武田家朱印状写[4]

　定

其地相抱可被忠節之旨候之条、①任所望利根河西従荒牧（新巻・みなかみ町）上被相渡候、②河東之事者御糺明之上、望之地不可有異儀、
③然者其地堅固可被相踏之事肝要之趣、所被仰出也、仍如件、

天正八年　　　　　　真田安房守（昌幸）奉之
三月十六日
荷葉斎（小川）

本史料の内容は、①可遊斎の望み通りに利根川西岸の赤谷川筋「荒牧」より上流域を知行地として渡すこと、②利根川東岸の件は、知行地として持っている者がいないか確認した上で望みの地を渡すこと、③小川城を堅固に守ること、以上三点のことが書かれている。

注目すべき点は、可遊斎が武田氏服属の条件として赤谷川筋「荒牧」より上流部を知行地として要求したことであ

る。当該地域は小川城から赤谷川筋を遡っていく、いわゆる三国峠越えルートによって隣国越後へと通じる地域であることから、越後への通路確保が彼の目的だった可能性が高い。第五章でみてきたごとく永禄期以来、彼が上杉氏との関係を維持していたことと関係があろう。

翌四月の初旬、小川城の眼下に所在したと推定される後閑橋(5)付近において、北条軍と真田軍が衝突していたことが「里見吉政戦功覚書」(6)という史料に記されている。この「覚書」については竹井英文氏が史料紹介をしており、内容の検討も行なっている。(7)氏によれば、里見吉政は上野国箕輪を本拠とする長野氏被官の可能性が高く、天正四年（一五七六）段階では北条氏照に仕え、その後北条氏邦、滝川一益など転々とし、最終的には関ヶ原の戦い後、井伊直政に仕えて彦根へ移住したとのことである。「覚書」は寛永五年（一六二八）二月九日、当時七十七歳の里見吉政が息子の里見金平・源四郎宛てに書いたものであり、一次史料との比較検討が必要なものの、その史料的価値は非常に高いと評価している。

そこで、長文ではあるが本論と関係する部分を抜粋して次に掲げる。

【史料2】里見吉政戦功覚書

（前略）

一、北条陸奥守《（氏照）》手前引切候而より八方《（鉢形）》北条安房守《（氏邦）》上野之内泥田《（沼・以下同じ）》を相抱被申候、泥田之内ニ小川かゆうさい《（可遊斎）》と申も
の八方へむほん《（謀反）》をいたし、真田阿波守《（昌幸）》ニ付候而武田勝頼へ身上引替申候ニ付而、八方安房守泥田仕置之ため泥
田へ被参逗留被申候内、真田阿波守西上野之人数信州さく《（佐久）》・ちいさかた《（小県）》の人数を以テ泥田へ四月八日に被打
出、則後閑《（みなかみ町）》と申所ニとね川《（利根）》ニ大なる橋御座候、北条安房守より橋向におひたゝしく《（夥しく）》しほり《（仕寄）》を二重立られ候所
を、真田自身のり《（乗り）》懸られ候て入替〳〵橋向をせめ《（攻）》られ候て終にしほりを一重真田へ取被申候、残而一重御座
候、然共橋の此方に歴々衆物頭有なから一さゝへ《（支え）》もなく とられ《（取られ）》候事、余見苦候間、若き時分と申見兼候而黒

澤帯刀・富永勘解由左衛門・我等共ニ三人鑓三本にてつい《（突）》て懸り候て、しほり取返シ申候、三人の内に其場可然所ニ而我等ハ手負申候、某廿九歳之年にて候、随分かせ《（稼）》き申候、敵と申も敵により申候、かたのごとく《（斯くの如くカ）》はたら《（働）》き申候へハこそ取返シ申候、橋を越候時者めし《（召）》出しのごとく矢にも鉄炮にも当り、あるひ《（或）》ハ手負討死仕候、我等共に三人之者ハ不思議ニ敵味方はれの前にて手前仕のけ《（退）》申候、ヶ様の巻物ハ末代迄之事ニ而候、（後略）

天正八年四月八日、利根川に架かる後閑橋を挟んで、北条氏邦軍と真田昌幸軍が対峙し、北条方だった里見吉政等三人が活躍したことが描かれている。

「覚書」と同様、この場面を描写したものと考えられる記事が、真田氏側の記録である「加沢記」にもみえる。(8)

【史料3】「加沢記」竹下合戦可遊斎武略并塚本働之事(9)

天正八年三月南方より小川、名胡桃の両城堅固に指置候段奇怪に被思召不日に可責落とて三千余騎を率し小川の城に取掛たり、小川可遊斎勇兵を勝り弐百余人菩提木の台に伏置其身は五拾余人引率竹下に出向て少々あしらいけれは、敵多勢に自惚して備も不定我先に可遊斎を討捕り恩賞に可預とて馳廻揉にもんて押寄たり、可遊斎兼て智略の事也けれは貝吹て逃けれは勝に乗て居城の辺迄押掛けれは、時分能と采配を振て下知せられけれは、杉木、青柳、石坂、後閑、広田伏勢爰かしこより切て出、をめきさけんて押懸けれは可遊斎も取て返し北能登守は名胡桃の加勢の様にもてなし小袖林より百余人を弐手に分て追懸けれは、南方勢爰は難所也川原へ引出して可戦と云程こそあれ、先手壱千余人我先にと引けるほとに橋は狭し水は出て瀬越ならさりける折節也けれは、大半橋より揉落されて流死しける、（後略）

本史料では可遊斎の活躍が中心に描かれている。そして、両史料からうかがえることは、北条軍と真田軍との合戦が可遊斎の寝返りをきっかけとして勃発したこと、後閑橋が利根川の両岸を結ぶ要所であり、対岸へ攻め入るには橋を渡らねばならなかったこと、以上二点である。また、「加沢記」に記されている「天正八年三月」とは合戦が行われた日を示すものではなく、可遊斎が武田氏へ従属することを【史料1】によって決した月であり、それ以来の出来事を語っているものといえよう。両史料とも二次史料ではあるものの、先の共通する記述部分に関しては、信憑性が高い。

そして【史料3】の記述の後には、四月十二日付の北条氏邦から塚本舎人助に宛てた判物の写が掲載されている。

【史料4】北条氏邦判物写(10)

知行　北条右近分小中清職之地

拾貫文　薄根（沼田市）之内

以上

右之地出し置候、小川静謐之上、可加恩候間、昼夜共ニ抽粉骨可走廻候、若無詮打死仕候者、重類迄可為罪候、如何様相移小川可取詰者也、仍如件、

（天正八年）
辰四月十二日　氏邦判

塚本舎人助殿

氏邦は塚本に対して、小川が静謐になった上で知行地を与えること、何としてでも渡河して小川城を奪い取ることを指示している。一方、武田氏側では四月二十三日、武田勝頼が可遊斎家中の小菅刑部丞に宛てて書状を送っており、可遊斎の忠告により小川へ援軍を送ることを連絡している。

【史料5】武田勝頼書状写(11)

土屋所へ之来札、具ニ令披閲畢、任可遊斎諫言、其表江人数立遣之候、此事堅固之備、無遠慮助言候様、肝煎尤候、恐々謹言、

（天正八年）卯月廿三日　　勝頼　据判

小菅刑部丞殿

北条氏邦軍と真田昌幸軍が衝突して以降、小川城周辺はかなり緊迫した状態にあったことがわかる。その要因は、沼田城を守る北条方にとって利根川が防衛線となっていたためであり、真田軍が後閑橋を渡ってしまうと、沼田城下まですぐに迫って来られることになる。したがって、後閑橋を見下ろす位置にある小川城が重要視され、北条氏はその奪回を目指したのであり、武田氏は沼田攻略の際、最初に可遊斎を味方につける必要があったのである。

さて、五月に入ると真田昌幸は猿ヶ京城の攻略に乗り出した。五月四日、中沢半右衛門は猿ヶ京城三の曲輪を焼き払ったことにより、昌幸から「荒牧」の内十貫文の所を宛行われた[12]。さらに二日後の六日には、猿ヶ京城を調略したならば、望み通りに恩田伊賀分の内五十貫文の所を宛行うことを約された[13]。同六日、昌幸は森下又左衛門に対して、彼が具体的に望んでいる宛行地（須川〈みなかみ町〉の内）を示して、猿ヶ京城を調略したならば可遊斎に替地を出して望み通りに宛行うとしている。

【史料6】真田昌幸判物[14]

定

（異筆）「須河之内」

拾貫文　新屋敷

壱貫文　布施

壱貫五百文　高性寺分

五貫文　今井垣戸

五貫文　本領

以上

今度其方以調略、猿京於本意者、可遊斎へ替地出、任望右如此可出置者也、仍如件、

庚辰（天正八年）

五月六日　昌幸（花押）

森下又左衛門殿

中沢・森下両人とも「須川衆」と呼ばれた地侍集団の有力者であると考えられ、知行宛行の予定地はすべて可遊斎の知行地である「荒牧」より上流部であった可能性が高い。

ほどなく彼等は猿ヶ京城の調略に成功したようで、五月十九日に昌幸は可遊斎へ判物を送っている。

【史料7】真田昌幸判物(15)

一、就当地在城申付候、城近辺知行之儀申届候所ニ、除相又・宮野村可借給之由、本望候、但倉内落居候上者、速可返進之事、

一、須川衆、今度抽忠節候十三人拘候地十三貫文之所、是も倉内の本意之上者、右同前之事、

一、貴所御自訴之儀、於拙夫聊不可存疎意候、以書付於被仰上者、随分馳走可申候事、

付、其方御同心・親類衆候侘言、是も涯分馳走可申候、

以上

天正八年庚辰　真安

五月十九日　昌幸（花押）

可遊斎

まず一条目では「当地」とはどこか、在城を命じられたのは誰かが問題となる。先行研究では猿ヶ京城に可遊斎が

在城を命じられたという見解が大勢を占めている。[16] 条文を解釈すると「当地在城を命じたので、城周辺の知行地について(在城者へ)申届けたところですが、相又・宮野村を除いた地をお借りしたい儀、(可遊斎が借用を承諾したことに昌幸は)満足しています。ただし沼田城が落城した際には速やかに(可遊斎へ)お返しします」となるであろう。

相又・宮野両村は猿ヶ京城膝下にある村で、沼田から越後へ向かう三国街道に面していることから、おそらく武田氏直轄領になったと考えられる。同年十二月七日付の可遊斎への知行宛行状においても「須河　但除相俣・猿京」とされている。[17] したがって「当地」とは猿ヶ京城のことであり、五月十九日以前、武田方が調略に成功したのである。

次に在城を命じられた者であるが、昌幸は三条目で可遊斎に対して「貴所」「御自訴」といった表現を使用している。「在城申付」の対象者とは明らかに異なる丁重な扱いである。その上、可遊斎は【史料1】において「荒牧」より上流地域を宛行われていることから、沼田城が落城した際に知行地を返却される立場であり、在城者ではない。結論から言えば、在城を命じられたのは森下又左衛門や中沢半右衛門といった須川衆の有力者であろう。

そして可遊斎から土地を借りた者は、猿ヶ京城の調略成功により、知行地を宛行う必要があった昌幸となる。【史料6】で確認したように、森下又左衛門は須川の内において知行地を望んでいた。昌幸は可遊斎に替地を出して宛行うとしていたものの適当な替地がなかったためか、もしくは可遊斎が替地を拒否したため、やむを得ず可遊斎の知行地を借りたと考えられる。このような仕置は、森下だけのことではなかったようで、二条目では須川衆十三人についても知行宛行いに際して同様の措置をとったことがわかる。

三条目では可遊斎が武田氏へ訴えた件、付けたりでは彼の同心・親類衆の侘言について、昌幸は奔走することを約しており、可遊斎に対して非常に丁重な扱いをして気を使っている。[18] このような待遇は、可遊斎が四月以来緊迫した状態の続く小川城にそのまま在城していたためであろう。【史料1】の傍線③で武田氏と誓約した通りに、彼は北条氏との最前線において城を堅固に守っていたのである。

六月二十七日、今度は沼田城攻略後の知行宛行に関して、武田氏は中沢半右衛門・森下又左衛門尉等に朱印状を発給した。[19]さらに同月晦日には、沼田城将の用土新左衛門・金子美濃守等に対して、城を明け渡した際に彼等へ宛行う予定の知行地を伝えている。[20]この時点において、昌幸による沼田城調略は順調に進んでいたようで、翌七月朔日付で、新たな知行宛行に関する武田氏の判物・朱印状が可遊斎とその家臣服部右衛門尉に発給されている。[21]そのなかで可遊斎には「沼田河東之本領」を安堵すること、ほかに藤原(みなかみ町)・名胡桃の内三百貫文の地を所望していたが、他の者が所有しているため、藤原の替地として師(みなかみ町)から十八貫文の所を渡し、名胡桃の替地は再度要望を聞いて渡すとしている。名胡桃を除いた地はいずれも利根川東岸にあるため、沼田城を手に入れた後の知行宛行の準備が整えられていたと考えられる。

注目すべき点として、可遊斎は武田氏側へ常に知行地に関する要求を出していたことである。かならずしも要求通りになるとは限らなかったが、武田氏側も彼の要求を聞いた上で決定する配慮をしており、可遊斎の存在の大きさが窺われるのである。

以上のように、武田氏側では沼田開城後の準備を着々と進めていたのだが、用土新左衛門が開城に向けての行動を起こさなかったため、八月十七日に昌幸から再度書状が遣わされ、一両日中に行動することを催促されている。[22]したがって、それから間もなくして開城された可能性が高い。

二　沼田城攻略後の可遊斎

真田昌幸による沼田城攻略が成功した後、小川可遊斎の動向に関する注目すべき条目があるので次に掲げる。

【史料8】武田家条書案[23]

（包紙上書）
「可遊斎　」

一、尽未来申合之上者、縦御分国之面々、以如何様之題目申妨候共、不令許容、無二無三引立可申事、

一、自今以後、有景勝御用之儀者、何時も人数御作意次第、加勢可申事、

一、備方之儀者勿論、惣体越国之儀悪様之唱於有之者、則申届、其上存寄通、不残心腹異見可申事、

以上、

八月廿三日　　　　　　（署判を欠く）

まずは所蔵者について触れておこう[24]。昭和三十年代、吉川金蔵氏が本史料を含む可遊斎関係文書三点とその他七点の文書、計十点を現蔵者である市立米沢図書館へ寄贈した。氏はそれ以前、四十二点の文書を所蔵していたが[25]、収集したのは祖父の長蔵氏だった。その中に可遊斎関係文書八点がまとまって入っていた。つまり可遊斎以降、上杉家家臣として存続した小川家の所蔵文書を一括して吉川長蔵氏が手に入れた可能性が高く、【史料8】についても、小川家が所蔵していたものと考えられる[26]。

次に署判・宛所を欠いている理由を検討する。現在、市立米沢図書館「デジタルライブラリー」にて、【史料8】はウェブ上で閲覧することができる[27]。同図書館の書誌情報では可遊斎を差出者としており、資料名は「小河可遊斎条書」としている。おそらく包紙上書の「可遊斎」の位置が紙面中央よりやや下に位置することから、彼が差出者であると判断したのであろう。しかし、同図書館所蔵の天正八年七月朔日付、小川可遊斎宛「武田勝頼知行宛行状[28]」では、ほぼ同じ位置に「可遊斎」、その下に差出者「勝頼」と書かれている。したがって、【史料8】においても宛所として書かれた可能性が高い。さらに両文書の筆跡を比べてみると明らかに同じ筆跡である。したがって、【史料8】は勝頼の右筆によって書かれたものと判断できる。

だが、史料内容から判断すると可遊斎が差出者であると考えざるを得ない。その理由は、第一に各条文の最後の文

言が「〜申すべき事」と謙譲表現が用いられていること、第二に一条目において「御分国」と表現していることから、分国を治める立場＝大名側が書いたものではないこと、以上二点である。

では、仮に可遊斎が差出者とすると受取り手は誰かということになるが、二条目の「景勝」文言から上杉方の関係者である可能性は低い。(29)さらに、景勝を支援する内容であることを鑑みると、同盟者である武田勝頼へ宛てたものといえよう。

以上のことを総合して判断すると、【史料8】は武田勝頼方から可遊斎へ送った案文であり、これを可遊斎が写して署判し、武田方へ送り返すといった手順を踏んでいたのではなかろうか。たとえば天正八年三月の真田昌幸による可遊斎の服属交渉において、可遊斎側から昌幸の誓句（起請文）を要望した際、昌幸は「案書」を送ってくれれば、準備して渡す旨を書き送っている。(30)今回の場合は、武田方が可遊斎の誓句を要求した際に「案書」として【史料8】を送り、これを見本として書くことを可遊斎に指示したと考えられる。つまり、本史料は可遊斎宛の「武田家条書案」とするのが適当であろう。そう考えるならば、小川家が所蔵していた文書の中に【史料8】が入っていたとしても何ら不思議ではない。

ここで本史料の逐語訳をしておきたい。

一、将来にわたる取り決めを交わしたのだから、たとえ御分国（西上野もしくは武田氏全体の「分国」か）の者たちが、如何なる条件で（勝頼との関係を）妨害してきても容認せず、一途に（勝頼を）重んじます

一、今後、景勝から軍勢催促があった際には、いつでも人数は（勝頼の）御意思次第に加勢いたします

一、警固の体制についてはもちろんのこと、全てにおいて越後（上杉）のことを悪く言う評判があった時には、すぐに（勝頼へ）報告し、さらに（自分の）考えどおり、心の内を残さず意見を申上げます

ざっとこのような意味となるが、では発給されたのはいつ頃であろうか。二条目に「景勝御用之儀」とあることか

ら、景勝が上杉氏当主になった天正六年（一五七八）以降となる。そして、一条目「御分国」文言から可遊斎が上野国内にいた時期で、なおかつ同国が景勝もしくは勝頼の分国とみなせる時期は、天正六・八・九年となる。しかし、天正六年八月は「御館の乱」の最中で、すでに元沼田城将河田重親や厩橋城将北条高広らを含む北条方の軍勢が越後上田荘へ侵攻していた時期である。可遊斎が景勝へ「加勢」することは不可能に近い。したがって、武田勝頼が沼田地域を押えていた天正八・九年の可能性が高い。

さらに八月二十三日という時期に注目すると、第一節の最後で述べたように天正八年八月十七日、真田昌幸は沼田城の用土新左衛門へ密書を送り沼田開城を催促し、ほどなく沼田城は武田方の手に落ちたとみられ、地域一帯が武田領となった頃である。したがって、【史料8】は天正八年、可遊斎の任務が沼田城攻めから、景勝支援へと変更された際の条書案である可能性が高い。

最後に三条目が書かれた背景について述べておきたい。天正六〜七年、「御館の乱」の際に沼田地域の者たちは北条方として越後上田荘へ侵攻していたことから、上杉氏に敵意を持つ者が多かったであろう。そのため、武田勝頼は景勝へ軍事的支援を行なうだけでなく、悪い評判をたてる者を徹底的に排除することで、武田氏の方針を徹底させるとともに北条方へ通じる者が出てくるのを防ぎ、沼田地域内の政情安定化を目指していたのであろう。

そのための情報収集・監視役として可遊斎を抜擢したのである。同年十二月、沼田城攻略に貢献した者たちへの論功行賞があり、可遊斎にも知行宛行があったことは第五章において述べた通りである。

おわりに

第五章では小川城の地理的な位置に関して、越後と上野両国を結ぶ物資輸送の重要拠点となっていたことに触れた。それに加えて本論では、天正八年に利根川を挟んで武田・北条両氏が対立した際、軍事衝突が後閑橋において勃発し、以後緊張状態が続いたため、橋を押える位置にあった小川城が軍事拠点として重要視されたことを明らかにした。

そして、真田昌幸による猿ヶ京城攻略の前後においても、可遊斎は対北条氏の最前線であった小川城で守備についていた。そのため、昌幸は彼に対して非常に丁重な扱いをしていたのであり、可遊斎としてはそれ相応の知行地を武田氏側へ要求していたのである。

また、可遊斎は武田氏服属の際、条件として赤谷川筋の「荒牧」より上流部を知行地として要求し、武田氏は彼の条件を受け入れた。当該地域は隣国越後と接する地域であり、永禄期以来、彼は上杉氏との関係を維持していたからこそ要求したのであろう。両者の繋がりは武田氏にとっても有益であった。同盟を結んでいた上杉氏とのパイプ役として可遊斎を利用することができたからである。

したがって、可遊斎が武田氏に評価・重用された理由は、対北条方の最前線であった小川城においての働きと上杉氏とのパイプを持っていたこと、以上二点によることが明らかとなった。

註

（1）①栗原修「武田氏の上野支配と真田昌幸」（同著『戦国期上杉・武田氏の上野支配』岩田書院、二〇一〇年、初出一九九七年）、②同「武田氏の沼田地域経略と小川可遊斎」（前掲著書、初出二〇〇二年）。

（2）真田昌幸に関する論考は近年数多く出版されているが、沼田城攻略に関する部分は栗原氏の仕事がベースとなっている。そのなかで、栗原氏の成果に加えて独自の見解を入れている黒田基樹『真田昌幸』（小学館、二〇一五年）をここでは代表として挙げておく。

（3）武田氏との服属交渉において、可遊斎は家中の小菅刑部少輔を窓口としていた。この過程については、栗原註1書を参照。

（4）「別本歴代古案」一七（『戦武』三三八五）。

（5）山崎一「小川城の地理的条件と城の構造」（『小川城址』群馬県埋蔵文化財調査事業団、一九八五年）。

（6）館山市立博物館所蔵「里見吉政戦功覚書」。

（7）竹井英文「館山市立博物館所蔵「里見吉政戦功覚書」の紹介と検討」（千葉大学『人文研究』四三、二〇一四年）。なお、本史料の存在は氏にご教示いただいた。

（8）「加沢記」に関しては第五章において触れたが、初代沼田藩主真田伊賀守信利に仕えた加沢平次左衛門によって著された記録である。詳細は萩原進「加沢記解説」（『沼田市史』資料編1別冊、一九九五年）を参照。

（9）内閣文庫所蔵「加沢記」（前掲註8書）。

（10）前掲註9史料。本史料の文言には若干の違和感がある。しかし、「加沢記」に引用された史料のなかには現存しているものもあり、比較対照すると若干の読み間違い等はあるものの、内容に関しては信用に足るものであることがわかる。後掲する【史料6】森下又左衛門宛の真田昌幸判物もその一例である。

（11）盛岡市中央公民館所蔵「参考諸家系図」六一（『戦武』三三三〇）。

（12）中沢家文書（『戦武』三三三八）。

（13）中沢家文書（『戦武』三三三九）。

（14）本多氏所蔵　森下文書（『戦武』三三四〇）。

（15）吉川金蔵氏所蔵文書（東京大学史料編纂所影写本）（『戦武』三三四七）。

（16）栗原修「沼田城代河田重親と御館の乱」（前掲著書、初出一九九五年）、黒田註2書など。なお、柴辻俊六氏は小川可遊斎が名胡桃城に在城したとする（柴辻俊六『真田幸綱・昌幸・信幸・信繁―戦国を生き抜いた真田氏三代の歴史』岩田書院、二〇一五年）。

（17）「別本歴代古案」一七（『戦武』三四五五）。

（18）可遊斎が訴えた内容はおそらく知行地に関することであろう。この時点においても、【史料1】で保留されていた利根川東岸の本領は決着しておらず、七月一日付、武田勝頼判物においてようやく「自今以後聊不可有相違」とされている

（市立米沢図書館所蔵『戦武』三三七八）。同心・親類衆の誼言も同様な問題があったと考えられる。
(19) 中沢家文書（『戦武』三三六九）、木多氏所蔵森下文書（『戦武』三三七〇）、細矢氏所蔵（『戦武』三三七一）。
(20) 前掲註9史料（『戦武』三三七三〜七六）。なお、これらの史料と沼田開城の経過は、黒田基樹氏が検討を加えている（黒田前掲註2書）。
(21) ①市立米沢図書館所蔵（『戦武』三三七八）、②真如苑所蔵（『戦武』三三七九・三三八〇）。
(22) 西尾市立図書館所蔵「松代古文書写」（『戦武』三四〇七）。
(23) 市立米沢図書館所蔵（『戦武』四二九〇）。なお、本史料は第五章でも取上げたが、旧稿において誤った理解をしていた部分があったため、ここで再検討するものである（拙稿「戦国期境目地域における在地領主の動向―上野国沼田地域と小川可遊斎を中心として―」『中央史学』三三、二〇一〇年）。
(24) 可遊斎関係文書伝来の経緯は唐沢定市氏の史料紹介を参照（唐沢定市「小川可遊斎文書について―吉川金蔵氏旧蔵文書―」『群馬文化』二〇二、一九八五年）。ただし、氏は【史料8】に触れていない。
(25) 吉川金蔵氏所蔵文書（東京大学史料編纂所影写本）（大正十一年撮影）。
(26) 八点の内【史料8】を除いて、可遊斎宛のものが六点、家臣の服部右衛門尉宛が一点である。したがって、小川家が所蔵していたものと考えてよかろう。
(27) 市立米沢図書館「デジタルライブラリー」http://www.library.yonezawa.yamagata.jp/dg/。
(28) 註21①史料。
(29) 参考ではあるが、「御館の乱」の際に長景連が景勝へ送った起請文では、景勝を「上様」、敵対関係である景虎でさえも「三郎殿様」と書いている。したがって、上杉方の者へ送る際にその当主を「景勝」と書くことはない。
(30) 盛岡市中央公民館所蔵「参考諸家系図」六一（『戦武』三三八六）。

第六章　阿久沢氏と境目の成立・維持

はじめに

社会の諸矛盾が表れる場として注目された戦国期の境目研究では、「国郡境目相論」[1]、「半手」「半納」論[2]、上部権力との両属・多属的性格といった境目領主に関する分析[3]が進んできたことは、繰り返し述べてきた。しかし、従来の研究では、なぜその地域が境目として成立し、維持されたのかという問題を深く議論することはなかった[4]。筆者は、境目が成立し維持される要因として、その土地に本拠をすえた境目領主が深く関与していたものと推測している。

山本浩樹氏は自立化を求める境目領主について「周囲の大名を巻き込むかたちでその欲求を実現していこうとする動きが、「境目」における戦争の裏面に存在」したとして、「彼らは、戦乱のなかでの最終的な身の処し方を自らの主体的判断に従って決定し、それによって戦局のキャスティングボードを握っていたとさえいえる」と述べている[5]。氏の境目領主像は境目の成立を考えるうえで示唆に富むが、主題が戦争論であるためか、彼等の動向と戦争とが結び付けられ、境目領主が持つ多様な性格が見えにくくなっているのではなかろうか。

したがって、まずは境目領主の実態を様々な角度から明らかにしていく作業が必要となる。本章では、永禄期から天正期（一五五八〜九二）にかけて、上杉・北条両氏の間で激しい争奪戦が繰り広げられた東上野地域において、深沢城（桐生市黒保根町）を本拠として活動していた阿久沢氏に注目し、右の問題について検討を加えていくこととする。

阿久沢氏に関する先行研究としては、まず、高橋浩昭氏の研究が挙げられる。(6) 氏は阿久沢氏が東上野地域の中心的領主であった新田領由良氏との境目相論に勝つため、上部権力である北条氏や上杉氏に依存したとする。そして、大名側も阿久沢氏など由良氏周辺の中小領主を家臣団に組み入れることで、同地域内に勢力を浸透させ「公儀」としての存在になったとする。氏は阿久沢氏と大名との関係性を「公儀」という視点から分析しており、学ぶべき点は多いが、阿久沢氏が境目に存在していたことにこそ注目すべきであり、大名が果たして「公儀」としての権力を浸透させることができたのか、さらに家臣団に組み入れることができたのか疑問が残る。

次に黒田基樹氏は、桐生領をめぐる政治状況を論じるなかで阿久沢氏を取り上げている。(7) 氏はその動向を整理し、桐生佐野氏や由良氏に従属していた時代から、北条氏へ直接的な従属を遂げた時代への変化を想定している。また、齋藤慎一氏は中世の街道の管理統制を論じるなかで、街道の通行を確保する地元の権力者の一例として、阿久沢氏を取り上げている。(8) しかし、両氏ともに境目において阿久沢氏が果たした役割と、その政治的位置づけに関しては触れていない。

以上の先行研究を踏まえて、阿久沢氏と上部権力である大名や周辺領主との関係を確認しつつ、境目の成立・維持といった問題や、山本氏が指摘した境目領主の特質についても検討を加えていきたい。

具体的には、まず、阿久沢氏の所領の位置とその性格を明らかにする。次に阿久沢氏と由良氏、さらに上杉・北条両氏と如何なる関係を築いていたのか検討を加えることで、境目がなぜ出現し、維持されたのか考察することとしたい。

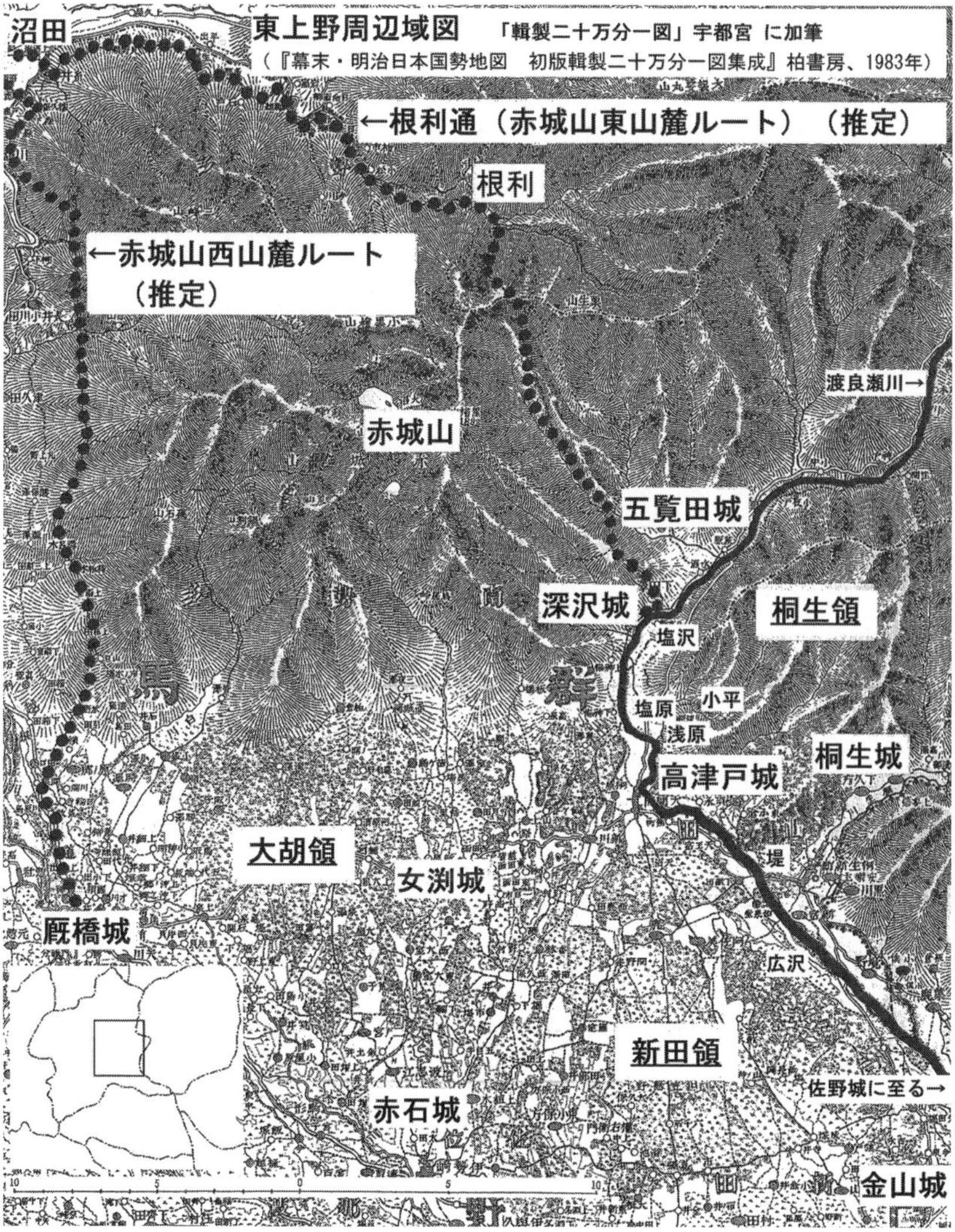
東上野周辺域図　「輯製二十万分一図」宇都宮 に加筆
（『幕末・明治日本国勢地図　初版輯製二十万分一図集成』柏書房、1983年）
沼田
←根利通（赤城山東山麓ルート）（推定）
根利
←赤城山西山麓ルート
（推定）
渡良瀬川→
赤城山
五覧田城
深沢城
桐生領
塩沢
小平
塩原
浅原
桐生城
高津戸城
堤
大胡領
女渕城
厩橋城
広沢
新田領
佐野城に至る→
赤石城
金山城

一　阿久沢氏と桐生領

(1) 阿久沢氏の所領

上杉謙信は永禄三年（一五六〇）に初めて関東へ越山した際、自身のもとに参陣してきた関東諸将の名前と幕紋を「衆」ごとに書き記した「関東幕注文」を作成した。(9) そのなかで、「桐生衆」に属する者として「阿久沢対馬守」が記されている。これが阿久沢氏の初見文書であるが、対馬守が登場する唯一の史料であるため詳細は不明である。また、「桐生衆」のなかで、「桐生殿」「佐野殿」の二氏だけが「殿」付けされている。彼等は下野国佐野氏の分流として桐生郷に入部した一族であり、それぞれ佐野大炊助・又二郎の父子に比定されている。(10) したがって、阿久沢氏は桐生佐野氏を中心とした「桐生衆」の一員として上杉氏から把握されていたのである。

阿久沢氏の所領は次に掲げる史料で確認できる。

【史料1】北条家朱印状(11)

仁田山之内
しほ（塩）原（みどり市、以下同）
あな〔さカ〕原
小平
しほ（塩）沢
たかつと（高津戸）
以上

右、五覧田（みどり市）取立ニ付而、任望遣候、弥可走廻儀肝要候、仍如件、

天正十二年甲申（朱印）

五月廿八日　　　　山角上野介（康定）奉之

阿久沢彦二郎殿

まず、当時の政治状況を概観しておくと、関東は北条方と反北条方で大きく二つの勢力に分かれていた。反北条方として佐竹氏・宇都宮氏など北関東の諸氏と越後上杉氏が手を組んでおり、上杉氏の背後には豊臣秀吉がいた。それに対抗するかたちで北条氏の背後には徳川家康が同盟者として存在していた。[12] 天正十一年（一五八三）十一月中旬以前、東上野地域において最大勢力であった新田領由良氏が、これまで従属していた北条氏から突如反北条方へ寝返った。【史料1】は当時、由良勢が籠っていた五覧田城の攻略を北条氏が阿久沢彦二郎へ命じるとともに、先立って知行宛行を約したものである。その宛行地として桐生仁田山の内、塩原・浅原・小平・塩沢・高津戸の五地域を「任望遣」わした。

浅倉直美氏は、天正十年（一五八二）以降、北条氏が上野国において発給した安堵状・宛行状を分析している。氏によれば、天正十二年（一五八四）までのものは、「いずれも「任望遣（之）候」という文言があり、しかも具体的貫高が示されていない」ことから、「「任望」とは、旧領であるという主張など当人の申し分を後北条氏が認めたことを意味する」として、【史料1】に関しても旧領安堵に等しいとしている。[13]

また、天正十三年（一五八五）にも阿久沢氏の本領が記されている書状があるので次に掲げる。

【史料2】北条氏邦条目[14]

浅原之儀落着、百姓返祝着之由肝要ニ候、一、堤・吉田村之儀、我々請負候間、勿論由信（由良国繁）無異議、只今桐生衆屋敷之過半成候間、大途（北条氏直）へ由信披露以御検使御糺明、年貢高辻被定可被下之由、由信被申候、兎角彼両村之儀、

我々請負候間、由信異儀有間敷候、一、先日善知・中村両人を以申候、信州《(由良国繁カ)》懇切尤候、従　大途も間《(ママ)》無相違様与
仰出ニ候、由信手前済候間、明後十二必其方存分意書立、善知・中村可給候、待入候、恐々謹言、
六月十日《(天正十三年)》　氏邦《(北条)》(花押)
阿久沢能登守殿
参

【史料3】吉良氏朝書状[15]

書状披見申候、仍今般浅原・吉田・堤井《(ママ)》被任本領置之間、彼地へ検使可指越由、従大都《(北条氏直)》承候条、任其儀候処ニ、由良《(国繁)》方存分立ニも候歟、従房州《(北条氏邦)》承様候キ、雖然自大都御仕置ニ候間、先以被任御印判、可然之由頻申ニ付而、房州無相違候、因茲落居之所本望候、然ニ三種一荷快然之至候、猶大平可申候、恐々謹言、
六月十八日《(天正十三年)》　氏朝《(吉良)》(花押)
阿久沢能登守殿

天正十二年七月三日、阿久沢彦次郎を中心とした軍勢は五覧田城の攻略に成功し、当主北条氏直の叔父であり、今回の由良氏攻撃の軍勢を率いていた北条氏照から同城の普請を急ぐよう指示を受けている。[16] 由良氏は同年末に降伏し、翌十三年正月四日以前、同盟者であり弟でもある長尾顕長とともにそれぞれの居城である金山城(太田市)・館林城(館林市)を北条氏に明け渡した。[17]

同年六月十日、氏照の弟である北条氏邦が阿久沢能登守に宛てて条目を送り、由良氏降伏後の仕置を伝えているのが【史料2】である。[18] 浅原の件は決着がついたこと、そして堤(桐生市)・吉田村[19]に関しては、由良氏配下である桐生衆の屋敷が大半を占めているため、由良氏が当主北条氏直へ上申し、小田原から検使を派遣して年貢辻高を決めてほし

いと言っている件が記されている。氏邦は堤・吉田両村のことは我々が「請負」、つまり由良・阿久沢両者の言い分を聞いて北条家が判断を下すとしており、所領問題に発展していたことがわかる。最初に「浅原之儀落着」としているのも、阿久沢氏の所領として決着したということであろう。この所領問題は由良氏が桐生領に移ったことにより発生したものと考えられる。

その八日後に発給された書状が【史料3】である。発給者の吉良氏朝は北条氏一門の者であるため、阿久沢氏は問題解決に向け、北条氏への取次として彼を頼っていたのであろう。結局この問題は、堤・吉田両村を阿久沢氏のものとすることで決着がついたようである。注目すべきは、最初に浅原・吉田・堤は阿久沢氏の本領であると書かれている点である。由良氏は実態として自らの配下の者たちが吉田・堤村に居ることを重視して、自分の所領であると主張したのだが、北条氏は阿久沢氏の本領であることを重視する判断を下したのである。

浅原が【史料3】によって本領であることが裏付けられたことからすると、【史料1】にみえるほかの地域も浅倉氏が指摘するように本領だったとみて問題ないであろう。したがって阿久沢氏は本拠である深沢のほかに、本領として少なくとも塩原・浅原・小平・塩沢・高津戸・堤・吉田を領していたことが確認できた。これらの地域を地図上で確認すると、阿久沢氏は桐生領のうち渡良瀬川の上流域とその山間部を押さえていたことが窺える。

(2) 桐生領の特質

前項で阿久沢氏の本領であった地域が確認できたことを踏まえて、本項ではそこがどのような地域であったのか、用水路と林産資源関係の史料から検討していくこととする。

まずは用水路に関する史料をみてみよう。天正四年(一五七六)五月、関東へ越山した上杉謙信は由良氏を攻撃するため、金山城の麓にある金井宿周辺に陣取り、渡良瀬川から新田・館林・足利へ通じる用水路を破壊している。そのことを越後春日山城留守居役だった直江景綱に報告した書状を次に掲げる。

【史料4】上杉謙信書状[20]

其以来上口之様子無心元候処、重而大坂(本願寺)得大利、信長(織田)失利由、誠心地好共無申事候、殊春中賀州遂一和候ニ、外見実義目出候、然者爰元仕合能候、如啓先段、赤石(伊勢崎市)・新田(太田市)・足利(栃木県足利市)迄誠ニ奇麗ニ田畠共ニ七尺返候、はや〳〵弱もの落来申分者、地下人ハ不及申給人迄、利根南へ妻子を引連落由申候、関東越山数年ニ候得共、如今般之敵々詰候時分ハ無之由各申候、取分丹後守父子(北条高広・景広)慶申候、渡瀬ヨリ新田・足利へ懸ル用水候、是ヲ切落候得者、新田・館林(館林市)・足利迄成亡郷由申候間、足利・新田之間、金井宿(太田市)之際ニ陣取、堰四ツ切落、昨日広沢(桐生市)へ引返候、今日ハ桐生(同)之田畠為返候、此上留守中、上口案候、又六・七月ニハ上口へ之調義、成之而不叶候間、明々之内ニ可帰馬候、甲・南之凶徒一騎一人不出合候、可心安候、東口も無二当方守手前候間、是亦可心易、昨日も従新田慕出候を、厩橋之者共追返、敵廿余討捕候、言語道断新田無力故、定無衆ニ而候、厩橋衆計ニ而自由ニ追返候、以爰無力可校量候、目出帰陣之上可申候、謹言、

追而、今度之事候間、府内(新潟県上越市)・春日城(同)中火之用心、諸証人又人いろへ、油断有間布候、以上、

(天正四年)五月卅日　謙信(花押)

直江大和守(景綱)殿

傍線部では渡良瀬川から新田・足利への用水路を切り落とせば、新田・館林・足利は「亡郷」となる、という情報を謙信が得ていたことがわかる。このことから、渡良瀬川から引いた用水路が新田領において非常に重要なものであったことが確認できる。

新田地域は扇状地の中央部、いわゆる扇央部にあたるため、灌漑用水に恵まれているとはいえない場所だった。[21]当時、桐生領広沢郷内を流れる渡良瀬川から新田領内へ引水していた灌漑用水路は広沢郷用水と称されていた。この用

水をめぐっては、大永二年（一五二二）・弘治元年（一五五五）に、それぞれ古河公方が新田横瀬氏に対して引水権の安堵状を発給している[22]。また、永禄四年（一五六一）には由良成繁が彦部弥太郎に広沢郷内の所領を宛行っていることから[23]、由良氏が広沢郷を領有していたことがわかる。つまり、由良氏は取水安定化のために渡良瀬川流域を確保しておく必要があったのである。

次に林産資源であるが、これに関しては既に簗瀬大輔氏が桐生領の林産資源と生業について検討しているため[24]、氏の成果に学びつつ関係史料をみていくこととする。

天正二年（一五七四）四月二十七日、由良成繁は占領した桐生城（桐生市）に在城させていた藤生紀伊守に対して、昨日来るはずだった壁材・柱材がまだ届いていないことを知らせ、小竹を上菱（桐生市）で切りとって十駄送るように命じている。さらに、炭・薪がまだ届いていないので早く送るよう催促している[25]。これは、同時期に上杉氏が越山し、由良方の城を攻撃していたため、城の修築用に由良氏が命じたものと考えられる。

同年中はそのほかに六月・十二月にも同様な史料が残っており[26]、由良氏は城の修築をするための木材や燃料を桐生領内の各地から調達していたことがわかる。簗瀬氏は「戦争遂行の政治的主体者として由良家を考えた時、林産資源に乏しい平野の領主が豊かな山林を抱える桐生領を併合したことは、林業に関する物的・人的資源の動員という観点からみて、極めて大きな意味があった」としている[27]。したがって、先に確認した用水路とともに林産資源を確保する上でも、由良氏にとって桐生領はどうしても手に入れたい地域だったのである。

そこで、前節で確認した阿久沢氏の本領の位置を踏まえると、阿久沢氏は木材や燃料の生産地である仁田山地域（桐生城の西から北側一帯）を押さえ、その流通ルートとなる渡良瀬川流域をも押さえていたことがわかる。つまり東上野地域のなかで阿久沢氏の存在は非常に大きく、その本領は由良氏と対立関係におちいりやすい地域だったのである。

二　「根利通」と阿久沢氏

(1) 根利関所と阿久沢氏

上杉謙信は永禄三年(一五六〇)に初めて関東へ越山して以降、頻繁に越山している。関東における上杉氏の拠点として、下野国佐野城はとりわけ重要な城だった。その理由を池上裕子氏は、分国である上野国内の諸将の動員は比較的容易であったが、佐竹をはじめとする常陸衆・下野衆は軍勢催促に容易に応じなかったため、佐野に拠点を置く必要があった、と説明している(28)。しかし、拠点としたはずである佐野の城主であり、桐生佐野氏の本家筋にあたる佐野氏は上杉氏に対して離反を繰り返した。そのため謙信は佐野城へ毎年のように出陣することになったのである。

また、永禄九年(一五六六)閏八月、由良氏が上杉方から北条方へと離反したのに続いて(29)、十一月下旬には上杉氏の上野国における拠点のひとつだった厩橋城(前橋市)の北条《きたじょう》氏が離反した(30)。さらに翌十二月には館林長尾氏も北条方となっている(31)。このように、同年中に上杉方だった上野国内の領主たちが次々と北条方へ寝返ったのである。謙信は同年十月に越山、佐野城で年を越し、翌永禄十年(一五六七)三月初旬、色部勝長を佐野在番衆に加えて越後へ帰国した。その直後の阿久沢氏の動向がわかる史料を次に掲げる(32)。

【史料5】山吉豊守書状(33)

①根利関所被申付候之処ニ、阿久沢方より成非分義申候哉、②只今時分を見懸成か様義申之候条、口惜被思食候、雖然、③岩下・白井・厩橋口之御手ふさかり与申、根利通者東方往覆〔復〕之為、殊由刑(由良刑部大輔成繁)前々之御刷之妨ニ候間、旁々以少之義可被破事、且御無功ニも罷成候歟、以爰向後も分別候而、御思慮尤由、被　仰出候、併根利なとにさゝハり申候者、重而可被成御註進候、万一彼口ニ破出来候者、貴所可為御表裏由、御内意候、猶彼口上ニ可有之候、

恐々謹言、

追而、重而従阿久沢所書中越候者、此案文ニ而、返事可被成之候、以上、

（永禄十年）卯月七日　　　　　　　　　　（山吉孫次郎）山孫
　　　　　　　　　　　　　　　　　　　豊守（花押）

（発智右馬允長芳）発右

御報

本史料は上杉氏側近である山吉豊守から、「根利通」の関所の管轄をしていた発智長芳へ発給された書状である。傍線①には、発智氏が根利関所の管轄を始めたところ、そこに阿久沢方が「非分」を言ってきた、とある。この時の阿久沢氏の行動について言及しているのが齋藤慎一氏である。氏は、阿久沢氏が「根利通」に交通権益を持っていたため、根利に関所を設けた上杉氏側に対して権益の侵害であることを言ってきた、と解釈している。[34]「根利通」とは、沼田から根利を通過し、赤城山東山麓をまわって関東平野部へ出てくる道のことである。この道の南側入口に阿久沢氏の本拠深沢城があった。

次に傍線③では、岩下・白井・厩橋口の通路がふさがっていること、そして「根利通」は東方（常陸・下野国方面）との往復のために必要な道であるにもかかわらず、由良成繁が以前からの上杉勢の通行を妨害していると記されている。上杉氏が越後から関東へ出るメインルートとして使用していたのは、距離的に最も短く、起伏も相対的に少ない赤城山西山麓を通って厩橋城に至るルートであろう。そのメインルートが当時、通行を遮断されていたのである。原因は前年十一月下旬に厩橋城の北条氏が離反したことにあった。したがってそれ以後、上杉氏は「根利通」を利用することになる。

しかし、「根利通」においても由良氏が妨害を加えていたことが【史料5】から窺え、上杉氏にとって安全に通るこ

とができる道ではなかった。そのことがさらにはっきりわかる史料を次に掲げる。【史料5】の一ヶ月後に、謙信から佐野在城衆の色部勝長へ出された書状である。

【史料6】上杉輝虎書状[35]

本田右近方へ之書中令披見候、仍其地万無調故、労兵帰国有度由尤候、無余儀候、①虎房為送与、近日其地之者共、祢り(根利、沼田市)まで打越候間、其時分可被越事待入候、今迄之辛労無申事候、将亦、野尻嶋(長野県上水内郡信濃町)敵乗取候処ニ、不移時日取返候、并菅名(新潟県五泉市)へ会津衆打入候処ニ、遣人数お凶徒五百余人討捕候故歟、盛氏(蘆名)悃望候間、無事ニ取成候、諸口如何も堅固候間、可心安候、②返々路次無自由候条、虎房迎之時分被越可然候、只今迄其地ニ無何事有之、③急一人被越、路次中ニ而越度も候得者、敵味方之嘲口惜候、④五十公野(重家)雖其地退散候、路為不自由無躰ニ敵地ニ被押候、たとへハ如何ニ候へ共、⑤路次無自由之儀ニ候条、自然之事も候而者思如此申候、謹言、

尚々申候、⑥虎房迎動も延引有間敷候間、其時分可被越事尤候、以上、

(永禄十年)五月七日　輝虎(花押)

色部修理進(勝長)殿

色部氏は越後へ帰ることを望んでいたのだが、根利までの道中は危険な状態だった。そのため謙信の養子となっていた虎房丸を佐野城へ入れる際、佐野の者たちが根利まで虎房丸を迎えに来ることになっているので、その時一緒に越後へ戻ってくるようにと謙信は促している（傍線①②⑥）。さらに、色部氏と同じく佐野在城衆だった五十公野重家は勝手に越後へ戻ろうとして、途中敵方に捕えられてしまったと謙信は説明している[36]（傍線④）。

このような「路次無自由」（傍線⑤）という状況は、先に確認したように由良氏の妨害によるものだった。一方で、佐野の者たちが根利まで来ることは可能であると謙信は認識していた。つまり、「急一人被越」（傍線③）とあるように、色部氏が少人数で移動することが危険だったのであり、佐野の者たちが養子虎房丸を迎えるために、ある程度の

人数で護衛をつけて通行する分には問題なかったのである。

謙信がこのように判断したのは、佐野城から根利に来る際、由良氏の新田領内を直接通過することがないからであろう[37]。だが、阿久沢氏の所領内は通過する必要があるため、この時点で阿久沢氏が上杉氏に敵対していた可能性は低い。

以上のことから【史料5】の阿久沢氏の行動を考えると、謙信が「只今時分を見懸成」(傍線②)と記しているように、由良氏をはじめとして離反者が多く出現し、東上野における謙信の影響力が弱くなっていたこと、そして「根利通」が上杉氏にとって佐野へ行くための唯一の道になっていたことを見透かした阿久沢氏が、交通権益に関する抗議を発智氏にしてきたものと考えられる。したがって阿久沢氏はこの時、上杉氏に敵対はしていなかったものの自立的な行動をとっており、上杉氏と対等に交渉を進めようとしていたのである。

(2) 越相同盟交渉時における阿久沢氏の役割

永禄十一年(一五六八)十二月、北条氏は武田氏と対立関係になったことを受け、上杉氏との同盟を模索し、翌十二年(一五六九)六月に両者の同盟(越相同盟)が成立した。

同盟交渉の過程において阿久沢左馬助は北条氏康・氏政父子から、上杉領内である沼田までの「路次中馳走」を直接依頼されている。

【史料7】北条氏康書状写[38]

就往覆〔復〕走廻候由、一段喜悦候、弥入精可申付儀、可為肝要候、猶使者志津野可申候、恐々謹言、

(永禄十二年)二月十六日　氏康判

阿久沢左馬亮殿

【史料8】北条氏康書状(39)

就相越和融、使者送迎義、入精申付由、一段喜悦候、弥走廻肝要候、恐々謹言、
（永禄十二年）
三月廿六日　氏康(花押)
阿久沢左馬助殿

【史料9】北条氏政書状写(40)

天用院越府へ遣候、沼田へ之路次中馳走任入候、恐々謹言、
（永禄十二年）
八月十三日　氏政判
阿久沢殿

丸島和洋氏は境目の城に在城する城代の役割の中心は「路次馳走」、つまり使者の安全な往来の保障にあった、としている。(41)阿久沢氏は城代ではないが、自立的な境目の領主であったため、北条氏から沼田までの安全な往来の保障を依頼されたのであろう。だが、前述したように上杉氏は二年前、根利に関所を設置しており、今回の同盟交渉時にも依然として発智長芳が管轄していた。(42)したがって、阿久沢氏が沼田までの「路次中馳走」を任されたことは、関所のトラブルが阿久沢氏に有利なかたちで解決し、なおかつ上杉氏との関係を継続していたことを示すといえよう。

黒田基樹氏は阿久沢氏が使者の送迎の役割を単独で北条氏より命じられていることから、阿久沢氏の政治的自立性を指摘しているものの、由良氏と同様に北条氏に従属していたとする。(43)しかし、これまでみてきたように阿久沢氏は上杉氏に敵対しておらず、同盟交渉時において、少なくとも北条氏に従属していた可能性は低い。

北条氏からみれば交渉団を沼田へ派遣する際、自立的な存在である阿久沢氏に対して、上杉氏とは別に直接交渉する必要性があった。そのため、北条氏から「根利通」の案内を依頼する書状が発給されたのである。

三　天正期における阿久沢氏の動向

(1) 境目の戦闘激化

元亀二年(一五七一)十二月、北条氏康が死去し、当主が氏政へ替わったと同時に彼は再び武田氏との同盟を復活させ越相同盟を破棄した。この後、桐生領をめぐって上杉氏と由良・北条両氏との間で戦闘が繰り返される。元亀四年(一五七三)三月には由良氏が桐生城を攻め、桐生又次郎は城を明け渡した(44)。天正二年(一五七四)三月、上杉勢は由良方になっていた赤堀・善・山上・女渕の各城を攻め落とした後、渡良瀬川の上流部で深沢城や五覧田城のある黒川谷(桐生市・みどり市)へ進軍、同月十日には深沢城を攻め立てようとしていた(45)。だがこの時、阿久沢氏は兄弟で忠信を申し出て来た。そこで、上杉謙信はそのまま阿久沢氏を深沢に在城させることにしたのだが「模様無心元子細」だったため、上杉軍の一部を同城に駐留させている(46)。

翌天正三年(一五七五)になると、今度は由良勢が黒川谷へ攻め入り、数ヶ所の城を落城させている。由良国繁はそのことを古河公方足利義氏と奏者である芳春院周興に知らせており、両者から由良氏に宛てた返書が残っている。次にその返書を掲げる。

【史料10】足利義氏書状写(47)

属芳春院(周興)懇申上候、御悦喜候、然者、去五日、黒河谷寄居二ヶ所打散、其上同八日、於五覧田(みどり市)根小屋、沼田衆三百余人討捕、頸之注文致進上候、戦功之至、心地好仕合専要候、猶彼筋珍儀節々言上尤候、巨砕芳春院可被申遣候、恐々謹言、

(天正三年)九月十四日　義氏(花押影)

【史料11】芳春院周興書状(48)

由良(国繁)刑部太輔殿

急度預貴札候、能々披閲、祝着令存候、然者五覧田之地有御再興、藤生紀伊守方被閣候、従沼田彼谷へ動候処、二三ヶ所之寄居衆被ト合、敵三百余人被討取候、注文御進上候、誠以心地好、肝要至極存候、即今日十四致披露候、御心地好、肝要至極思召由被仰出、被成　御書候、上総御陣之砌、一段奇特之御仕合候、定而太守可為御満足由存候、上総陣之様体、折節村上助三郎方言上被申候、某へ之書中為御披見、令進献候、土気(千葉市)・東金(千葉県東金市)本納被押詰、郷村無残所候、兵糧一万俵万喜(同いすみ市)へ御合力候、味方中之覚(云)肝要可被思召候、某事去七月廿七小田原へ為御使節罷越、先月末罷帰候、然間八朔被御申上候処、不走廻候、雖然寿首座(松嶺昌寿)馳走申候、某披露も同前候、自分御返祝不申候、無御心元存候、村助書状坂中へも被入御披見、可然存候、委曲奉期来信候、恐々謹言、

芳春院
周興(花押)

(天正三年)九月十四日

(由良国繁)刑部太輔殿

貴報人々御中

足利義氏・芳春院両書状には、由良氏からの報告内容が傍線部に記されている。それによると、由良勢は九月五日に黒川谷の二ヵ所の城を攻め落とし、その後二、三ヵ所の在城衆と示し合わせ、同月八日に五覧田城の根小屋において沼田衆三百人以上を討ち取ったという。

ここで注目すべき点は、阿久沢氏に関してはまったく問題になっておらず、「沼田衆」「従沼田」と記されているように、上杉勢が敵として認識されていたことである。つまり、由良氏側が黒川谷へ侵攻した目的は、阿久沢氏を攻撃することではなく、駐留していた上杉軍を討ち取ることだったのである。

また、「一二三ヶ所之寄居衆被卜合」という状況は、天正二年に謙信が攻め入った際、「模様無心元子細候」と離反者の出現を心配していたことが現実化してしまったことを表している。したがって、謙信は当時、黒川谷が境目であったことから、阿久沢氏がいつ由良方へ寝返ってもおかしくないと考えていたにもかかわらず、彼を在城させていたのである。

ようするに、上杉・由良両氏ともに阿久沢氏を排除し、黒川谷を直接支配しようといった意志はなく、阿久沢氏に在地支配を任せなければならない必然性があったといえよう。この件に関しては本章の最後に考察したい。

(2) 由良氏と北条氏の対立

天正七年(一五七九)三月、上杉謙信亡き後の景勝・景虎による跡目相続争い(御館の乱)は、景虎の自害によって収束に向かった。謙信の時代に関東へ進出するための拠点であった沼田城は、天正六年(一五七八)七月、御館の乱の最中に北条氏によって占領されたため[49]、上杉氏の関東における影響力はきわめて小さくなってしまった。それに代わって北条氏が上野国内へ勢力を拡大したことになる。御館の乱終結後、北条氏は東上野の政治体制づくりを新たに行なっていた。

次に掲げる史料は、その一環として北条氏政から由良国繁宛に発給されたものである。

【史料12】北条氏政条書写[50]

申定条々

一、深沢地

一、五覧田之地

右、両地之事、相越鉾楯之時分、自越国本意、然景虎(上杉)没命之上者、上州之仕置、当方可申付条勿論候、就中、右之両地、河田伯耆守（重親）拘来、雖属味方、当方相渡之間、任前々之筋目其方へ申合候、安房守（北条氏邦）只今番手指置候間、自彼前品々可被請取事、

一、高津戸地

右、此度無意趣打明由候、子細者、雖不知候、明地之事、是又前々自其地被拘置間、任置候、

（中略）

天正七年己卯五月六日　　氏政（北条）（花押影）

由良六郎（国繁）殿

本史料において、阿久沢氏の本拠である深沢をはじめ、五覧田や第一節において本領として確認した高津戸が由良氏に宛行われている。特に深沢・五覧田は前年の沼田城攻めの際、北条方へ寝返った沼田城代河田重親が管轄してきた所だが、北条氏に譲渡したため、以前からの経緯によって由良氏に宛行うとされている。さらに高津戸に関しては、誰が所有権を持っているのかわからない土地であるため、これも以前からかかわってきているという理由で由良氏に宛行われている。したがって、【史料12】の時点において、阿久沢氏は由良氏配下として従属することになったと考えられる。この北条氏の宛行から、境目が解消された時点における阿久沢氏の立場がみえてくる。

つまり、桐生領が境目だった時、由良氏・北条氏に対して、阿久沢氏は上杉氏と繋がりがあることを示すことで存在感を発揮できたのだが、上杉氏の影響力が上野国内に及ばなくなると、阿久沢氏は由良氏に従属せざるを得ない状況になってしまったのである。

一方、由良氏にとってみれば、既に元亀四年以降、桐生城を押さえていたため、阿久沢氏の所領を手に入れることができれば桐生領の大半が自分の所領となる。となれば、第一節において検討したように、木材や燃料の生産地、物流の拠点となる渡良瀬川沿岸地域をほぼ手中に収めることができる。由良氏は北条氏に従属することで、それを実現

させたのである。

しかし、天正十一年(一五八三)末、由良氏とその同族館林長尾氏が北条氏に反旗を翻した。この時の関東における政治状況は第一節において述べたように、北条方と反北条方の大きく二つの勢力に分かれており、両氏は反北条方についたのである。

そこで阿久沢氏は再び境目領主としての活動をみせはじめる。天正十二年(一五八四)五月一日以前に阿久沢彦二郎が由良方から北条方へ寝返った。[51] 同時期、北条氏は由良方の籠る五覧田城を攻略するため、先立って阿久沢氏へ【史料1】の知行宛行約諾となる朱印状を発給したのである。反北条氏勢力にとって、越後上杉氏と連絡をとるためには「根利通」を確保しなければならず、そのためには、五覧田城を押さえておく必要があった。

阿久沢氏は七月三日、五覧田城の攻略を成功させており、普請を急いで行なうよう北条氏照から指示されている。[52] その後、八月二十三日に由良勢が深沢城へ攻めてきたがそれを撃退し、北条氏直から感状を受給している。[53] 由良・館林長尾両氏は十二月末に降伏し、由良国繁は桐生城へ、長尾顕長は足利城へとそれぞれ移ることになった。それ以後の経過は第一節でみた通りである。

だが、両氏は天正十六年(一五八八)八月、再び北条氏から離反し、氏照から攻撃を受けている。[54] 九月三日、北条氏政の弟であり武蔵国鉢形城主であった北条氏邦から阿久沢能登守宛に書状が発給されている。

【史料13】北条氏邦書状[55]

当表依御勢遣、助太郎(阿久沢)参陣ニ候、長新(長尾顕長)至于今日不被応御下知候間、城向山手を取、毎日御動に候、然に其地之事境目与云、爰元悠々与云、先々助太郎返申候、御動之様子見聞之透可申候、委曲中村ニ口上申候、恐々謹言、

(天正十六年)九月三日　氏邦(北条)(花押)

阿久沢能登守殿

阿久沢能登守は子助太郎を氏邦のもとに派遣していた。それは足利城に籠城していた長尾顕長を攻略するためであった。しかし、氏邦は深沢城周辺域が境目であるのに対し、こちら（足利）は落ち着いた状況であるため、助太郎を能登守のもとへ返すとしている。したがって、深沢城周辺域は再び由良方との間で緊張状態となっていたのである。

以上のように境目が再び成立したのだが、その要因は阿久沢氏が由良氏配下から離反したことによるものであり、彼自身が作りだした状況だった。当然、阿久沢氏は所領が新田・沼田間に位置するため、自らの動向が両勢力にとって重要なポイントとなることは承知していたであろう。それを踏まえて境目領主になることによって、由良氏の従属下から抜け出し、本領を取り戻すことに成功したといえる。

つまり、阿久沢氏は境目領主として自らを位置づけることによって所領を保持し、戦乱のなかで生き残る道を模索していたのである。

おわりに

本章では、阿久沢氏の所領とその地域の特質を確認した後、上杉氏・北条氏・由良氏など、大名や周辺領主とのかかわりについて考察してきた。阿久沢氏は、自領の地域的特質を生かしながら大名や周辺領主と互角な関係を築いてきた。それゆえ、大名間の勢力バランスが崩れてしまうとその立場は弱くなり、本拠である深沢の地でさえも、北条氏によって由良氏へ知行地として宛行われてしまった。したがって、阿久沢氏は自ら境目を現出させる方向に活動することで生き残る道を模索していたのであり、両属・多属の領主とは反対に、どこにも従属せず一定の距離を保とうとする指向性を持っていたといえよう。

また、当該地域において対立勢力の戦闘が激化した場合、由良氏が敵とみなしたのは上杉勢であり、上杉氏は深沢城に駐留軍を置いたものの、阿久沢氏をそのまま在城させていた。由良・上杉両氏ともに直轄領化は行なわず、阿久沢氏を自軍の影響下に残しておこうとしていたことは共通していた。

なぜこのような措置をとったのか。当然、両氏ともに戦闘の恒常化は避けたかったであろう。それゆえ阿久沢氏の所領を残し、緩衝地帯とすることで戦争リスクを極力回避しようとしていたのではなかろうか。由良氏が桐生城を落城させ、桐生領の中心的存在であった桐生佐野氏の所領を直轄領化した時とは、対照的な行動をとったこともそれを裏づける。

つまり阿久沢氏だけではなく、そこで対峙していた上杉・由良両氏も境目を現出させる当事者だったといえよう。したがって、阿久沢氏のような在地の領主と、それを挟んで敵対していた側の三者が意義を認めていたからこそ境目は成立し、維持されていたのである。

齋藤慎一氏は「半手」村落の成立を論じるなかで、大名間において緩衝地帯として設定された地域内の村落であることが条件になると推測しているが[56]、境目自体が緩衝地帯としての役割を果たしていたのであり、それは大名間の意図だけではなく、当該地域内の領主が関与しなければ現出しないものだった。

また、「はじめに」で述べたように、山本浩樹氏は境目領主に関して戦争を引き起こす要因と位置づけたが、それは政治的バランスが崩れた時のことである。バランスがとれている時には、敵対する上杉・由良両氏にとって阿久沢氏は緩衝地帯を維持する領主であり、戦争を回避させる存在だったといえよう。したがって、境目が完全な平和領域であったわけではないが、戦闘に至らないよう知恵がめぐらされていたことは確かである。

本章では、境目領主と大名との関係を中心に検討を加えてきたため、「半手」「半納」の村落と大名とのかかわりには深く言及することができなかった。今後の課題としたい。

註

（1）藤木久志『豊臣平和令と戦国社会』（東京大学出版会、一九八五年）、則竹雄一「戦国期駿豆境界域の大名権力と民衆―天正年間を中心に―」（同著『戦国大名領国の権力構造』吉川弘文館、二〇〇五年、初出一九九九年）、稲葉継陽「境目の歴史的性格と大名権力」（同著『日本近世社会形成史論』校倉書房、二〇〇九年、初出二〇〇四年）など。

（2）秋山伸隆「戦国大名領国の「境目」と「半納」」（同著『戦国大名毛利氏の研究』吉川弘文館、一九九八年、初出一九八〇年）、峰岸純夫「軍事的境界領域の村―「半手」を中心に」（同著『中世災害・戦乱の社会史』吉川弘文館、二〇〇一年、初出一九九五年）、稲葉継陽「中世後期における平和の負担」（前掲著書、初出二〇〇〇年）、黒田基樹「戦国期「半手」村々の実態」（同著『戦国期領域権力と地域社会』岩田書院、二〇〇九年、初出二〇〇六年）など。

（3）佐々木倫朗「佐竹氏の南奥進出と船尾氏の存在形態」（同著『戦国期権力佐竹氏の研究』思文閣出版、二〇一一年、初出二〇〇八年）など。

（4）境目のなかでも「半手」「半納」の成立に関しては、多くの議論が行なわれている。たとえば、稲葉継陽氏は、「半手」「半納」が双方の大名から年貢等を収奪される「二重成」や掠奪を停止する、村を主体とした戦国期特有の領域的平和創出の在り方であるとして、村落側の自立的・積極的な対応を論じている（稲葉註2論文）。
一方、齋藤慎一氏は、「半手」「半納」が大名―村落間の契約として成立する以前に、大名間相互の承認があってこそ成立し、対象地からは一定の収奪しか行えなかった、としている。さらに大名間において一定地域が緩衝地帯として設定され、その中の村落であることが条件になると推測し、大名側の積極的な対応を論じている（齋藤慎一「後北条領国の「境目」と番」同著『中世東国の領域と城館』吉川弘文館、二〇〇二年）。

（5）山本浩樹「戦国期戦争試論」（池上裕子・稲葉継陽編『展望日本史』12、東京堂出版、二〇〇一年、初出一九九七年）。

（6）高橋浩昭「東上野の地域権力と後北条氏」（『ぐんま史料研究』六、一九九六年）。

（7）黒田基樹「桐生佐野氏と阿久沢氏の研究」（同著『増補改訂　戦国大名と外様国衆』戎光祥出版、二〇一五年、初出一九九七年）、同「阿久沢氏の動向」（前掲書）。

（8）齋藤慎一『中世を道から読む』（講談社、二〇一〇年）。

（9）上杉家文書（『上』二七二）。
（10）黒田基樹「桐生佐野氏の展開」（同著『古河公方と北条氏』岩田書院、二〇一二年）。
（11）群馬県立歴史博物館所蔵阿久沢文書（『群』三二九七）。
（12）当時の政治状況に関しては、齋藤慎一『戦国時代の終焉』（中公新書、二〇〇五年）を参照。
（13）浅倉直美「上野国の給人領・直轄領と金山在城衆」（同著『後北条領国の地域的展開』岩田書院、一九九七年、初出一九八六年）。
（14）京都大学文学研究科所蔵「古文書纂」一（『戦北』二八一五）。
（15）群馬県立歴史博物館所蔵阿久沢文書（『群』三三六二）。
（16）前原文書（『戦北』二六八五）、目黒氏所蔵（『戦北』二六八六・二六八八）、「後撰藝葉」五（『戦北』二六八七）、京都大学文学研究科所蔵「古文書纂」一（『戦北』二六八九）。
（17）高幡山金剛寺所蔵（『戦北』二七六二）。
（18）本史料では宛所が阿久沢能登守となっているが、五覧田城攻略の際にみえた彦二郎とは同一人物、もしくは兄弟の可能性が指摘されている（唐沢定市「戦国時代の黒川郷」『黒保根村誌』本編一、一九九七年）。
（19）「吉田」の所在地は不明である。『大間々町史』では「旧山田郡上久方村（桐生市）の字に吉田がみえる」と記している（『大間々町誌』別巻一中世資料編　一一八）。確定するのは難しいが、ほかの本領が桐生領の一定地域内に所在することから、「吉田」もその周辺にあった可能性が高い。
（20）田中文書（東京大学史料編纂所影写本）（以下、東大影写と略す）（『上』一二九〇）。
（21）峰岸純夫「東国武士の基盤―上野国新田庄―」（同著『中世の東国―地域と権力―』東京大学出版会、一九八九年、初出一九七三年）。
（22）東京大学文学部所蔵由良文書（『群』一九四三・二〇四四）。
（23）彦部文書（『群』二一一七）。
（24）簗瀬大輔「戦国期桐生領の林産資源と生業」（同著『関東平野の中世―政治と環境―』高志書院、二〇一五年、初出二〇〇七年）。

(25) 藤生雄作氏所蔵(『群』二七六八)。
(26) 金谷文書(『群』二七三五)・東京大学文学部所蔵由良文書(『群』二七四八)。なお、『群馬県史』ではこの二点の文書を天正元年と比定しているが、同年中に上杉氏の関東越山は無かったため、前後の状況を踏まえ、簗瀬大輔氏と同様に天正二年のものと比定した。
(27) 簗瀬註24論文。
(28) 池上裕子「上杉輝虎の佐野支配をめぐって」(『戦国史研究』一六、一九八八年)。
(29) 早稲田大学図書館所蔵三浦文書(『群』二三二二)。
(30) 京都大学総合博物館所蔵(『上』五四三)。
(31) 鑁阿寺文書(『上』五四四)。
(32) 【史料5】に登場する阿久沢氏について、黒田基樹氏は「関東幕注文」にみえる阿久沢対馬守の後継者である阿久沢左馬助である可能性が高いと指摘している(前掲註7論文)。
(33) 発智氏文書(『越後文書宝翰集』二―四号、矢田俊文・新潟県立歴史博物館編『越後文書宝翰集　上野氏文書・発智氏文書』新潟大学、二〇〇九年)。
(34) 齋藤註8論文。なお、本書第三章において、このトラブルの本質は発智氏が「根利通」における「路次馳走」を担う存在となったことが要因であると指摘した。
(35) 反町英作氏所蔵(『上』五六〇)。
(36) 実際には五十公野重家は会津の蘆名氏を頼って越後へ戻ろうとしていたようである(「会津四家合考」九『戦北』一〇二三)。その場合「根利通」を通ったのか定かではないが、ここでは佐野城から根利関所までにおける謙信の状況認識が重要なので、これ以上は追及しない。
(37) 佐野から深沢城に至るルートの詳細は不明だが、少なくとも渡良瀬川の左岸を通っていたことは間違いないであろう。中世の渡良瀬川の主筋は現在の河道よりも南西側を通っており、その流域は洪水の常襲地帯であったことが指摘されている(簗瀬大輔「戦国期渡良瀬川の洪水と水運」前掲著書、初出二〇一三年)。したがって、由良氏の軍勢が渡河し、常態的に桐生領内へ侵入していた可能性は低い。

また、桐生城下を流れる桐生川筋の道を遡っていくと、足利を経由するよりもはるかに迅速に佐野城と連絡できるため(簗瀬註24論文)、桐生―深沢城間のルートも含め、渡良瀬川沿いではなく山中を通っていた可能性もある。
(38) 目黒氏所蔵(『戦北』一五二〇)。
(39) 京都大学文学研究科所蔵「古文書纂」一(『戦北』一一九二)。
(40) 目黒氏所蔵(『戦北』一二九七)。
(41) 丸島和洋「武田氏の外交取次とその構成」(同著『戦国大名武田氏の権力構造』思文閣出版、二〇一一年、初出二〇〇二年)。
(42) 本書第三章。
(43) 黒田註7論文。
(44) 黒田註10論文。
(45) 鶏足寺文書(東大影写)(『上』一一九〇)。
(46) 西沢徳太郎氏所蔵(東大影写)(『上』一一九三)。
(47) 集古文書(『群』二七八三)。
(48) 東京大学文学部所蔵由良文書(『群』二七八四)。
(49) 「武州文書」所収埼玉郡与右衛門所蔵(『戦北』二〇〇九)。
(50) 集古文書(『群』二九五八)。
(51) 国文学研究資料館所蔵「紀伊国和歌山本居家旧蔵紀伊続風土記編纂史料「藩中古文書十二」所収正木文書(『大間々町誌』別巻一中世資料編　九三)。なお、本史料にみえる彦二郎がこの頃の阿久沢氏当主であろう。年代比定に関しては、黒田註7論文を参照。
(52) 京都大学文学研究科所蔵「古文書纂」一(『群』三三〇五)。
(53) 京都大学文学研究科所蔵「古文書纂」一(『群』三三二三)。
(54) 冨岡好一氏所蔵(『戦北』三三六五)。
(55) 京都大学文学研究科所蔵「古文書纂」一(『群』三三二四)。年代比定に関しては、黒田註7論文を参照。

(56) 齋藤註4論文。

第七章　信濃国仁科衆と大名権力

はじめに

戦国期において主要な研究テーマのひとつに戦争がある。しかし、一言で戦争といっても多様な視角から議論が行なわれているため、総体的に論ずることは難しい。そうしたなかで、当該期における諸矛盾が顕著に表れる境目に注目し、戦争の実態をみていくことはひとつの重要な視角となろう。

たとえば、藤木久志氏は「国郡境目相論」という史料用語に注目し、大名間の戦争は領土紛争であり、その同盟の成立は相互不可侵の約束を含む「国分」、つまり領土協定がその基礎要件であるとした(1)。

これに対して則竹雄一氏は、大名間の抗争は境界領域をめぐる領土紛争が直接的な原因ではなく、同盟関係の破棄＝「手切」によるものであったことを指摘した(2)。

一方、大名間における争覇戦といった図式自体を批判したのが岸田裕之氏である。氏は「境目地域においては、特に当該郷村ならびに隣郷の土豪・地侍らの協力なくしては、大名の政治的・軍事的基盤の確保・維持・拡大は不可能であった」として、戦場となった地域社会やそこで生きた人々に注目した(3)。

岸田氏と同様な視点から山本浩樹氏は、自立化を求める境目の諸勢力が、周囲の大名をまきこむかたちでその欲求

の実現を目指していたとする。(4)

以上のように、戦争を引き起こす要因を大名もしくは在地勢力いずれかに求める考えは、いわゆる「上から」「下から」の戦争といった視点の相違であり、議論は平行線をたどってしまう。こうした二元論的理解ではなく「網の目のような無数の力関係のせめぎ合いという権力関係」の実態を分析することこそが求められているのではなかろうか。(5)

そこで本章では、越後国と境を接する信濃国安曇郡にスポットを当て、在地勢力である仁科衆の動きを追うとともに、彼等と武田氏をはじめとして安曇郡へ進出した大名との関係をみていくことで、戦争がどのような要因によって引き起こされ展開していくのか、検討を加えていくことにしたい。(6)

戦国期における安曇郡の研究を概観しておくと、まず志村洋氏が近世領域支配とのかかわりで、仁科一族・被官の結合形態を論じている。(7)氏は荘郷的枠組みに基づく地域的まとまりが残る一方で、仁科一族・被官クラスの者たちが個々の郷村を越えて「洞」的な地縁的同族結合を在地に形成していたとする。(8)そして、筑摩郡を含む当該地域が、天正十八年(一五九〇)の石川教正入部以降、革新的に「筋」という行政区画に編成され、その後、「組」を単位とする「統一的行政区画による近世的な領国支配制度へ」と展開したと結論づけている。

しかし、当該地域は天文期以降、小笠原・武田・上杉氏などの侵攻を受けた地域であり、その上、武田信玄が仁科氏当主として五男の盛信を入嗣させるなど、大きな政治的変動を経験している。安曇郡の在地社会においても、その影響がなかったとは考え難い。志村氏の論考では大名による在地社会への影響が捨象されてしまっているが、その要因は近世を到達点とした領域支配の確立過程という視角から、戦国期の政治的・社会的状況を一括して捉えているからであろう。前述したように戦国期固有の社会状況を鑑み、仁科一族・被官の者たちが大名と如何に向き合っていたのかを追求する視角が必要なのではなかろうか。

次に、武田信玄が仁科氏へ盛信を入嗣させた意義にかかわる議論がある。平山優氏は武田氏が仁科本領に対する支配を強化し、その領主制を強く規制することで領域支配を円滑に進めようと意図していたことを論じている。[9] 一方、柴辻俊六氏は仁科氏を頂点とした一族結合による支配が強固に残っていたことを重視し、「盛信の入嗣は、在地組織と武田氏との妥協の結果」であり、「旧領の枠組みが温存され、領主権の内容も急激な変革を強要されずに、ほぼ旧態のものが容認された」として、武田氏権力は在地勢力側に規制されていたことを指摘している。[10]

このほかにもう一点問題を挙げると、天正十年（一五八二）三月の武田氏滅亡後における上杉景勝・木曽義昌・小笠原貞慶の安曇郡侵攻についての研究が、ほとんど手つかずの状況だということである。戦国期安曇郡の領主と大名をめぐる研究をさらに進めるためには、武田氏の統治下にあった時期だけではなく、小笠原氏の統治下に至る過程までをも含めて多面的に検討することが必要だと考える。

以上のことを踏まえ、本章では①仁科盛信入嗣以前、②盛信期、③武田氏滅亡後、と三期に分けて、大名が安曇郡へ進出してきた際の在地側の対応や、当該地域で生じた戦争の要因を明らかにしていくこととする。

一　武田氏の安曇郡侵攻

(1) 仁科盛康の武田氏従属

天文十九年（一五五〇）四月、武田信玄は駒井高白斎を高島城（諏訪市）へ派遣した。同月二十二日、仁科道外が高白斎のもとへ訪れ対面した。[11] 道外は現在の大町市に本拠を置く仁科氏惣領盛能と推定されている。[12] 彼は当時武田氏と対立していた信濃守護小笠原長時と同盟関係にあったが、高白斎のもとを訪れた際、武田方への協力を約束したようである。

同年七月十五日、武田軍が小笠原氏の本拠である深志（松本市）へ侵攻して長時が逃亡すると、道外は武田方へ出仕した。[13]この時、彼は正式に従属したものと考えられる。信玄は深志城の惣普請を行ない、筑摩・安曇郡域の拠点とした。しかし、仁科氏の本拠がある現在の大町市との間には、依然として小笠原方の勢力が残っていた。

天文二十一年（一五五二）八月、武田軍は安曇郡の奥深くまで侵攻、小岩岳城（安曇野市）を攻略し[14]、小笠原方の残存勢力はほぼ一掃された。小笠原長時自身は二ヵ月前の六月に京都へ逃れており、建仁寺で戦勝祈願を行なっていたこ

小谷筋地域図
国土地理院発行、20万1地勢図『富山』に加筆。

とから、[15]武田・小笠原両氏の戦いは実質上この時点で決着したといえよう。

そして翌天文二十二年(一五五三)正月二十四日には仁科匠作が武田方へ初めて出仕した。[16]匠作とは修理職の唐名であることから、弘治二年(一五五六)の仁科神明宮棟札に書かれている「仁科修理亮盛康」と同一人物である可能性が高い。[17]この出仕は道外から代替わりしたことによるものと考えられる。

天文二十二年八月九日、武田氏が大日方美作入道・上総介父子へ宛てた判物に仁科匠作の名が再び登場する。

【史料1】武田晴信判物写[18]

条目

一、飯田(白馬村)・雨降(同〈嶺方〉)間事、仁科庄作(盛康)江種々加異見相渡候、於奥郡本意者、何方江成共可出替地之事、

一、春日越前守・同名備前守・同名新助、此等之衆当方へ就于被抽忠信、在所為退出者、大日方父子如異見、可加扶持之事、

一、落合半次郎・同東条左衛門佐、当方江於被抽忠節者、奥郡本意之上、小松原(長野市)之地可出置之事、

一、従村上(義清)小川(小川村)江至于動者、則可移人衆之事、

一、其口之備、悉皆父子へ可相談之事、

已上

(天文二十二年)八月九日　晴信(武田)(花押影)

大日方美作入道殿

同　上総介殿

大日方父子はこの年の四月には既に武田方へ従属していた。[19]【史料1】の一条目を解釈すると、飯田から雨降までの地は(以前に大日方氏へ宛行った所であるが)、色々と「異見」をつけて仁科盛康へ渡した。奥郡(水内郡など信濃北東部)

が武田氏の勢力下となった際には、どこでも望みの地を替地として与える、といったことが書かれている。

武田氏は一度大日方氏へ宛行った地を仁科盛康へ引き渡したのだが、飯田から雨降までの地は元々仁科氏の所領だった可能性が高いことから、盛康が異議を申し出たのであろう。そこで武田氏は、やむを得ず色々と「異見」をつけて盛康に渡したが、替地をかならず用意すると大日方氏へ伝えたのである。

同年中と推定される武田氏書状がもう一通、大日方父子へ発給されている。

【史料2】武田晴信書状写(20)

今度仁科庄作方《(盛康)》へ越軍取詰候処ニ、人数被差出候由、令感悦候、此已後越軍取詰者、東条藤九郎・落合孫七等申合、可有出勢候、

晴信《(武田)》(朱印)

大日方美作入道殿

同　上総介　殿

○本史料は日付を欠く。

敵対する上杉軍が仁科氏の所領内へ侵攻してきた際、大日方氏が援軍を出したことを信玄は賞している。つまり、仁科氏の所領は対上杉氏の最前線に位置していたのであり、飯田から雨降が境目だった可能性が高い。同地をめぐる仁科・大日方・武田三氏の動きを鑑みると、武田氏は味方についた仁科盛康が今後も離反しないように、望みの地を宛行ったり、上杉氏が攻めてきた際には援軍を差し向けたり優遇策を講じていたと考えられる。

さて、次に掲げる二通の書状からは、仁科氏とその家臣「仁科衆」に対する武田氏の本音が窺われる。

【史料3】武田晴信書状写(21)

急度遣一筆候、為始馬民《(馬場民部)》・原美《(原虎胤)》其外参府、然者其地用心大切候、殊更聞届旨候間、仁科之人衆本城一切不可入之

「切テ不見候」、城中用心尤候、但不顕外於于内心、不可有油断者也、謹言、

三月十二日　　　　晴信（武田）（花押影）

今福石見守殿

横田彦十郎（康景）殿

【史料4】武田晴信書状(22)

幸便染自筆候、抑当口遂日本意、殊ニ別衆数多着陣、可被存心易候、畢竟其城極用心候、其意趣者西浜筋目凡有密事者、当陣雖堅固候無益事ニ候、以茲思案候ニ、不捨昼夜其城之用心并普請可被相勤之条、尤可然候、又仁科衆ニ不可有油断候、惣別毎事有気遣肝要候、恐々謹言、

八月十日　　　　晴信（武田）（花押）

曾禰掃部助（虎長カ）殿

まず、【史料3】の発給年代だが、晴信と署名されていることから、永禄元年（一五五八）以前であることは確実である。宛所の今福石見守は天文二十二年（一五五三）四月、苅屋原（松本市）在城を武田氏から命じられている(23)。また、弘治三年（一五五七）四月の武田晴信書状写には「上杉氏に対する備えとして横田彦十郎を加勢として派遣する」と書かれており、その宛所は安曇郡もしくは筑摩郡内の城に居た倉沢中務少輔である(24)。したがって、【史料3】は武田氏が筑摩郡へ進出した後の天文二十年（一五五一）から永禄元年（一五五八）の間に発給された書状となるが、横田氏が同地へ派遣された後である永禄元年（一五五八）のものである可能性が高い。

次に内容だが、本文中に登場する馬場民部は深志に在城しており(25)、原美濃守は平瀬に一時期在城していたことから(26)、この時も深志周辺にいたものと考えられる。したがって、彼等二人が甲府へ出向くこととなったため、武田氏は留守居として今福と横田に用心するよう命じていたことになる。

注目すべきは、仁科衆を「本城」へ一切入れてはならないとしている点である。「本城」とはおそらく筑摩・安曇郡の拠点である深志城のことであろう。武田氏は仁科衆を完全には信用していなかったのである。

もう一点【史料4】の発給年代は、安曇郡侵攻にかかわるものであるため、天文二十二年から元亀元年(一五七〇)の間となる。本文中の「西浜」とは新潟県頸城郡周辺域のことで、安曇郡小谷村を通って糸魚川へ通じる街道(千国道)で繋がっている。したがって、上杉氏領内の西浜を意識して、城の用心・普請をするよう曽禰へ命じていることを鑑みると、小谷の城(平倉城)を攻略した(27)弘治三年(一五五七)前後に発給されたものと考えられる。さらに推測すれば、冒頭部分で信玄が出陣していることが書かれていることから、川中島合戦があった弘治三年のものではなかろうか。そして、ここでも仁科衆に対して油断してはならないと曽禰へ忠告している。つまり、武田氏にとって仁科盛康が率いる仁科衆は、いつ離反するかわからない非常に警戒すべき存在だったことがわかる。

ところで【史料3・4】において、「仁科之人衆」「仁科衆」と呼ばれていた集団は、どのような人々で構成されていたのであろうか。たとえば、「衆」と武田氏から呼ばれていたのは、ほかに葛山衆・仁礼衆などがある。峰岸純夫氏によれば、在地領主階級の結集の場として、「領」という領主権の及ぶ地域的・排他的・一円的な領域があり、「領」の階級結集の人的側面が「衆」であるという。(28)また、時代は下るが天正十一年(一五八三)と推定されている二月十四日付、西片房家宛直江兼続書状では、「仁科洞中」と呼んでいる。

しかし、これらの呼び方は安曇郡における在地組織体系の武田・上杉両氏の認識を示しているにすぎない。実態はどのようなものだったのか検証する必要がある。そこで、次項では天文・弘治期に仁科衆を構成した者について検討を加え、さらにその勢力範囲を可能な限り特定していくこととする。

(2) 仁科衆の勢力分布

戦国期以前の仁科衆の構成員が確認できる史料として『大塔物語』がある。[29] 内容は応永七年(一四〇〇)、信濃国に入部した守護小笠原長秀と、それに対抗する国人たちの一揆(大文字一揆)との戦いである大塔合戦を描いたものである。同書によれば、仁科氏は千国・沢戸(沢渡)・穂高・等々力・池田・庄科(正科)に一族が居り、さらに地縁による周辺の地侍衆が加わって仁科一党が構成されていたことがみえる。

では、天文・弘治期にはどの程度の勢力を持っていたのであろうか。[30] まず、勢力の北限を確認すると、【史料1】でみたように武田氏は飯田から雨降までの地を一度大日方氏に所領として宛行った後、それを取り消して仁科氏へ渡している。荒井和比古氏は仁科盛康が同地にこだわったのは、一族である沢渡氏の本領だったためであると推測している。[31] また、同地より北は上杉氏方との境目となっていたことから、[32] 仁科氏の勢力範囲の北限は飯田から雨降だった可能性が高い。

次に南限であるが、安曇野市穂高に所在する穂高神社の「三宮穂高社御造宮定日記」をみてみよう。本史料は穂高神社が七年に一度行なっている遷宮のために、その年の二月に諸役と負担内容を記したもので、現在、文明十五年(一四八三)から天正十三年(一五八五)までの間で計十一点が残されている。[33]

役負担は各郷村に振り分けられており、その範囲は安曇郡南部一帯に広がっている。その北限は須沼(大町市常盤)、南限は古幡牧・山本(松本市梓川梓)付近となっている。

また、同史料では文明十五年から天文十八年(一五四九)まで、造宮の際の大旦那として大伴を名のる細萱氏の名前が記されている。しかし、次の天文二十四年(一五五五)には仁科大進竹友が大旦那となっており、それ以降は仁科一族の者がつとめている。したがって、天文十八年から同二十四年の間に政治的な変動があり、穂高社の役負担地域においても仁科氏の影響力が増大した可能性が高い。

その要因として挙げられるのは、武田氏の安曇郡侵攻であろう。当郡の領主のなかで、いち早く武田氏へ出仕した仁科氏は武田氏権力を背景として郡内において優位な立場となり、影響力が強まったと考えられる。

しかし、小笠原氏家臣だった二木豊後守のように、役負担地域に本拠を置きながらも仁科氏とは関係なく独自に大日方氏を取次として武田氏へ詫びを入れ、還住を許された者もいることから、[34]穂高社の役負担をしている村とその領主の政治的な動きとはリンクしていない場合もあった。[35]

以上のことから、仁科氏における勢力範囲の南限は穂高社の役をつとめた古幡牧・山本辺りにまで及んでいたと考えられるが、その地域内には小笠原氏に近かった二木氏のように、武田氏へ直接従属していた者も少なからず存在したと考えられる。

また、前述の「三宮穂高社御造宮定日記」では、大旦那のほかに宮奉行という役職がある。宮奉行は大旦那が仁科氏に替わった後も細萱氏が継続している。その点では仁科氏に勢力を押えられつつも、細萱氏は依然として役負担地域への影響力を残していたのであり、仁科氏の地域掌握には脆弱性があった。

つまり、「仁科衆」は安曇郡一帯の領主たちが結集したものではなく、同郡に散在していた一族を中心とした集団であり、小笠原氏配下にあった間にその勢力は縮小していった可能性が高い。仁科氏は天文末期に武田氏と結びついたことでようやく勢力拡大に向けて動き出したのである。武田氏としても彼等を味方に取り込もうと優遇策を講じてバックアップしていたが、一方で上杉氏と内通する可能性も捨てきれず、「仁科衆」を完全に信用するまでには至らなかったのである。

二　仁科盛信期

(1) 根知城攻略と等々力氏

仁科盛康の次に惣領となったのは盛政と考えられる。永禄十年(一五六七)、彼とその親類被官が武田信玄に提出した起請文が残っている。(36) しかし、盛康と盛政との関係や家督継承の時期について、一次史料上からははっきりしない。(37)

さらに、盛政から盛信への交代に関して、近世に書かれた軍記類(38)には、盛政が上杉方と誼を通じていたため、武田氏に捕えられて切腹したと記されているが詳細は不明である。(39)

盛信が盛政の後継者として登場する初見史料は、天正四年(一五七六)六月の仁科神明宮棟札銘である。

【史料5】仁科神明宮棟札銘(40)

(表)

大日本国信濃安曇郡仁科五郎盛信
　本願長生寺(渋田見)　奉行人祖繁
　　大工金原周訪(防)守長吉　銅細工甚介
天照皇大神宮御宝殿　奉造賛(替)年月日
　　　権大工源衛門吉次　鍛冶安部馬次郎兼次
　　　　小工弐参右衛門吉政　轆轤師
天正四暦丙子杣山入二月九日　手釿三月八日辛酉未時
　借殿遷五月一日戊時　御遷宮六月十四日丙子戌刻

(裏)(省略)

仁科神明宮では二十年に一度、式年遷宮が行なわれており、永和二年(一三七六)以降の造替の棟札が残されている。【史料5】には「本願」として「長生寺」と書かれている。長生寺とは仁科一族である渋田見氏のことなのだが、これ以前の棟札に「本願」は書かれていなかった。小林茂喜氏は「本願」とは実質的な造営の主宰者のことで、その役職は渋田見氏がつとめ、盛信は名目上の施主にすぎなかったとしている。(41)氏によれば盛信は在地社会の組織から乖離した存在であったことになるが、そうであるならば武田氏が如何にして安曇郡内の領主たちを統制していたのか、もしくはできなかったのかが問題になる。

この問題は「はじめに」で述べたように、平山優氏と柴辻俊六氏との間で見解に相違があるため、本節では盛信期に活発な活動がみられる等々力氏の動向を追うことで、在地勢力と盛信との関係を解明していきたい。

等々力氏は穂高神社の東、現安曇野市穂高等々力に本拠を置いていた。『大塔物語』では「戸度呂木」として大文字一揆の仁科勢の中にみえることから、この頃すでに仁科氏の被官になっていたと考えられる。また、永禄十年の生島足島神社の起請文には、仁科氏の親類被官として等々力豊前守定厚の名が確認できる。(42)

次に掲げる史料は天正五年(一五七七)九月五日付、等々力次右衛門尉・細野甚四郎宛の仁科盛信書状である。

【史料6】仁科盛信書状(43)

今度越州境、遠近敵城迄、為穏便遂案内、加之彼之城主之行、格法密見分条、数微細注進、寔無比類働感悦之至、尤掌握之所何如之哉、弥向後走舞、可抽忠儀者也、謹言、

　　　　　　　　　　　　　　　　　　(仁科)
　　　　　　　　　　　　　　　　　　盛信(花押)
天正
五年九月五日
　　　等々力次右衛門尉殿
　　　細野甚四郎殿

等々力・細野両氏は越後上杉氏との境目において、上杉方の城々への案内者として活動し、さらには城主の行動や慣習を密かに調査して度々盛信へ詳細に報告していたことがわかる。上杉方の城とは、千国道筋の拠点だった根知城(新潟県糸魚川市)と、その周辺の城であろう。したがって、案内者として登用された両氏は、以前から越後側へ通行

していたことが想定され、盛信は彼等を通じて上杉方の情報を入手していたのである。

千国道を利用した信越間の通行は、武田・上杉両氏が対立していた時期においても可能だったことが史料上から確認できる。

【史料7】武田家朱印状(44)

（朱印）　分国商買之諸役免許之分

（中略）

一、就越国筋往還自由者、一月ニ馬五疋分国之内、諸役令免許者也、

　　　　　　　　　　奏者　今井越前守

六月廿五日

　　仁科民部入道殿

（中略）

右書立之外之族、縦雖持印判、不可叙用者也、仍如件、

永禄仁年己未

三月廿日

本史料は、武田氏が発給した関所通行にかかる諸役免許の文書を控として記録したもので(45)、その中に仁科民部入道に宛てたものがある。仁科民部入道がどのような人物なのか定かではないが(46)、仁科一族の者が越後筋往還、つまり千国道の往復の自由を認められ、さらに武田分国内において一月に馬五疋分の諸役を免除されていたのである。「越後筋」とわざわざ表記されていることは、越後国側との交易が目的だったことを示していよう。

また、永禄十二年（一五六九）八月二十三日付、直江大和守・本庄美作守宛上杉輝虎書状では、上杉氏が千国道の通

行を遮断しようとしていたことが記されている。

【史料8】上杉輝虎書状(47)

「（朱書）永禄十二」

爰元之様躰、定而可無心元候間、一筆申遣候、廿日越境河所々放火、堀江（富山県滑川市）之地崩、廿一日石田（同黒部市）ニ休人馬、廿二金山（同魚津市）へ押詰、要害際ニ陣取、廿二之暁しんしやう（新庄・富山市）則、従此方堅固ニ為持、同廿三申刻金山根小屋悉自放火、無残所一変、併松倉（魚津市）巣城計ニ而相抱候、所々作毛打散候間、何を以末々可成功候哉、兎角ニ当国一変珍重候、軈而越後口ニ被為取向地利可納馬候、其内信州口堅固之仕置簡心候、飯山（長野県飯山市）・市川（同栄村）・野尻（同信濃町）新地用心目付油断有間敷候、信州口替義候者、早々註進尤候、従祢知（根知・新潟県糸魚川市）口信州へ通用之由候、か様之儀をも堅可申付候、上郷（同妙高市）之地下人之証人をも為被取、祢知平之地下人之証人をも為取、如何にも仕置簡要候、留守中人数、地下鑓をも集可然候、又外様（飯山市）之支宅為之、飯山へ可為入由申、従大和守（直江景綱）所検使ヲ使、源五方（村上国清）・本田右近允同所ニ可申付候、謹言、

追而、所々之証人用心簡要候、以前申付候、夜待堅申付、其外無道狼藉無之様ニ大和守ニ任候、以上、

（永禄十二年）八月廿三日　　輝虎（上杉）御居判

直江大和守（景綱）殿
本庄美作守（宗緩）殿

上杉謙信は八月、越中方面へ出馬していた。そこで春日山の留守居役である直江・本庄両人へ指示を出しているのが本史料である。傍線部分を解釈すると「根知口から信濃国内へ通行しているとのことであるが、このようなことも厳しく（通行しないように）命じること。上郷・根知平の地下人からそれぞれ人質を取り、どんな理由があろうとも通行を禁止することが大切である」といった具合である。

千国道を利用して武田領内への通行があったということは、【史料7】と合わせて考えると交易が行なわれていた可

能性が高い。それにかかわっている者として越後側では上郷・根知平の地下人たちが挙げられ、今後交易を行なわせないよう人質を取り、仕置(通路の遮断)を命じたのである。つまり、謙信は地下人たちの境目の通行を禁じ、武田方との交易を禁止したのである。逆に言えばこれ以前、千国道における越後・信濃の境目は比較的自由に通行できていたことになる。

以上のことから、【史料6】において案内役を任された等々力・細野両氏は、永禄十二年以前、交易や輸送などに携わって越後国内にも出入りしていたと考えられる。しかし、国境を封鎖されたため両氏は交易による利益を得ることができなくなってしまった。おそらく、盛信が仁科家惣領となった時期、両氏は交易の再開を目論み、越後進出のための案内役を積極的に引き受けたのではなかろうか。

盛信は翌天正六年(一五七八)二月十二日、「越国境迄、小谷筋荷物二疋前」の過所を等々力氏へ発給した(48)。これは前年の働きに対する褒美とも考えられるが、「二疋前」と少量であることから、彼が依然として越後との境目に滞在し続けて案内者・情報収集の役をつとめていたことによる、同地へ必要物資を送るための過所であったとも考えられる。

武田家から仁科家へ入嗣した盛信が千国道から越後へ進出するためには、越後の事情に明るい等々力氏のような案内者が必要不可欠だった。そして、等々力氏にとっても越後との交易が再開すれば自身の利益になるため、両者の利害が一致したことによる行動だったといえよう。

その後も盛信による千国道からの越後進出策が進展していくのだが、天正六年三月、上杉謙信が急死したことで景勝と景虎との間に跡目相続争い(御館の乱)が勃発した。景虎の実家である北条氏と同盟を組んでいた武田勝頼は応援要請をうけたため、信濃飯山方面から越後へと軍を進めた。しかし、六月に入ると景勝は武田方に和睦を持ちかけてきた(49)。

同じ頃、千国道方面では根知城を守っていた吉江民部少輔・赤見小六郎両人へ武田方が接触を図っていたことが次の史料で確認できる。

【史料9】武田家朱印状写[50]

就亡父先忠、以法性院殿（武田信玄）直判、被相渡候本領・当知行之事、万乙属西浜御本意者、聊不可有御相違候、但招知〔根〕之城主赤見・吉江励忠節、於被拘置地ニ候、以改替可被補之由、被仰出者也、仍如件、

天正六年戊寅

六月廿一日（竜朱印影）　跡部大炊助

奉之

桃井綱千代殿

武田氏は桃井氏に対して、西浜（糸魚川市付近）が武田領となった際には本領・当知行とも安堵することを約したのだが、根知城の赤見・吉江両氏が武田方へ寝返った場合、彼等の知行地となってしまっている所については替地を出すとしている。したがって、武田氏は赤見・吉江両氏に接触をはかり、知行地の安堵について既に話し合っていたことが想定できる。上杉氏から離反する話がまとまりかけていたのである。

勝頼は春日山に滞在して景勝・景虎両者の和平仲介を行ない、八月二十日に和平が一時的に成立したため、帰国の途についた[51]。しかし、翌九月には再び戦いが始まった[52]。

九月九日、勝頼は根知城の赤見氏が武田方への忠節を誓ったことを賞している。

【史料10】武田勝頼（仁科）判物写[53]

今度至其表盛信差立候処、最前忠節誠感入候、仍九百貫文所出置候、猶依忠功可重領知者也、仍如件、

天正六年戊寅

九月九日　勝頼

赤見小六郎殿

この時点で根知城とその周辺域が武田方に渡ったものと考えられる。ここでひとつ押えておきたいことは、武田氏による千国道筋からの西浜攻略が、御館の乱による混乱の最中に開始されたのではなく、既に前年から行なわれていたということである。すなわち、前述したように国境の往還を回復することが目的だった安曇郡内の領主と武田氏の利害が一致したことで進出が実現したのであり、越後国内の混乱に乗じた武田氏の意向で突発的に侵攻したわけではなかったのである。

(2) 天正八年時点における等々力氏の役割

御館の乱は勝頼と景勝が同盟を結んで以降景勝方が優位に立ち、翌天正七年三月、景虎が自害したことによって収束へ向かった(54)。

その後、天正八年(一五八〇)八月の時点において、武田氏は根知城よりさらに北に位置する不動山城(糸魚川市)まで押えていたことが確認できる。

【史料11】仁科盛信書状(55)

来札披見、仍不動山衆番替、□〔近カ〕日被仰付候間、弥御番・普請、聊不可有油断之旨、可被申越候、随而馬町毎年雖成下知候、町人侘言故無一着候、然則者〔者則カ〕、於今度者領中之馬并大町(大町市)・真々部(安曇野市)市之儀、此砌穂高(同市)へ被引可然候、猶替儀重而可被申越候、恐々謹言、

(天正八年)八月朔日　盛信(花押)

等々力次右衛門尉殿

盛信は等々力氏に対して、①不動山城に詰めている城番衆の交替の件で近く勝頼から御命令があるので、より一層

御番・普請を少しも油断しないよう申し伝えること、②馬市開催を毎年命じているが、町人が開催できないと嘆願してきたため、大町・真々部で開催するはずだった市は今回穂高において行なうこと、以上二点を伝えている。(56)①において、不動山城が城番制となっていたことがわかる。また、②では馬市開催が予定されていた大町・真々部の町人たちの嘆願によって、場所が穂高に変更となっている。おそらく、市を開催する際には役負担があり、それを避けたかったのであろう。変更先である穂高は等々力氏の本拠地であることから、盛信は等々力氏の負担によって開催することを命じたのである。

次に掲げる史料は、【史料11】から十日後に再び等々力氏へ宛てた盛信書状である。両史料の内容は関連しているため、合わせて検討していきたい。

【史料12】仁科盛信書状(57)

一、鳥羽・栗毛の馬、十八ニ来着候事、一、夫馬如何様にも相調、同日可指越事、一、乗馬衆・同手明之者、毎度結付候間、定武具等寄〔綺〕羅吟〔味脱カ〕可有之歟、今度於嗜無人者、一途可有過怠候事、一、新為御軍法、鉄炮持一切ニ御普請御赦免たるへき之由、被仰出候間、如何様にも過分ニ相調候様ニ肝煎尤ニ候、一、俄之出陣候間、不足之儀ハ和泉守・将監かたへ可被相憑候事、一、細萱河内守(長知)、同心・被官召連、十九ニ当府へ参着尤候、一、真々部同心・被官同前之事、彼衆帰城候間、(渋田見盛種)長生寺根知へ可被罷越事、一、軍兵衛(松川)・小兵(岡村)へ、是も十九ニ参着候事、一、相残候道具、十人衆申付、同日可差越事、一、各立物之儀、かんばんを申請候間、両地在番衆ハ、今度之留守ニ支度尤候、ひたきん(ママ)たるへく候、恐々謹言、

(天正八年)八月十一日　　盛信(花押)

等々力次右衛門尉殿

最初の一・二条において、馬を調達して盛信のもとへ八月十八日に届けるよう指示している。したがって、等々力

氏にとっては穂高で馬市を開くことを八月一日に命じられ、そこで調達した馬を十八日までに届けなければならず、盛信は馬の調達をかなり急いでいた様子が窺われる。そのことを裏付けるように、次の三・四・五条目では出陣の準備に関することが書かれ、最後に「俄之出陣」であるため、準備しなければならない鉄炮が不足した際は和泉守と将監に依頼するよう、盛信は指示している。(58) したがって、馬の調達は今回の出陣のためのものだった可能性が高い。

そのあと六条では、細萱河内守は同心・被官を連れて十九日に「当府」まで参着すること、七条では真々部氏も同心・被官を連れて十九日に参着すること、「彼衆」が帰城するので渋田見氏が根知へ行くことを指示している。「当府」とは素直に考えれば信府、すなわち深志城であろう。また、「彼衆」とは真々部氏の出陣要請と同じ条項内に書かれていることから、真々部氏とその同心・被官のことを指していると考えられ、彼等が渋田見氏と交替して根知城から帰ってきたということになる。すると【史料11】において、真々部の町人が馬市回避を嘆願していたのは、真々部氏が根知城へ在番衆として派遣されていたため、それに関する諸役の負担と重なってしまうことを避けたかったからであろう。大町の町人も同様の理由だったと考えられる。

以上、【史料11・12】は盛信が仁科領内に居らず、深志城から等々力氏へ指示を出していたことを示すものだが、盛信が常に深志に在城していたのかどうかは不明である。しかし、盛信が領内に不在の際は等々力氏が指示を受けて差配していたことは確かであり、馬市を急遽開催できる財政的な力も蓄えていたのである。一方、【史料5】において天正四年の仁科神明宮造営の実質的主宰者であった渋田見氏は、根知城在番の交替要員となっていた。したがって、天正八年時点における等々力氏の地位は四年前よりかなり上昇しており、盛信に次ぐものとなっていたとみてよいであろう。彼がそこまで成長を遂げた大きな要因は、越後への案内者を引き受け、国境の交通が再開後には交易に関する権益を確保したためと考えられる。一方で、安曇郡の領主・住人たちには不動山・根知両城への在番という負担が発生したのである。

三　武田氏滅亡後の安曇郡

（1）上杉氏の南下

天正十年（一五八二）織田軍は武田氏討伐のため信濃へ侵攻、仁科盛信は高遠城において織田軍を相手に奮戦したものの最後は自害した。同年三月十一日、武田勝頼は織田軍に追い詰められて自害し、武田氏は滅亡した。武田家臣のなかでいち早く織田方へ寝返った木曽義昌は、その功績を賞され同月二十日に織田信長から安曇・筑摩二郡を与えられた(59)。彼は四月五日付で、大網宗兵衛と大所豊後守へ旧領安堵の書状を発給し、信玄・勝頼両代の時と変わらずに扶持するとしている(60)。大網・大所両氏は千国道筋の信越国境を挟んで本拠がある境目領主である。

さらに、四月七・十日には倉科七郎左衛門へ大町近辺の所領を預け置くとともに旧領安堵を行なっている(61)。倉科氏は以前、武田勝頼によって安曇郡内の千国道筋に知行を宛行われていた(62)。このように木曽氏は境目領主たちへの早急な対応によって、上杉氏との境目を維持しようとしていた。

木曽氏の動きに対して、上杉氏側の対応はどのようなものだったのか。

【史料13】直江兼続書状(63)

芳札披見、仍　上様《（上杉景勝）》御樽被差上、則令披露候、自分へも送給祝着申候、次仁科筋人数被遣由ニ候、吉左右候ハヽ、重而御注進待入候、将又、先達而以書中申入候、其元より敵地へ之往復、不通ニ可被相留由、堅　御諚候間、左様御心得尤候、恐々謹言、

追而、青梅給候、賞翫申候、以上、

直江

（天正十年）
卯月廿九日　　　　　　　　　　　　兼続

西方（片）二郎（房家）右衛門殿

景勝の側近である直江兼続は西片房家に対して、「仁科筋」へ兵を送り込むこと、敵地（木曽方）への出入りを遮断するよう命じている。この二つの活動が可能な場所から推測すると、西片氏は千国道筋である根知に在城していたと考えられる。

また、上杉方は安曇郡南部へ兵を送り込むと同時に、千国道の通行を遮断しようとしていたことがわかる。その目的は軍事的な必要性はもちろんであるが、謙信期と同様に経済封鎖が含まれていた可能性が高い。

その後、六月二日に本能寺の変がおこると、景勝は同月七日、西片氏に加えて楠川将綱を根知へ派遣し(64)、軍勢を「小谷」へ差し向けた。

【史料14】楠川将綱・西片房家連署状(65)

（封紙ウハ書）
「（墨引）直江与六殿　　西片次郎右衛門尉
　　　　　　　　　　　楠川出雲守　　（墨引）」

去晦日　御書信州於小谷之地ニ謹而拝領仕候、然者、沢渡方証人可渡之由被申候条、爰元江罷越候、小谷之証人を者悉取申候、仁科衆沢渡始、証人可相渡之由候か、就参上被申ニ未請取不申候、御諚被下訖、在陣可申候、此等之趣、可然様ニ御披露所仰候、恐惶謹言、

（天正十年）
七月五日　　西片次郎右衛門尉
　　　　　　　　房家（花押）
　　　　　楠川出雲守
　　　　　　　　将綱（花押）

直江与六（兼続）殿

西片・楠川両氏は、仁科一族の沢渡氏が人質を差し出すと申し出てきたこと、小谷衆からは人質をすべて受け取ったことを直江氏に報告している。さらに続けて、仁科衆は沢渡氏をはじめとして人質を差し出す模様で、こちらへ来ると言っているため、まだ人質を受取っていない、としている。上杉氏は「仁科衆」に属する各領主から人質を取ることによって彼等を配下に置き、安曇郡を掌握しようとしていたことがわかる。

つまり、仁科盛信が死去した後においても、「仁科衆」の枠組みを利用していたのである。そのため盛信の後継者をいち早く決める必要があった。九月四日、景勝は仁科一族の日岐盛直を惣領に据えた(66)。そして、本領以外に池田郷（池田町）・滝沢（同）・萩原（安曇野市）・細野（松川村）・松川（同）・小塩（不詳）を宛行っているが、これらの地に上杉勢は到達しておらず、宛行いは約諾にすぎなかった。

(2) 小笠原氏の侵攻

天正十年七月、武田信玄に信濃を追われた小笠原長時の息貞慶が深志に戻ってきた(67)。八月九日、日岐城（東筑摩郡生坂村）攻略のため、貞慶は仁科氏親類である古厩・渋田見氏に対して穂高に陣取るよう命じている(68)。また、翌日には本山筋（塩尻市）において木曽勢を撃退している(69)。したがって、この時点において既に安曇郡の南部は小笠原氏が掌握していたと考えられる。

九月十九日、七月の時点で上杉方へ人質を差出すと言っていた沢渡九八郎に対して、小笠原氏は沢渡の地を安堵し味方につけた(70)。

さらに十月十日、倉科七郎左衛門に曽山和泉跡十五貫文を宛行い、同月二十七日には安曇郡内の地を宛行っている(71)。この時、倉科氏に宛行われた地は横瀬（大町市八坂）・正科（池田町池田）・清水かいと（大町市常盤）など、安曇郡のなかでも仁科氏の本貫地である大町周辺の中心地であった。

倉科氏は天正七年(一五七九)四月二十八日、仁科盛信から越後計略への功績によって、千国(小谷村)・小谷(同)・和田(松本市)に知行を宛行われ[72]、翌年には武田勝頼からも知行宛行と御家人としての奉公を求められている[73]。つまり、前節において述べた等々力氏と同様な活動によって、倉科氏は武田氏から賞されていたのである。そして前述したように、武田氏滅亡後には木曽氏から旧領安堵状を受け取っているものの、上杉勢の安曇郡侵攻によって小谷方面は不知行となってしまった。したがって、貞慶は千国道筋の情勢に詳しい倉科氏を味方につけるために大町周辺域を宛行ったのであろう[74]。

さて、天正十一年(一五八三)二月、仁科一族・被官の一部による小笠原氏への謀反の企てが露見し、貞慶によって討取られるという事態が発生した。

その経過を追っていくと、二月十二日、貞慶は家臣の犬飼氏に送った書状のなかで、苅屋原に在城していた赤沢氏の謀反が明らかになったため切腹させたことを報告している[75]。さらに翌々日、次に掲げる書状を送っている。

【史料15】小笠原貞慶書状写[76]

尚々、よろつおもふさまに候、御心やすくあるへく候、以上、

さくや（昨夜）ね（子）の刻、当城において古まや（古厩）成敗候、逆心必定のまゝ如此候、以上上下廿人あまりうちとり候、則仁科へをの〳〵さしつかハし、道心・今井四郎次郎両人討捕候、因幡守子息（古厩平三）（欠落）ハかけをち候得共、定而たつね出候へく候、其外意逆（逆意カ）之者共成敗申付候、就之、其もと用心尚以肝要候、よろつ仕置申付間、廿日比まてハ、はんかい（番替）こし申ましく候、仁科の仕置相すみ候ハゝ、其内にもはんかいこし候へく候、此よしなりあい（成相）藤兵へ・いのすけ（猪之助）、其外いつれへも委伝達肝要にて候、恐々謹言、

二月（天正十一年）十四日

貞慶（小笠原）御判右同

犬かい殿

貞慶は昨夜松本城内において(77)、謀反を企てた疑いによって古厩因幡守とその被官たち二十人余りを討取ったのである。そして安曇郡へ兵を派遣し、道心・今井四郎次郎の両人も討取った。この時、古厩氏の息平三は逃げたが必ず探し出すとして、そのほか逆心のある者たちの成敗を命じたとしている。

また、同日付である二通目の書状では、古厩・塔原両氏が同心して謀反を企てたこと、一人ももれなく討ち果たしたので筑摩・安曇両郡の仕置はおおかた思い通りになった、と述べている(78)。

それから二日後の十六日付、犬飼氏宛貞慶書状を次に掲げる。

【史料16】小笠原貞慶書状写(79)

（追而書省略）

来札披見祝着候、此表仕置如何も存分候、古厩平三をも細野（松川村）之郷にて討捕候、沢渡九八郎も召執候、仁科之仕置何も思ふ様ニ候、小谷へハ細萱をつかハし（遣）候、是も一著候、定可為大慶候、次塔原事ハ古厩小屋へ悉兵粮ヲあけ、彼在所には一俵も無之候、彼是以よき時分加成敗、古まや（古厩）のこや（小屋）に俵等、さいけんなき（際限無）事に候、悉兵粮当城へうつし、こやをはやきくつし（焼崩）可申候、其表弥無油断用心尤候、急度番替可申付候、恐々謹言、

（天正十一年）二月十六日　　貞慶（小笠原）御判右同

犬かい半左衛門殿

この日、十四日に逃亡した古厩平三が細野にて討取られた。また、沢渡九八郎も捕まり、「仁科之仕置」はいずれも思い通りになったとして、小谷へ細萱氏を派遣した。結局、二月十二日から十六日の間に、古厩父子とその被官たちをはじめ、塔原・道心・今井などが討取られ、沢渡が捕えられたのである(80)。

荒井和比古氏は一連の貞慶の行動について、父長時からの地侍のなかで、「反小笠原、あるいは親仁科、武田と続

いた者に対して徹底した糾弾を見せたのがこの事件である」としている(81)。

貞慶は同月二十二日に犬飼氏へ送った書状のなかで、「仁科之事ハ惣別我かまゝの体候、更ニ無分別候つる、いかさまひき《（日岐・生坂村）》の一着次第ニ、知行方悉わりなをすへく候」と述べている(82)。つまり、貞慶の狙いは仁科衆の中に存在する反小笠原派を一掃することにあったと考えられる。不審な行動をとっていた古厩・塔原たちを討取り、仁科衆の中の不満分子をなくして、安曇郡における貞慶の権力を安定化させようとしていたのであろう。

また、武田氏統治時代に仁科氏勢力の拡大の影響を受け、穂高社造営の大旦那職を奪われた細萱氏にとって、この機会は以前の立場を回復させるチャンスだった。貞慶は細萱氏のような武田氏統治時代に不満を抱いていた者たちを積極的に重用したのではなかろうか。沢渡氏を捕らえた後、細萱氏が在地の動揺を防ぐため小谷へ派遣されたことは、彼の安曇郡における地位が上昇したことを示している(83)。

以上、本節でみてきたように上杉景勝は武田氏滅亡後においても、仁科衆を中心とした地域統合の枠組みをそのまま利用して、安曇郡域を押えようと試みた。しかし、仁科氏惣領盛信の死去後、本来は仁科衆を取りまとめるべき存在であった渋田見氏が小笠原方につき、その後頭角を現した等々力氏は史料上から姿を消してしまった(84)。そのため仁科衆はひとつにまとまらず、上杉派・小笠原派に分裂していたのである。

結局、小笠原貞慶が武田氏支配に不満を持っていた者たちを味方につけ、仁科衆内における反小笠原派の者たちを一掃したことによって、安曇郡を統治下におさめたといえよう(85)。

おわりに

以上、信濃国安曇郡における仁科氏と領主たちの動向を三期に分けて追ってきたが、ここでまとめておくこととする。

①仁科盛康・盛政の時期、武田信玄にとって「仁科衆」は従属してはいたものの、非常に警戒すべき存在であった。そのため、離反しないように飯田から雨降までの地を与え、上杉軍が侵攻してきたときにはすぐに援軍を差し向ける用意をしていた。また、小笠原氏配下に長くあった「仁科衆」は勢力が衰退していたが、武田氏と結びついたことでその権力を背景として勢力拡大をはかっていた。

②武田・上杉両氏が対立していた時期、信越国境では交易が行なわれており、安曇郡の領主もかかわっていた。しかし、永禄十二年（一五六九）、上杉謙信が千国道の通行を遮断したことで、交易にかかわっていた者たちは自分たちの権益を失ってしまった。武田氏から仁科氏惣領として入嗣した盛信は、勝頼の代になると千国道筋からの越後進出をはかり、越後との交易の復活を願っていた等々力・細野両氏や倉科氏などは案内者として積極的に関与していった。

盛信に協力した等々力氏は急成長を遂げ、天正八年の時点において安曇郡内では中心的な存在となっており、一方で、天正四年の仁科神明宮造営の際に本願として仁科一族の代表者だった渋田見氏は、一領主として根知城の城番を勤めていた。

③武田氏滅亡後、上杉景勝は「仁科衆」を掌握することで安曇郡域を支配しようと試みるが、上杉方の者たちが「仁科衆」「仁科洞衆」と呼んでいた枠組みは内部分裂によって既に形骸化していた。対する小笠原貞慶は武田氏支配に不満を持っていた者を重用し、仁科衆の反小笠原派を一掃することで地域の掌握に成功した。

以上のようになるが、①の時期、小笠原氏の安曇郡支配によって影響力を失っていた仁科氏は、武田氏と結びついたことで勢力回復を目指していたのであり、志村氏がいうところの「洞」的な地縁的同族結合を形成するのは、これ

以降のことである。(86)

②の時期は、武田氏の越後進出政策により、安曇郡内において武田氏と共通の利害関係をもつ等々力氏などが影響力を強め、盛信は等々力氏を通じて安曇郡の領主を統制していた。武田氏が仁科本領に対する支配を強化したとする平山氏や仁科氏の体制がほぼ旧態のまま残されたとする柴辻氏の指摘とは異なる展開が確認できた。さらに③の時期に「仁科衆」は分裂し、小笠原氏によって再編されていたことが想定される。このように、①から③の時期にかけて、「仁科衆」の構造や安曇郡内の領主の勢力図は、大名との連携・離反によってめまぐるしく変化していったのである。

したがって、大名の領土拡大指向は大名間の争覇戦や、在地勢力（境目領主）が周囲の大名を巻き込んで欲求の実現を目指したもの、といった一面的なものではなく、両者の利害が一致した時にはじめて対外進出に向けて動き出すことが明らかとなった。

このように戦国期を通じて変化していった在地の集団が、近世へ向けてどのように展開していったのか、この点は今後の課題としたい。

註

（1）藤木久志「大名の平和＝惣無事令」（同著『豊臣平和令と戦国社会』東京大学出版会、一九八五年、初出一九八三年）。

（2）則竹雄一「戦国期「国郡境目相論」について」（同著『戦国大名の権力構造』吉川弘文館、二〇〇五年、初出一九九九年）。

（3）岸田裕之「戦国最末期の備作境目地域における戦争と郷村秩序」（同著『大名領国の政治と意識』吉川弘文館、二〇一一年、初出一九九三年）。

（4）山本浩樹「戦国期戦争試論」（池上裕子・稲葉継陽編『展望日本歴史』12、東京堂出版、二〇〇一年、初出一九九七年）。

（5）この問題提起は、公権としての正当性が「上から」もしくは「下から」調達されるといった「公権形成論」において、村井良介氏が行なっている(村井良介「戦国期における領域的支配の展開と権力構造」同著『戦国大名権力構造の研究』思文閣出版、二〇一二年、初出二〇〇九年)。

(6) 安曇郡とは前近代の呼称であり、現在は北安曇郡・南安曇郡に分かれている。

(7) 志村洋「近世領域支配の確立過程と在地社会―松本藩初期大庄屋制に関する試論―」(『歴史学研究』六五九、一九九四年)。

(8) 「洞」については市村高男氏の研究がある(「戦国期における東国領主の結合形態」同著『戦国期東国の都市と権力』思文閣出版、一九九四年、初出一九八一年)。氏によれば「洞」とは、「屋形」または惣領を頂点として、その統制下に属しつつも、私「縁」や契約によって結集した一族・旗下国人層による地縁的・地域的な結合を遂げた戦国期固有の領域集団としている。

(9) 平山優「戦国大名武田氏の筑摩・安曇郡支配について」(『武田氏研究』十五、一九九五年)。

(10) 柴辻俊六「信濃仁科氏の領主制」(同著『戦国期武田氏領の展開』岩田書院、二〇〇一年、初出一九九六年)。このほか、須藤茂樹氏が戦国大名の一族配置と分国支配という観点から仁科盛信を取り上げ、関係文書の解釈を丹念に行なっている。そして、盛信は武田氏の直接支配の伝達者としてパイプ役を果たしていたとする(須藤茂樹「信濃仁科氏の武田氏被官化と仁科盛信」『甲斐路』八五、一九九六年)。

また、小林茂喜氏は盛信がどこに在城していたのかに注目している。盛信は仁科氏惣領となった後、深志に在城していたのであり、天正三年(一五七五)以降は高遠城主として普段は高遠に在城していたとする(小林茂喜「仁科五郎盛信の歴史的位置と役割」『信濃』六〇―八、二〇〇八年)。なお、自治体史では『大町市史』が資料・通史ともに充実しており、本章においても参照した(大町市史編纂委員会編『大町市史』第二巻原始・古代・中世、同資料編、大町市、一九八五年)。

(11) 「高白斎記」天文十九年条(信濃史料刊行会編『新編信濃史料叢書』第八巻、信濃史料刊行会、一九七四年)。以下、「高白斎記」天文十九年条のように略す。

(12) 道外が盛能であることを裏づける一次史料はない。仁科神明宮(大町市)棟札の天文五年(一五三六)の施主として盛能の名が確認できる。一志茂樹氏はこのほか系図類や軍記と照合しながら推定している(一志茂樹『美術史上よりみた仁

科氏文化の研究』信濃教育会北安曇郡会、一九三七年)。
(13)「高」天文十九年条。
(14)「高」天文二十一年条。
(15)建仁寺文書(『信』十一—五二四)。
(16)「高」天文二十二年条。
(17)仁科神明宮所蔵(『戦武』四一六〇)。
(18)大日方家文書(『戦武』三八一)。
(19)「高」天文二十二年条。
(20)大日方家文書(『戦武』三九二)。
(21)多和文庫所蔵「甲州古文集」(『戦武』六二五)。
(22)功力氏所蔵(『戦武』六四〇)。
(23)「高」天文二十二年条。
(24)「木曽古文書写」(『戦武』五五六)。
(25)小笠原系図(『信』十一—四六九)、「二木家記」(前掲註11書)。なお、両史料は近世になってから書かれたものだが、【史料3】の内容を考慮すると馬場民部は深志に在城していた可能性が高い。
(26)「高」天文二十年条。
(27)溝口家文書(『戦武』五六六)など。
(28)峰岸純夫「戦国時代の「領」と領国—上野国新田領と後北条氏—」(同著『中世の東国—地域と権力—』東京大学出版会、一九八九年、初出一九六九年)。
(29)「大塔物語」(前掲註11書　第二巻)。
(30)この問題には荒井氏が既に言及されている(荒井和比古「戦国時代」『大町市史』第二巻　第七章)。氏は北限として神城・北城周辺(白馬村)を挙げ、南限は穂高(安曇野市)が南の拠点であることから、その周辺域であるとしている。
(31)荒井前掲註30論文。

(32)　前述したように、弘治三年(一五五七)、武田氏は小谷の平倉城を攻略しているが、小谷村周辺域は「小谷衆」が独自の領域を持っていたため、その点からも飯田周辺域が仁科氏の勢力北限だったと考えられる。
(33)　「三宮穂高社御造宮定日記」は『信濃史料』の各年代に掲載されている。
(34)　長野県立図書館所蔵丸山文庫(『山梨県史』資料編5　一七五九号)。
(35)　二木村は天文二十四年(一五五五)の穂高社式年造営にあたり、「御幣紙九枚半、手束麻九把半、籾一石一斗七舛、白米一斗一舛七合」の役を負担している(『信』十二—五九〜六六)。
(36)　生島足島神社所蔵(『戦武』一一一九・一一二〇)。
(37)　この点は荒井氏(前掲註30書)・柴辻氏(前掲註10論文)・須藤氏(前掲註10論文)等が考察しているが、一次史料に乏しく軍記・系図類から類推するしかないため判断し難い。
(38)　「甲陽軍鑑」(『甲陽軍鑑大成』汲古書院、一九九四年)、「信府統記」(前掲註11書　第五・六巻)など。
(39)　荒井和比古氏は永禄十二年(一五六九)から翌元亀元年(一五七〇)にかけて、仁科被官への武田氏による直接的な重恩宛行状五通が存在するため、この間は仁科氏当主不在の空間期として、盛政は永禄十年(一五六七)八月の起請文を捧げたあと、永禄十二年(一五六九)八月までの間に切腹したと推測している(前掲註30書)。
(40)　仁科神明宮所蔵(『戦武』一二六六八)。
(41)　小林註10論文。
(42)　前掲註36史料。
(43)　細野家文書(『戦武』二八六三)。
(44)　内閣文庫所蔵「諸州古文書」五(『戦武』六五五五)。
(45)　笹本正治氏が本史料を分析している。氏は「武田氏が関所の通行を許可した者達を書きあげ、各関所に知らせたもので、関所ではこれをもとにして通行者のチェックをしたのであろう」としている(笹本正治「武田氏の商人支配」同著『戦国大名武田氏の研究』思文閣出版、一九九三年、初出一九七九年)。
(46)　荒井氏は系図類から仁科民部入道を仁科一族の沢渡盛利と推察している(前掲註30書)。
(47)　「謙信公御書」三(『上』七九九)。

(48) 太田家文書(『戦武』二九二八)。
(49) 上杉家文書(『上』一五四三)。
(50) 内閣文庫所蔵「新編会津風土記」九五(『戦武』二九九〇)。
(51) 上杉家文書(『上』一六一三)。
(52) 反町英作氏所蔵(『上』一六二五)など。
(53) 石井氏所蔵「武田古案」(『戦武』四二八一)。
(54) 上杉定勝古案集(『上』一八〇〇)。
(55) 等々力家文書(『戦武』三三九一)。
(56) 【史料11・12】の解釈に関しては、小林氏が詳細に検討を加えている(小林註10論文)。
(57) 等々力家文書(『戦武』三四〇〇)。
(58) 天正八年八月、武田勝頼は北条氏領への攻撃を下野の宇都宮氏や佐竹氏と相談していたことから、東上野出陣に向けての準備だった可能性が高い(小田部庄右衛門氏所蔵『戦武』三三九八・三四〇二・三七二三)。実際には八月二十九日、勝頼は九月五日に東上野へ出陣することを表明している(静嘉堂文庫所蔵「信甲文書」『戦武』三四一七・綱島家文書『戦武』三四一八)。
(59) 『信長公記』(人物往来社、一九六五年)。
(60) 武田氏所蔵・太田氏所蔵(『信』十五―二〇三・二〇四)。
(61) 倉科家文書(『信』十五―二〇五・二〇六)。
(62) 丸山氏所蔵(『戦武』三一二一)、倉科家文書(『戦武』三三二九)。
(63) 「歴代古案」十二(『上』二七六〇)。
(64) 「景勝公御書」九(『上』二三九〇)。
(65) 上杉家文書(『上』二四四三)。
(66) 「景勝公御書」七(『上』二五五二・二九四九)。
(67) 織田信長が六月に死去した後、小笠原貞慶が深志へ入るまでの詳細は不明である。近世に書かれた「二木家記」・「岩岡家記」(ともに前掲註11書)、「笠系大成」(前掲註11書　第十二巻)などによれば、深志から木曽義昌が退き、上杉景勝の元にいた小笠原洞雪が小笠原旧臣たちによって迎え入れられ、その後貞慶が入ったとする。
(68) 御書集(笠系大成付録)(『大町市史』第二巻資料編　一七一号)。以下(『大町』一七一)のように略す。
(69) 御書集(笠系大成付録)(『大町』一七二)。
(70) 御証文集(笠系大成付録)(『信』十五―四五三)。
(71) 倉科文書(『信』十五―四八一・四九四)。
(72) 丸山氏所蔵(『戦武』三一二一)。
(73) 倉科家文書(『戦武』三三二九)。
(74) 倉科氏は近世にはいると、松本藩制下最大の御用商人として活躍していく(荒井前掲註30論文)。
(75) 御書集(笠系大成付録)(『信』十五―五六八)。
(76) 御書集(笠系大成付録)(『大町』一八三)。
(77) この頃、小笠原貞慶によって深志城は松本城と名前を改められた。
(78) 御書集(笠系大成付録)(『大町』一八四)。
(79) 御書集(笠系大成付録)(『大町』一八五)。
(80) 沢渡氏は同年五月十七日に本領安堵されていることから、これ以前に許されていたことになる(御証文集〈笠系大成付録〉『大町』一九一)。『笠系大成』には許された理由として、古厩・塔原には与せず、謀反を起こす気持ちがなかったためと記されている(「笠系大成」七、前掲註11書　第十二巻)。
(81) 荒井前掲註30書。
(82) 御書集(笠系大成付録)(『大町』一八六)。
(83) 細萱氏はその後も小笠原氏配下として重用された(『穂高町誌』第二巻、穂高町誌刊行会、一九九一年)。さらに天正十八年(一五九〇)、石川康正が松本城主となって入封後、文禄五年(一五九六)の仁科神明宮式年造宮の際には「本願」となっている(『大町』二二一)。
(84) 等々力氏の子孫は、天正十八年(一五九〇)の豊臣秀吉による小田原城攻めの際、小笠原秀政配下として出陣し、大坂冬の陣では、小笠原忠脩の配下としてその名がみえるが、元和・寛永年代には百姓となっている（穂高町誌編纂委員会編『穂高町誌』第二巻、穂高町誌刊行会、一九九一年）。
(85)　貞慶は天正十二年（一五八四）三月三日付書状において、「仁科衆」という言葉をはじめて使用している（御書集〈笠系大成付録〉『大町』二〇〇）。これ以前に貞慶が「仁科衆」という言葉を使用していた例は管見の限りない。小笠原氏の認識では、上杉方・小笠原方に分裂した「仁科衆」は実態として、「衆」としての体裁をなしていなかったようにみえたのではなかろうか。
(86)　仁科一族・被官の結合が確認できる史料としては、永禄十年の生島足島神社起請文がある（註36史料）。

終　章　まとめと展望

一　境目の特質

(1) 境目の住人と大名権力

本書では多様な境目の住人たちの活動には、大名に対して協力的な側面と非協力的な側面の二面性があったことを明らかにしてきた。

まず、大名に対して協力的な側面を概観してみよう。武田・上杉両氏の境目に位置した上野国和田城は、永禄七年(一五六四)当時、武田方の拠点となっていた。同地では上杉方の者を捕縛して甲府へ送れば褒美が与えられることが周知されていたようで、呼びかけに応じた在地の者が実際に上杉方の斥候を捕らえて褒美を貰っていた(第一章)。

他所でも同様な呼びかけが行なわれており、元亀三年(一五七二)、境目の漆原に本拠を置く原孫次郎へ宛てた武田家朱印状には「貴賤を問わず敵方の者を殺害もしくは生け捕りにしたならば褒美を与える」と書かれている(第一章)。武田氏の軍勢だけでは対処しきれない境目の防備に関して、住人の協力を仰いでいたことがわかる。

褒美が与えられたのは敵を殺害・生け捕りにした時だけではなかった。天正十年(一五八二)、織田軍が武田氏攻撃のため信濃国内へ侵攻してきた際、小田原に在城していた北条氏当主氏政は、鉢形城の北条氏邦に対して「西上野の半手の郷においては、どのような秘密事であっても、(住人に)時々褒美を与えれば敵方の策略を聞き出すことは容易である」として、半手の郷から織田軍の侵攻に関する情報を入手するよう指示していた。

つまり、対立する大名の勢力圏内を自由に往来できた境目の住人は、様々な情報を入手できる立場にあり、その情報を必要とする大名へ提供することで報酬を得ていたのである。当然、大名側もこのような境目の住人たちの働きを期待していたであろう。

また、敵方との最前線である境目の城へ通じる道の整備を大名が行なう際には、道中に伝馬宿等を設置するために還住や移住を促していたが、その条件として住人の安全保障や諸役免許などの優遇措置を講じて人を集めていた。

以上のように、大名が境目を維持していくためには住人の協力が必要不可欠であり、住人側も褒美や優遇措置を目当てに協力していたのである。

しかし一方で、大名に対して非協力的な側面もあった。史料上からは大名が境目の住人を統制できないばかりか、不信すら抱いていたことが浮かび上がってくる。天正六年(一五七八)、上杉謙信の跡目相続争いである御館の乱が勃発し、越後国上田荘内に北条軍が侵攻してきた。その時、春日山にいた上杉景勝は上田荘を守る兵力の不足を心配し、拠点である坂戸城のほか直路・荒砥・樺沢城に人員を集中させ、それ以外の城はすべて破却するよう上田衆へ命じた(第二章)。たとえ地下人たちの協力を得て、彼等だけで城を守らせても敵が攻めてきた時にはすぐ逃げてしまい、簡単に敵方の城となってしまうから、と景勝は考えていたのである。

遡って上杉謙信の時代には、上田荘から上野国沼田へ大井田藤七郎等が出陣する際、上田衆の上村氏は村々を廻って出陣の用意をするよう命じていたが、色々と言い訳をして出陣を拒む者が多く、人員調達に苦労している(第四章)。

さらに、天正十年(一五八二)の武田氏滅亡直後における沼田でも、上杉氏配下の矢野綱直が地下人たちを猿ヶ京城に留めようと努力している(第二章)。彼は猿ヶ京城よりも前線に位置する須川に城を建設することで危険性を低くし、地下人を在城させる説得材料にしようとしていた。矢野氏は、もし築城できなかった場合「地下人たちは悉く山小屋へ避難し、安全を求めて上田荘へ逃げることを決めている」と上田荘の栗林氏へ報告している。

結局、地下人たちは地域が戦場化する恐れがある場合、安全な場所へ逃げることを最優先としていた。したがって、安全を確保できる説得性がなければ、地域を統轄する領主層でさえも彼等を在地に留めておくことはできなかった。そのため、地下人を兵力として動員しようとする際には、彼等に相応のメリットを与える必要があった。たとえば第二章でみたように、彼等から受け取った人質(妻子)を安全な場所で保護し、さらに動員した者たちを大切に扱うよう大名が現地の統轄者に念を押していたことなどが一例として挙げられよう。

以上、境目の住人と大名との関係をみてきたが、まとめると大名は非協力的な一面をもつ住人たちを味方につけるために、様々な優遇措置を講じて彼等の生活や安全を保障しており、境目の城まで道路整備を行なう際にも同様な手法で沿道に人を居住させようとしていたのである。また、住人は対立する大名の勢力圏内を自由に往来することができたため、情報収集活動や敵方の者を殺害・生け捕りにすることで大名から報酬を得ていた。これこそが、身の危険があるにもかかわらず彼等が境目に住み続けた理由であり、大名から報酬を得るために行なっていた彼等の活動は、意識していようがいまいが戦争への加担者としての一面を持っていたのである。

先行研究で指摘されているように、居住地が一旦戦場となれば住人たちが過酷な状況下におかれたことは事実であろう。しかし、それと同時に、彼等は戦争を行なっている大名に協力していたことも見逃してはならない。この二面性こそ境目の住人がもつ特質なのである。

(2) 境目領主と大名権力

本書で取り上げた境目領主の小川可遊斎・阿久沢氏・仁科衆はそれぞれ所領の規模も身分も異なった存在である。

しかし、彼等に共通する点として、境目を中心とした独自の活動領域を保持していたことが挙げられる。史料上から確認できる彼等の活動は交通路を中心としたもので、所領以外の地も含まれていた。

たとえば、小川可遊斎が小川城と越後との間を往復する際の道(三国峠越えルート)沿いには、地侍の集団である須川衆が各々本領を持っていた(第五章補論)。天正八年(一五八〇)に真田昌幸が同地に入ってきた際、彼は須川衆と直接交渉し、「猿ヶ京城を攻略した際には新たな知行地を宛行う」ことを約束している。しかし、須川周辺には既に宛行うための土地が残されていなかったため、真田氏は可遊斎の知行地を借りる必要があった。この知行地は可遊斎が北条方から武田方へ寝返った際、すぐに武田氏から宛行状が発給された土地であり、上杉謙信が同地を統治して以来、おそらく越後への往復のために彼が所持していたのであろう。したがって、三国峠越えルート上には須川衆のような地侍層の本領と可遊斎の知行地が入り組んでいたことが想定される。そのような状況下において可遊斎が往来していたということは、須川衆のような地侍層は可遊斎の安全な通行を助けることで経済的利益を得ていたと考えられよう。

同じ三国峠越えルートにおいて、上田荘側では栗林次郎左衛門尉が国境地域の管轄者として史料上にみえる(第四章)。彼は管轄権を上田長尾氏から引き継ぎ、上田衆の軍事指揮権を上杉謙信より与えられていたことからすれば、同地域を軍事的・政治的に掌握していたといえる。彼と可遊斎との関係は不明だが、次郎左衛門尉の跡職を継いだ栗林肥前守は、可遊斎が越後へ来ていた天正十年(一五八二)二月に接触しており、当時、織田軍の侵攻により混乱していた武田方のことや関東の情勢を訊いている(第五章)。したがって、栗林氏は可遊斎が上越国境地域を往来している者として認識しており、武田方や関東の情報入手のために可遊斎を利用していたことがわかる。

以上のように三国峠越えルート上では、地侍から国境地域の管轄者まで、それぞれの立場で交通路にかかわりをもっていた領主たちの重層性が確認できるのである。

阿久沢氏の場合は可遊斎よりもさらに自立的存在だった。彼は「根利通」の案内者として桐生—沼田間に活動領域を保持していた。永禄十年(一五六七)、上杉謙信が根利に関所を設置し、可遊斎を使って越後から佐野へ物資輸送を計画していた時期、阿久沢氏は関所の管轄者であった発智氏に「根利通」の交通権益に関して抗議してきた。彼は上野国内における上杉氏の影響力が弱くなっていたこと、そして「根利通」が上杉氏にとって佐野へ行くための唯一のルートになっていたことを見透かして、上杉氏と対等に交渉を進めようとしていたのである(第六章)。

永禄十二年(一五六九)になると、阿久沢左馬助は北条氏康から越相同盟交渉のための使者の通行に関して、上杉領内である沼田までの「路次中馳走」(安全な往来の保障)を直接依頼されている。このことは前述した上杉氏との交渉が阿久沢氏に有利なかたちで解決し、なおかつ上杉氏との関係が継続していたことを表すものであり、北条氏に従属したということではない。また、三国峠越えルートと同様に「根利通」の場合も、地侍層の本領が混在していたと考えられるが、やはり阿久沢氏との間で経済的なメリットを得られる関係を築いていたのであろう(1)。

こうして自立的に活動していた阿久沢氏だが、境目が移動・解消した場合、その立場は非常に弱いものとなってしまう。上野国桐生領が境目だった時、新田由良氏とその背後にいた北条氏に対して、阿久沢氏は越後上杉氏とつながりがあることを示すことで存在感を発揮できた。しかし、上杉氏の影響力が及ばなくなった天正七年(一五七九)、阿久沢氏は由良氏配下として従属せざるを得ない状況となってしまった(第六章)。境目領主は大名権力から自立的な存在ではあるが、その権力を必要とする側面もあった。とはいえ、対立する権力双方と境目領主・住人の三者それぞれの利害打算の絡まり合いによって、境目はすぐには解消されず、一定期間持続するケースが一般的だった(第六章)。

これまで、可遊斎・阿久沢氏についてみてきたが、ともに活動領域が複数の大名の勢力圏と重なっていることを政治的に利用し、自らの立場が優位になるよう大名側と交渉していたのである。一方、大名側も境目領主が持っている活動領域を容認し、丁重に遇するなどして彼等を味方につけようとしていた。その理由のひとつとして、境目領主は隣接する大名とのパイプ役を期待されていたことが挙げられる。

さて、信濃国仁科衆のなかでは等々力次右衛門尉と細野甚四郎の活動が注目される。武田信玄の五男盛信が仁科名跡を継ぐと、両人は案内者として抜擢され、越後進出のための調査活動を行なっている。安曇郡内から越後へ向かうには同郡内を南北に縦断する千国道を北上することとなる。同道を利用する場合、安曇郡南部に拠点を置く仁科衆の者は、北部を拠点とする千国衆の所領内を通過しなければならない。したがって、仁科衆の等々力・細野両氏が案内者だったということは、以前から越後との間を往復していたはずであり、可遊斎や阿久沢氏の事例を鑑みると、彼等は千国衆と何らかの契約を結ぶことで通行を認められていた可能性が高い。したがって、等々力・細野両氏は千国道を中心として安曇郡一帯から越後にかけての活動領域をもっていたことが想定される。

以上のように、境目領主は大名の「分国」を跨いで活動できる独自の領域をもっており、大名は彼等を利用することで様々な対外戦略を進めていたことが明らかとなった。これこそが境目領主の特質であり、等々力氏の事例にみられるごとく、非軍事的手段による大名の勢力圏拡大過程をみていく上でも、彼等の果たした役割に注目すべきであろう。

⑶　大名の分国認識とその実態

大名が自らの支配領域を表現する際の言葉である「分国」や学術用語としての「領国」には、公権力による等質的支配の対象地といった意味合いが含まれている。しかし、序章において述べたように実態としては「大名の支配が領国一円に等質的にゆきわたらないのが普通」だったと考えたほうが自然であり、離合集散が起こりやすい境目の存在は、領域支配の不等質性とも相まって、「分国」の境界をきわめてあいまいなものとしていた。

藤木久志氏は「国郡境目相論」を論じるなかで、境目は一国・半国・郡など伝統的な領域編成を単位とするものであったとした。(2) この指摘については異論があるものの、大名が「国」や「郡」、つまり国郡制的枠組みを意識していたことは確かである。

実際に本書でみてきたように、上杉謙信は国郡境目を重視していた。たとえば、上越国境において栗林次郎左衛門尉を管轄者として登用し、彼に浅貝寄居の普請や情報統制の手段として「人留」することを謙信は指示していた。この時期、上野国沼田地域は上杉氏の統治下であったにもかかわらず、国境に対して注意を払っていたのである。さらに、根利関所を利根・勢多両郡の境目に設置したことは、上杉・阿久沢両氏の支配領域の境目が郡境であると謙信が認識していたことの表れであろう。(3)

一方で、小川可遊斎、阿久沢氏や等々力・細野両氏は国郡境を跨いで活動していた。また、境目の住人についても、謙信が地下人の信越国境往来を留めようとしていたことからすれば、それ以前は自由に往来していたとみるべきであろう(第七章)。

このように大名側には国郡境目を封鎖しようとする意識、境目領主・住人側には開放しようとする意識が存在しており、両者の対立構造が浮かび上がってくる。

しかし、一般的に大名が敵方の情報を入手しようとした際には、境目の住人に頼らなければならなかった。また、根利関所をめぐる問題では阿久沢氏に有利な条件で解決し、上野国新田から上杉氏の関東進出拠点である沼田までの「路次中馳走」は阿久沢氏の権益として確定された。さらに、上杉・由良両氏は阿久沢氏の所領を緩衝地帯とすることで、本隊同士が直接戦うリスクを極力回避していた。つまり、大名はあらゆる局面で境目領主や住人の主張に対して妥協しなければならなかったのである。

結局、領主・住人の活動領域や生活圏が元々形成されていたところに、その領域を分断するようなかたちで大名間の「分国」境目が生じたとしても、彼等の活動領域や生活圏が境目によって規制されるわけではなかった。大名にとっての支配領域である「分国」をも含めて、様々な人々がもつ「領域」が重層的に存在していたのである。この重層構造によって生じる大名勢力圏内ではみられない、境目領主・住人の独自な活動は各章においてみてきた通りである。

離合集散が起こりやすい境目の存在が「分国」の境界をきわめてあいまいなものとしていたと最初に述べたが、その根本的な要因として右のような活動領域の重層構造が存在したのであり、大名にとって「分国」が如何に自明なものであったとしても、それぞれ独自の活動領域や生活圏を形成していた境目領主・住人にとってみれば、「分国」の境界は彼等の行動を規制するものではなかった。このような境目の存在そのものこそが戦国期社会の最大の特質なのである。

二　課題と展望

残された課題として注目したいのは、戦国期から近世に至る人々の境界認識の変化である。前節において述べたように、大名が「国」や「郡」、つまり国郡制的枠組みを意識していたことは確かである。

国郡制とは、古代律令制国家が創出した地方支配の制度であり、それは律令体制が解体した平安時代後期以降、中世はもとよりのこと近世に至るまでも、天皇・将軍といった「王権」が保障する公的な行政区画として、一定の変質を遂げつつ存続したとされる。

国郡制に関する研究は一九七〇年代に大きく展開された。近世史研究の側から山口啓二氏は、戦国期に天皇が大名間の調停機能を担うことで王権が復活し、その国家支配の枠組みである国郡制に大名が組み込まれることで公権性が成立するとした。それに対して中世史研究の側から永原慶二氏は、大名による封建的支配が貫徹していくなかで公権性が獲得されていったのであり、国郡制は補助的に利用されていたにすぎないと山口氏を批判した。(4) つまり、両氏の議論では、大名やその後の織豊政権、幕藩体制下において、国郡制が公権性の源泉としての役割を果たしたのか否かが問われたのである。

議論は平行線をたどったままだったが、一九八〇年代に入ると、「自力の村」論や九〇年代に国家の相対化という視角から提起された「地域社会論」において、大名のもつ公権性は「領国内の安全を確保し、領民から支持されることで生じる」といった新たな理解が提示された。だが、問題の本質は国郡制的枠組みがなぜ古代以来近世に至っても存続し人々の意識を規定し続けていたのか、ということであり、これに関しては何ら議論が進んでいないのが現状である。

近年、市村高男氏は旧来の郡郷の枠を越えて成立した新たな領域単位としての「領」について論じるなかで、「かつての国郡制論とは別に、国郡と領との関係を問うていくことが必要であろう」と述べている。(5) すなわち、国郡や領といった境界が重層的に存在していたのであり、大名はそれらを如何に使い分け、利用していたのか、また在地において如何なる実態をもっていたのかが問題とされているのである。

中近世移行期の国郡制に関して、統一政権の領域確定政策の過程を追いながら論じているのが稲葉継陽氏である。(6) 氏は①戦国期に大名や領主の間で領土紛争が頻発し、それらが当知行主義に基づく中人制によって解決される過程で、国郡の領域秩序は極めて動態的で複雑なものとなり、豊臣惣無事令が当初に当知行安堵の対象たる「郡」として把握したのは戦国期に形成された「領」であったこと、②村の山野知行紛争と中世的紛争処理システムの伝統は国郡境に存在し続け、元禄期の幕府においても公法レベルではラインとして確定されなかったが、村落レベルでは紛争当事者と近隣によって確認された境界が存在し、それは国郡を単位とした領域編成ではあるものの、「王権」によって定められた境界とは異なったものであること、以上二点を指摘した。

稲葉氏は在地において認識されていた境界が豊臣政権の境界確定において重要だったことを強調している。しかし、①において重要な点は、豊臣政権が「領」としてではなく「郡」として把握しようとしていたことであり、②においても村落レベルで確認された境界は国郡を単位としたものだったことである。たとえ、実態として把握したものが地域社会における境界だったとしても、豊臣政権が一国御前帳や郡図を作成しようとした動機・目的に注意を向ける必要がある。

三鬼清一郎氏は国郡制について、戦国期には有効性を発揮し得ず、豊臣政権以後に機構的に確立していったと主張している。[7] 氏のいう有効性とは天皇との繋がり、つまり全国統治権の地域分割単位としての有効性であろう。確かに戦国期には有効性を発揮していなかったことは本書においても明らかなことである。問題はその後、豊臣政権・江戸幕府が境界画定作業を行なった際、三鬼氏がいうところの国郡制がはたして有効性を発揮し得たのか、稲葉氏の論考を踏まえた上であらためて検討していく必要性があろう。

そのためには、争論発生から幕府の裁許に至る過程を当事者たちの境界認識や動向に注目しつつ、境目からの視角によって動態的に観察していくことが重要である。

以上、中近世移行期における人々の境界認識における課題と展望を述べてきたが、戦国期境目の特質を踏まえて、当該地域における権力側と住人側それぞれの動向に注目することで、前近代において境界が果たした役割の解明、ひいては、中世から近世にかけての国家システムや社会の異同を解明できるものと考える。

註

（1）　簗瀬大輔氏は天正十二年（一五八四）、沼尻合戦に関連した黒川谷における戦闘において、北条氏から発給された黒川衆（黒川谷に居住する地侍層）への感状を分析し、阿久沢氏が黒川衆の軍事活動を統率する唯一の存在として北条氏から把握され、その果たすべき軍役を代表する存在であったことを指摘している。さらに、黒川衆の構成員がすべて北条氏から直接感状を得ていることから、阿久沢氏との主従関係は希薄であったとする(簗瀬大輔『上野の戦国地侍』みやま文庫、二〇一三年)。本書第六章で論じたように、北条氏の軍役だったという点には同意しかねるが、阿久沢氏と黒川衆との関係性は筆者も主従関係は希薄であったと考える。本論でも述べた通り経済的利益を獲得するために両者は結びついていたのであろう。

(2) 藤木久志『豊臣平和令と戦国社会』(東京大学出版会、一九八五年)。

(3) 福原圭一氏は信越国境地域を論じるなかで、謙信の国郡境認識について「越後や信濃という「国」には縛られていないが、「郡」を単位としていた」と指摘している(「戦国時代の戦争と「国境」」地方史研究協議会編『信越国境の歴史像―「間」と「境」の地方史―』雄山閣、二〇一七年)。国境認識に関しては筆者と考えが異なるが、郡境は同意見である。いずれにせよ謙信は国郡制的枠組みを重視していたといえよう。

(4) 永原慶二・山口啓二「対談・日本封建制と天皇」(『歴史評論』三一四、一九七六年)。

(5) 市村高男「地域的統一権力の構想」(『岩波講座　日本歴史』第9巻中世4、岩波書店、二〇一五年)。

(6) 稲葉継陽「領域秩序の形成と国郡制」(同著『日本近世社会形成史論―戦国時代論の射程―』校倉書房、二〇〇九年、初出二〇〇三年)。

(7) 三鬼清一郎「戦国・近世初期における国家と天皇」(同著『織豊期の国家と秩序』青史出版、二〇一二年、初出一九七六年)。

初出一覧

序章　新稿

第一部　境目における大名の政策

第一章「境目の住人と大名権力」新稿
第二章「戦国期「境目」における人質の役割」（『信濃』六七巻三号通巻七八二号、二〇一五年）を改題・補訂。

第三章「発智長芳と上杉氏権力」（『地方史研究』三六二号、二〇一三年）を補訂。

第四章「越後国上田衆栗林氏と上杉氏権力」（『戦国史研究』七一号、二〇一六年）を補訂。

補論一「越後国上田荘における栗林治部少輔の動向」新稿

第二部　境目領主の動向と特質

第五章「戦国期境目地域における在地領主の動向―上野国沼田地域と小川可遊斎を中心として―」（『中央史学』三三号、二〇一〇年）を改題・補訂。
補論二「天正八年における小川可遊斎の動向」新稿
第六章「戦国期「境目」地域の成立と維持―東上野地域と阿久沢氏を中心に―」（『日本歴史』七九五号、二〇一四年）を改題・補訂。
第七章「信濃国仁科衆と大名権力」新稿
終章　新稿

あとがき

二十二歳で大学（国文学専攻）を卒業後、「歴史」とは縁もゆかりもない民間企業に就職した私は、ごく普通のサラリーマンとして十五年間を過ごしてきた。歴史学の世界に入ったきっかけは、中世に造られた山城を訪れたことだった。

三十歳の時、転勤で埼玉県の実家から長野県茅野市に引っ越した。しばらくして、諏訪氏・武田氏が利用していた上原城という城跡が住んでいるアパートの近くにあることをたまたま手に取った本で知った。お城といえば、立派な天守があり、巨大な石垣が連なっているものというイメージしかなかった私は、戦国時代の城ってどんなものだろうという素朴な疑問と興味を抱いた。休日にふらっと上原城を訪れると、四百年以上前の「土の城」が山の中にひっそりと残っており、実際に見て触れて歩くことができること、そしてこのような山城が長野県内に千ヵ所以上存在することに衝撃を受けた。加えて道も無い山中を城の痕跡を求めて探索する「冒険」にも心惹かれ、以降、休日は必ず信濃の山中で過ごすようになった。

山城探訪を続けていると、今度は名も無いような小さな山城の歴史を自分自身で明らかにしたいという欲望が湧いてきた。そのためには歴史学を大学で学ばなければならない、という漠然とした考えが頭をよぎるようになり、次第にそれは明確な目標へとなっていった。

私が勤めていた長野県富士見町にある店舗は、八ヶ岳を正面に望むことができる自然豊かな所であるが、国道二〇号に面しており、周辺には別荘地が多くあったためいつも賑わっていた。三十七歳の冬、無謀にも会社を辞めることを決意し、店長をはじめ従業員の方々に私の考えを打ち明けると、みんな親身になって応援してくれた。その時のみんなの言葉は八ヶ岳の雄姿とともに今でも心の支えになっている。

そして、ついに明治大学文学部に入学することとなり、十六年ぶりの大学生活が始まった。二十も年下のクラスメイトたちが、私のことを喜んで受け入れてくれたこともあり、居心地は非常によかった。しかし、遊んでいる余裕などなく、生活のためのアルバイトと自らの研究課題の模索をする日々が続いた。二年・三年のゼミでは鎌倉佐保先生、四年のゼミ・卒論指導では上杉和彦先生にお世話になった。両先生の文献講読・史料講読を通じて、歴史学という学問の大変さ・難しさを実感し、あらためて自分が無謀な挑戦をしていることに気づかされた。

また、白井哲哉・須田努両先生が中心となって毎年春・夏に行なっている埼玉県飯能市での史料調査合宿に、一年生の夏から三年生の春まで参加させていただき、はじめて生の史料に触れ、くずし字の解読に悪戦苦闘した。そうしたなかで、近世人の生活の一端を具体的に知ることができたのは貴重な体験だった。

さらに二年生になってからは、学芸員養成課程の吉田優先生を中心とした茨城県五霞町の町史編纂事業に参加させていただいた。史料調査ではほこりにまみれ、石造物の悉皆調査では酷暑・極寒の中、町内を歩き回るなど、ツラくとも楽しい経験をさせていただいた。そのうえ、私が大学院に進学した際には、町史の史料編や地誌編の執筆者に加えていただき、地域の人々の「生活」を描くことの重要性を学ぶことができた。

五霞町史編纂の調査合宿で知り合うことができた上杉ゼミの大学院生の方々には、私のために卒業論文の準備報告会を三年生の秋以降、月一回ペースで開いていただいた。院生の方々からは「卒論だけでなく、修論・博論を見通したテーマを設定しないと大学院に入ってから苦労するよ」という言葉とともに、毎回厳しいご意見・ご指摘をいただいた。社会で揉まれてきた私もさすがに凹む時があったものの、その中で現在にまで至る研究テーマ「境目の領主」

を見出し、卒論を書くことができたのは当時の院生の方々のおかげである。

ここまでくると一般社会への復帰は考えられず、退路を断った私は上杉ゼミの院生の方々の勧めもあり、中央大学大学院の坂田聡先生の門をたたいた。坂田先生のゼミでは、中近世移行期村落論を中心に文献講読や史料講読を行なった。とりわけ、中世史はもとより、歴史学全体に関する諸問題や議論など、幅広い視野から学ぶことができたのは非常に良い経験となった。さらに、先生には論文の書き方について一から指導をしていただき、おかげさまで多少はそれらしき文章が書けるところまでたどり着いたかと思う。

また博士前期・後期課程を通じて、黒田弘子先生・白根靖大先生のゼミにもそれぞれ出させていただいた。黒田先生のゼミでは阿弖河荘の訴訟文書を徹底的に読み込み、史料と格闘する厳しさを学んだ。また、白根先生のゼミでは「玉葉」を講読し、古記録の読み方を学ぶことができた。

ゼミ以外では、大学院生の時から現在に至るまで、坂田先生が研究代表を務める丹波国山国荘地域の調査に参加させていただいている。夏・秋の毎年二回の調査には、各所から先生方や大学院生・学部生が集まってきており、その交流はとても新鮮で学問的な刺激をたくさん受けた。なかでも吉岡拓氏には専門とする時代が異なるにもかかわらず、いろいろと研究に関する相談にのっていただいており感謝している。

中央大学の諸先輩方にも大変お世話になった。片桐昭彦氏が主宰されている研究会には中央大学関係者が多く集まり、毎回研究報告をするたびに助言をいただいている。また、報告会翌日の巡見は各地の史跡をめぐるとともに、土地の名物を食すことにも重点が置かれており、いつも楽しみにしている。最近は私が車を出していることもあって、巡見の予定を組むことが多いのだが、どちらかというと後者のほうが主目的となっている感もある。

同研究会の常連メンバーでもあり、大学院の共同研究室で毎日のように顔を合わせていた柳澤誠氏には、八王子市史編さん事業に誘っていただいた。専門調査員としてお手伝いするなかで、中世史料の収集作業から最後の校正作業に至るまで、様々なことを経験し、学ぶことができた。収入の面でも非常に助けられた。

会社を辞めて以降、奨学金をもらってはいたものの、自立して生計を立てながら研究を進めることは容易ではなかった。学部生の時から大学院に入った頃までは、飲食店でアルバイトをしていた。博士前期課程一年の夏、国文学研究資料館主催のアーカイブズカレッジを受講したのをきっかけに、大友一雄先生から同館のアルバイトに誘っていただき、「収蔵歴史アーカイブズデータベース」の整備作業を大学院在籍中続けられたことは、学問・生活の両面で有り難かった。

そして、二〇一五年十月に「戦国期境目地域と大名権力」と題して、中央大学に提出した博士学位請求論文をもとに加筆・修正したものが本書である。論文審査をしていただいた坂田聡(主査)、山崎圭、久保健一郎の各先生方にはあらためて感謝申し上げる。

学位取得後は、坂田先生のご配慮により中央大学文学部で非常勤講師をさせていただいた。学部一年生の基礎演習を担当し、前期は文献講読・後期は史料講読を行なった。人にものを教えることの難しさを実感するとともに、学生たちがゼミで真剣に報告する姿を見て、やりがいを感じることもできた。また、大友先生には国文学研究資料館の事務補佐員になることを薦めていただき、大学院生時代から引き続きデータベース整備作業に取り組んだ。

二〇一八年四月には、中央大学商学部の特任准教授として着任することができた。今日に至るまで、学内や研究会そのほか公私にわたり、お世話になった方々をあげればきりがない。みなさまに御礼を申し上げる。そして本書の刊行を機に、また新たな気持ちで研究に取り組んでいきたい。

私事で恐縮であるが、勝手に会社を辞め、親孝行もせずに無謀な道を歩み始めた私に対して、文句を言うどころか応援しつづけてくれた母由紀子と、母を支えてくれた妹由美・石原ファミリーには心から感謝したい。亡き父茂生も応援してくれていたであろう。

最後になってしまったが、本書の刊行にあたっては、坂田聡先生のご高配により高志書院に引き受けていただくことができた。高志書院の濱久年氏には、私の拙い文章によっていろいろとご迷惑をおかけした。ここに記して御礼申し上げる次第である。

二〇一八年八月十六日

大貫茂紀

I　事項名索引

あ行

か行

さ行

II　人名索引

あ行

か行

さ行

た行

な行

は行

ま行

や行

わ行

Ⅲ　地名・寺社名・城郭名索引

た行

な行

は行

ま行

や行

わ行

【著者略歴】
大貫茂紀（おおぬき しげき）

1967 年　東京都に生まれる
2009 年　明治大学文学部卒業
2016 年　中央大学大学院文学研究科博士後期課程修了、博士（史学）
現　在　中央大学商学部特任准教授

〔主な論文〕
「発智長芳と上杉氏権力」（『地方史研究』362 号、2013 年）
「戦国期「境目」地域の成立と維持－東上野地域と阿久沢氏を中心に－」（『日本歴史』795 号、2014 年）
「戦国期「境目」における人質の役割」（『信濃』67-3・782 号、2015 年）
「越後国上田衆栗林氏と上杉氏権力」（『戦国史研究』71 号、2016 年）

戦国期境目の研究－大名・領主・住人－

2018 年 10 月 10 日第 1 刷発行

著　者　大貫茂紀
発行者　濱　久年
発行所　高志書院

〒 101-0051 東京都千代田区神田神保町 2-28-201
TEL03 (5275) 5591　FAX03 (5275) 5592
振替口座　00140-5-170436
http://www.koshi-s.jp

印刷・製本／亜細亜印刷株式会社

ISBN978-4-86215-184-1